高等学校法学实验教学系列

民事法律实务实验教程
MINSHIFALUSHIYANJIAOCHENG

李兰 刘平 ◎ 编著

经济科学出版社
Economic Science Press

图书在版编目（CIP）数据

民事法律实务实验教程/李兰，刘平编著.
—北京：经济科学出版社，2010.7
（高等学校法学实验教学系列教材）
ISBN 978 – 7 – 5058 – 9369 – 6

Ⅰ.①民… Ⅱ.①李… ②刘… Ⅲ.①民法 – 中国 – 高等学校 – 教材 Ⅳ.①D923

中国版本图书馆 CIP 数据核字（2010）第 083909 号

责任编辑：赵 敏 李 剑
责任校对：徐领弟
版式设计：代小卫
技术编辑：邱 天

民事法律实务实验教程

李 兰 刘 平 编著
经济科学出版社出版、发行 新华书店经销
社址：北京市海淀区阜成路甲 28 号 邮编：100142
总编部电话：88191217 发行部电话：88191540
网址：www.esp.com.cn
电子邮件：esp@esp.com.cn
汉德鼎印刷厂印刷
德利装订厂装订
787×1092 16 开 19.5 印张 350000 字
2010 年 7 月第 1 版 2010 年 7 月第 1 次印刷
印数：0001—3000 册
ISBN 978 – 7 – 5058 – 9369 – 6 定价：29.00 元
（图书出现印装问题，本社负责调换）
（版权所有 翻印必究）

高等学校法学实验教学系列教材编委会

主编：杜承铭

编委：邓世豹　房文翠　纪宗宜　孙占利　陈建清

总　　序

　　法律人才的职业性特点，决定了法学实验实践性教学在法学教育中的不可或缺的地位，实验教学应当成为与理论教学紧密衔接、相互促进的教学内容与环节。基于这一理念，我们在进行课程教学时，始终将实验教学贯穿于理论教学之中，突出实验教学的地位和功能，实现理论教学与实验教学的有机结合。在理论教学基础上，通过法学实验教学进一步深化学生对法学专业知识的理解，训练学生法律实践技能，强化对学生的法律职业伦理教育，塑造法科学生的法律人格，从而实现法律人才素质的法律知识、法律能力、法律职业伦理和法律人格四者的统一。

　　法学实验教学改革应当以培养学生法治理念、实践创新能力和提高法律职业素养与技能为宗旨，以高素质实验教学队伍和完备的实验教学条件为保障，融知识传授、能力培养、素质提高为一体，通过实验教学培养学生探寻法律事实的能力、法律实务操作能力和综合表达能力，培养其法律思维能力与创新思维能力，最终实现法律知识、法律能力、法律职业伦理和法律人格四者的统一。然而，在我国的法学教育中，较普遍地存在理论与实践脱节的现象，学生难以在短期内适应法律实务部门的工作。近年来，法学教育中的实验实践性教学环节的重要性越来越受到法学教育界的重视，教育部"教学质量与教学改革工程"中开展的国家级法学实验教学中心的建设就清楚地表明了这一点。通过法学实验教学改革，我们力求达到如下目标：

　　一是促进法学理论与实践相结合。通过实验教学，使学生直接面对将来的工作环境与工作要求，促使学生将所学理论知识运用于实务之中，使学生在校时就具备适应未来法律工作所必需的心理素质、知识结构和操作能力。

二是构建模拟法律职业环境，为学生提供充分的动手操作机会。通过建立仿真实验环境，使学生在分析案件事实、收集证据、人际交往和沟通、起草法律文书等技能方面的训练得到强化，培养学生从事法律职业所需要的专业技能。

三是提供师生互动平台，变"填鸭式"教学为学生主动学习。实验教学是以学生主动学习为基础展开的，在实验教学模式下，学生也被赋予了一定的责任，在实验过程中，学生可以同指导教师就实验中遇到的问题进行无障碍的沟通。

四是提高师资队伍的教学水平。要进行法学实验教学，仅有书本知识、没有丰富的实践经验是远远不够的，这就要求指导教师必须深入法律实务部门，掌握相应的专业技能。实践经验的丰富，无疑可以帮助教师更好地讲授相关法律专业知识，促进教学水平的提高。

我校历来重视法学实验教学在法学教育和法律人才培养中的重要地位，早在1993年法学本科专业设立之初就着手法学实验室和实验教学的设计和规划，1996年竣工的法学实验室（包括模拟法庭和司法技术实验室）是当时广东省唯一的法学专业实验场地，1997年实验教学正式纳入教学计划，在物证技术学、法医学、侦查学、刑事诉讼法、民事诉讼法、行政诉讼法学等六门课程开设28个实验项目。2007年学校整合全部法学实验教学资源，成立了由法律实务实验室、法庭科学综合实验室、开发设计实验室、网络学习实验室和模拟法庭组成的法学实验教学中心。15年来，我们开展了法律实务实训教学（如案例分析诊断、庭审观摩、法律实务模拟等）、法庭科学实验教学（如法医学、物证技术学和侦查学实验）、社会专题调查（地方立法调查、法律援助调查、乡村法律服务等）、实践与实习（包括法律诊所、社会实践和毕业实习）等四种模式组成的实验教学活动，形成了有我校特点的"两大部分、三个层次、四大模块"法学实验教学的内容体系：(1) 从实验教学的空间来看，包括校内实验和校外法律实践两大部分；（2）从实验教学的性质来看，包括基础型实验（如课程实验）、综合型实验（如专项实验、仿真实验）和法律实践（如见习、实习等）三个层次；（3）从实验教学的类型来看，包括实验、实训、调研和实习四个模块。其中，实验模块主要由法庭科学的实验课程组成，包括法医学、侦查学、物证技术鉴定等；实训模块主要包括：庭审观摩、案例诊断、司法实务（民事法律实务、刑事法律实务、行政法律实务）、企业法律实务、警察行政执法程序、调解与仲裁等组成；调研模块包括地方立法、法律援助等专题调研；实习模块包括法律诊所、基于经济与管理实验教学中心平台的"企业法律实务仿真实习"和毕业实习等内容。

  通过多年的努力建设和广大教师的辛勤劳动，我校法学实验课程和实验项目体系建设取得了较为丰硕的成果，建设了包括基础型、综合设计型、研究创新型等实验类别在内的129个实验项目，18门实验课程，涉及相关知识内容的课程28门。所有这些实验项目体系，通过作为实验课程建设直接成果的法学实验教学系列教材公开出版。本套法学实验教学系列教材是我校教师长期从事法学实验教学改革和研究的直接成果。我们相信，这些成果的出版将有力地推动我校法学实验教学改革和法律人才培育目标的实现，我们也希望能够得到广大从事法学教育特别是从事法学实验教学的专家、学者的鼓励、交流、批评和指正。

杜承铭
广东商学院法学实验教学中心
二〇〇九年十一月八日

前　言

　　为了高等教育质量的提高，增强学生的创新和实践能力，我们在系统的理论教学和课堂教学的基础上，尝试性地通过法学实验、实习、实践等途径，以增强学生综合素质和实践能力。正是基于这一目的，本书针对民事实体纠纷的解决，通过各种程序的具体操作与演练设计，以期提高学生分析问题和解决问题的能力，力争将所学理论知识初步运用于实践。

　　在本书编写过程中，我们尽量选取常见的纠纷解决程序，以满足学生通过有限的实验锻炼能迅速提升自身综合能力，进一步满足社会对全面发展的法律人才的需要。在实验内容的安排方面，注重对学生实际操作能力的培养：学生将根据各个试验项目的具体需要，在实验过程中承担不同的任务，完成不同的实践演练，尝试从不同的角色立场来分析问题和解决问题。为此，在实验素材的选择上，我们尽量选取与日常生活密切相关的典型案例，以帮助学生分析实际问题，拓展学生的视野和提高训练思辨能力。

　　本书以民事诉讼程序为主导，针对各个具体程序的运用和具体步骤的实施，从第一审程序、第二审程序、审判监督程序、非讼程序等几个方面，共设计了二十个实验项目，对相关的民事纠纷解决方式及诉讼程序的具体操作予以合理安排，使学生能够循序渐进，在实验过程中提升对理论问题的认识理解，在理论知识学习后增强解决具体纠纷的动手能力和提高法律意识。学生在实验的过程中将按照民事纠纷解决过程中可能出现的问题来安排不同的角色，从当事人、律师、法官等各自不同的立场来分析问题和解决问题。这主要包括两个方面：一是发现问题和寻找合适的解决方案，并按正确的程序来解决问题；二是要学会撰写相关的法律文书。在这部分中，实验的重心在于民事纠纷处理过程中法律文书的准备和写作，在某些情况下为配合实验的进行，也需撰写与诉讼相关的其他法律文书。另外，由于本书的内容具有综合性的特点，在实验的进行过程中，每个实验的演练侧重点各不相同，如同样作为案件的诉方当事人，在不同的诉讼程序中，其具体职能权限与具体分工明显不同，所能实施的诉讼行为和承担的诉讼义务也因具体程序的不同而有较大差异。

　　在本书的使用过程中，要求以民法、物权法、合同法、商法、经济法等相关实体部门法知识为基础。如果学生在按本书进行实验学习之前，已经系统学习了相关部门法，则可直接依照本书的指引进行实验；如果学生没有学习相关的部门法，则需要教师在实验前给学生介绍相关的部门法理论知识，并有针对性地引导学生在较短时间内了解并掌握相关立法，以使实验得以顺利进行。

　　本书编写任务的分工为：

　　李兰，第一部分第一审程序、第二部分第二审程序；刘平，第三部分民事审判监督程序—第七部分民事执行程序。

　　本书尝试通过实验教学以将民事实体法与民事诉讼法更紧密地结合起来，这虽是一种积极而有益的尝试，但限于经验与能力的不足，错漏恐怕在所难免。希望您在使用过程中有任何问题和建议能及时反馈，我们谨致以诚挚的感谢并将及时修正。

编　者

目　　录

第一部分　第一审程序

实验一　管辖的确定 ··· 1
实验二　当事人身份的确定 ··· 18
实验三　起诉与受理 ··· 36
实验四　证据的审查与收集 ··· 51
实验五　一审普通程序的庭审过程 ·· 77
实验六　简易程序 ··· 112
实验七　财产保全 ··· 126
实验八　诉讼中的特殊情况 ··· 142
实验九　法院调解的适用 ··· 153

第二部分　第二审程序

实验一　上诉的提起与受理 ··· 166
实验二　二审审理范围及裁判方式 ·· 175

第三部分　民事审判监督程序

实验一　审判监督程序的提起途径 ·· 189
实验二　再审案件的审判 ··· 209

第四部分　特别程序

实验一　选民资格案件 ·· 229
实验二　宣告公民失踪和宣告公民死亡案件 ······························ 235

实验三　认定公民无民事行为能力或者限制民事行为能力案件…………245

实验四　认定财产无主案件………………………………………………252

第五部分　督促程序

实验一　适用督促程序审理案件…………………………………………258

第六部分　公示催告程序

实验一　适用公示催告程序审理案件……………………………………267

第七部分　民事执行程序

实验一　民事案件的执行…………………………………………………275

参考文献……………………………………………………………………298

第一部分 第一审程序

实验一 管辖的确定

一、实验要求与目的

通过对人民法院的民事案件管辖权的选择与确定,能够独立分辨识别各种不同民事案件的管辖法院,掌握民事诉讼中的级别管辖和地域管辖等法定管辖的具体适用,熟悉管辖权异议的相关实践操作。

(1) 熟悉民事诉讼法关于民事案件管辖的相关规定;
(2) 正确识别不同民事案件的管辖法院并合理确定案件的级别管辖;
(3) 掌握对民事案件管辖确定时的特殊情况的处理及操作;
(4) 能够规范管辖确定过程中的相关法律文书的撰写;
(5) 了解人民法院对民事案件的管辖进行处理时的相关原理及基本流程;
(6) 掌握选择案件管辖法院时的科学方法和基本技巧,提高自身的实务操作能力,以全面有效维护当事人的合法权益。

二、实验原理

民事诉讼管辖,是指各级法院之间和同级法院之间受理第一审民事案件的分工和权限。它是人民法院内部具体落实民事审判权的一项制度。我国民事诉讼法在确定管辖时,主要依据的是以下几项原则:(1) 便利当事人进行诉讼,即便利当事人起诉、应诉和参加其他诉讼活动,尽量减少当事人在精力、时间和费用等方面的耗费与支出。(2) 便于法院行使审判权,即要便利法院进行调查取证、实施诉讼保全、强制执行等诉讼活动。(3) 有利于案件的公正审判,民事诉讼应公平地保护双方当事人的合法权利不受侵害，或给予公平的救济，而不能偏袒任何一方当事人。(4) 均衡各级法院的工作负担，上级法院的职能不仅限于管辖第一审民事案件，还要负责审理上诉案件，指导、监督下级法院的审判工作，在确定管辖时，应当使各级法院的工作负担尽可能均衡。(5) 确定性与灵活性相结合，要求立法对管辖的规定尽可能明确和具体，以防止和避免当事人之间、法院之间以及当事人与法院之间出现管辖上的争议，立法在对管辖作出明确具体规定的基础上，为法院保留一定的机动处理管辖问题的余地。(6) 有利于维护国家主权。

根据《民事诉讼法》第二章的规定，民事诉讼管辖主要包括级别管辖和地域管辖，其中地域管辖又包括一般地域管辖、特殊地域管辖和专属管辖。

1. 级别管辖

级别管辖，是指人民法院之间受理第一审民事案件的分工和权限。级别管辖是在法院系统内部的对民事诉讼管辖的纵向分工，解决的是第一审民事案件应当由哪一级法院管辖的问题。我国民事诉讼法确定级别管辖有三个基本标准，即案件性质、案件的简繁程度和案件的影响大小。

2. 地域管辖

地域管辖，是指按照同级人民法院的辖区和民事案件的隶属关系来确定各自受理第一审民事案件的分工和权限。地域管辖是在法院系统内部对民事诉讼管辖的横向分工，解决的是某一个民事案件具体应当由哪一个法院受理的问题。我国民事诉讼法确定地域管辖的标准有两个：一是诉讼当事人的所在地与法院辖区之间的联系；二是诉讼标的、诉讼标的物或法律事实等因素与法院辖区之间的联系。

一般地域管辖，是指根据当事人的住所地与法院的隶属关系所确定的管辖。一般地域管辖以由被告住所地法院管辖为原则，以原告住所地法院管辖为例外。特殊地域管辖又称特别管辖，是指以引起诉讼的法律事实所在地、诉讼标的所在地和被告住所地为标准所确定的管辖。主要包括因一般合同纠纷、票据纠纷、保险合同纠纷、侵权行为纠纷等提起的诉讼。专属管辖，是指法律强制规定某些特定的民事案件专门由特定的法院管辖，其他法院无管辖权。专属管辖属于强制规范，具有排他性的特点。排他性含义包括：当事人不得以协议的方式变更专属管辖；其他法院不得通过当事人的默认取得对专属案件的管辖权；任何外国法院不得管辖我国法院专属管辖的民事案件。根据民事诉讼法的规定，因不动产纠纷、港口作业纠纷和遗产继承纠纷提起的诉讼适用专属管辖的规定。

3. 协议管辖

协议管辖，是指双方当事人在纠纷发生前或发生后，依法以书面的方式约定管辖法院。民事诉讼法第二十五条规定，合同的双方当事人可以在书面合同中协议选择被告住所地、合同履行地、合同签订地、原告住所地、标的物所在地人民法院管辖，但不得违反本法对级别管辖和专属管辖的规定。

4. 移送管辖

移送管辖，是指法院在受理民事案件后，发现自己对案件并无管辖权，依法将案件移送给有管辖权的法院审理。移送管辖只是案件的移送，而不是管辖权的转移。移送管辖通常发生在同级法院之间，但有时也发生在上下级法院之间，目的是纠正受理上的错误。根据《民事诉讼法》第三十六条的规定，法院适用移送管辖须同时符合以下三个条件：（1）法院已受理了案件；（2）移送的法院对案件没有管辖权；（3）向有管辖权的法院依法移送。受诉法院移送管辖应当作出裁定，并连同全部案件材料和当事人已交纳的案件受理费一并移送给有管辖权的法院。

5. 指定管辖

指定管辖，指上级法院以裁定方式指定下级法院对某一民事案件进行管辖。指定管辖是对法定管辖的变通和补充。根据《民事诉讼法》第三十六条和第三十七条的规定，指定管辖适用于以下三种情况：（1）受移送的法院认为自己对移送来的案件无管辖权。（2）有管辖权的法院由于特殊原因不能行使管辖权。造成受诉法院不能行使管辖权的特殊原因有两种：一是法律上的原因，如受诉法院的全体审判人员均需依法回避；二是事实上的原因，如受诉法院所在地发生了严重的自然灾害。（3）法院之间的管辖权争议不能协商解决。

6. 管辖权的异议

管辖权的异议，是指当事人向受诉法院提出的该院对本案无管辖权的主张。管辖权的异议既包括对受诉法院级别管辖的异议，又包括对受诉法院地域管辖的异议。根据《民事诉讼法》第三十八条的规定，当事人提出管辖权异议必须符合下列条件：（1）提出异议的主体必须是本案的当事人，但诉讼中的第三人不能提出管辖权异议；（2）只能对第一审民事案件的管辖权提出异议；（3）必须在法定期间内提出管辖权的异议。当事人对管辖权有异议的，应当在第一审程序提交答辩状的期间内提出，当事人逾期提出管辖权异议的，法院不予审议。

三、实验准备

（一）案件材料

张美丽（女）与胡大山于1988年结婚。胡从事推销业务，经常外出，性好酗酒，回到家则对张施暴，且讽刺张名字起得美，人却长得出奇的丑。1993年5

月，张以夫妻感情已经破裂为由向某市 A 区人民法院起诉，要求与胡离婚。A 区法院受理后，查明原告张美丽（女）的家庭住址、工作单位和户籍均在 B 区。被告胡大山虽然婚前曾住 A 区父母处，但其工作单位和户口却在湖北省 C 县，他与张美丽结婚后家安在 B 区。因此，A 区法院认为该案不属于自己管辖，遂将案件移送 B 区人民法院处理。B 区人民法院受理后认为，原、被告结婚后家虽然安在 B 区，但被告的工作单位和户口都在湖北 C 县，遂根据《民事诉讼法》第三十六条的规定，将案件移送给湖北 C 县人民法院审理。湖北 C 县法院接到此案不久，给 B 区法院复函称：我院受理此案后，经两次传唤胡谈话，认为此案主要事实难以查清，胡大山本人亦要求回到原籍处理，同时，被告单位现已迁至河北省 D 县，因此，特将全部材料移送给你院查办。B 区法院以"被告单位既然从你县迁至河北 D 县，则应由你院直接将案件移送 D 县法院审理"为由，又将案件退回湖北 C 县法院。不久，河北省 D 县法院以胡大山已回某市治病为由，将案件退回某市 B 区法院。B 区法院以胡大山一直住在 A 区其父母处为由，将案件转送 A 区法院审理。

（二）法律依据

适用于民事要件管辖的法律、规定和文件主要包括：《中华人民共和国民事诉讼法》、《最高人民法院关于适用〈中华人民共和国民事诉讼法〉若干问题的意见》、《最高人民法院关于在经济审判工作中严格实行〈中华人民共和国民事诉讼法〉的若干规定》、《最高人民法院关于案件界别管辖几个问题的批复》、《最高人民法院关于如何确定证券回购合同履行地问题的批复》、《最高人民法院关于在确定经济纠纷案件管辖中如何确定购销合同履行地问题的规定》、《最高人民法院关于经济合同的名称与内容不一致时如何确定管辖权问题的批复》、《最高人民法院关于法发〔1996〕28 号司法解释问题的批复》、《最高人民法院关于如何理解〈关于适用（中华人民共和国民事诉讼法）若干问题的意见〉第 31 条第 2 款的批复》。

附1：

中华人民共和国民事诉讼法（节录）

（1991 年 4 月 9 日第七届全国人民代表大会第四次会议通过　根据 2007 年 10 月 28 日第十届全国人民代表大会常务委员会第三十次会议《关于修改〈中华人民共和国民事诉讼法〉的决定》修正）

……

第二章 管 辖

第一节 级别管辖

第十八条 基层人民法院管辖第一审民事案件，但本法另有规定的除外。

第十九条 中级人民法院管辖下列第一审民事案件：

（一）重大涉外案件；

（二）在本辖区有重大影响的案件；

（三）最高人民法院确定由中级人民法院管辖的案件。

第二十条 高级人民法院管辖在本辖区有重大影响的第一审民事案件。

第二十一条 最高人民法院管辖下列第一审民事案件：

（一）在全国有重大影响的案件；

（二）认为应当由本院审理的案件。

第二节 地域管辖

第二十二条 对公民提起的民事诉讼，由被告住所地人民法院管辖；被告住所地与经常居住地不一致的，由经常居住地人民法院管辖。

对法人或者其他组织提起的民事诉讼，由被告住所地人民法院管辖。

同一诉讼的几个被告住所地、经常居住地在两个以上人民法院辖区的，各该人民法院都有管辖权。

第二十三条 下列民事诉讼，由原告住所地人民法院管辖；原告住所地与经常居住地不一致的，由原告经常居住地人民法院管辖：

（一）对不在中华人民共和国领域内居住的人提起的有关身份关系的诉讼；

（二）对下落不明或者宣告失踪的人提起的有关身份关系的诉讼；

（三）对被劳动教养的人提起的诉讼；

（四）对被监禁的人提起的诉讼。

第二十四条 因合同纠纷提起的诉讼，由被告住所地或者合同履行地人民法院管辖。

第二十五条 合同的双方当事人可以在书面合同中协议选择被告住所地、合同履行地、合同签订地、原告住所地、标的物所在地人民法院管辖，但不得违反本法对级别管辖和专属管辖的规定。

第二十六条 因保险合同纠纷提起的诉讼，由被告住所地或者保险标的物所在地人民法院管辖。

第二十七条 因票据纠纷提起的诉讼，由票据支付地或者被告住所地人民法院管辖。

第二十八条 因铁路、公路、水上、航空运输和联合运输合同纠纷提起的诉讼，由运输始发地、目的地或者被告住所地人民法院管辖。

第二十九条　因侵权行为提起的诉讼，由侵权行为地或者被告住所地人民法院管辖。

第三十条　因铁路、公路、水上和航空事故请求损害赔偿提起的诉讼，由事故发生地或者车辆、船舶最先到达地、航空器最先降落地或者被告住所地人民法院管辖。

第三十一条　因船舶碰撞或者其他海事损害事故请求损害赔偿提起的诉讼，由碰撞发生地、碰撞船舶最先到达地、加害船舶被扣留地或者被告住所地人民法院管辖。

第三十二条　因海难救助费用提起的诉讼，由救助地或者被救助船舶最先到达地人民法院管辖。

第三十三条　因共同海损提起的诉讼，由船舶最先到达地、共同海损理算地或者航程终止地的人民法院管辖。

第三十四条　下列案件，由本条规定的人民法院专属管辖：

（一）因不动产纠纷提起的诉讼，由不动产所在地人民法院管辖；

（二）因港口作业中发生纠纷提起的诉讼，由港口所在地人民法院管辖；

（三）因继承遗产纠纷提起的诉讼，由被继承人死亡时住所地或者主要遗产所在地人民法院管辖。

第三十五条　两个以上人民法院都有管辖权的诉讼，原告可以向其中一个人民法院起诉；原告向两个以上有管辖权的人民法院起诉的，由最先立案的人民法院管辖。

第三节　移送管辖和指定管辖

第三十六条　人民法院发现受理的案件不属于本院管辖的，应当移送有管辖权的人民法院，受移送的人民法院应当受理。受移送的人民法院认为受移送的案件依照规定不属于本院管辖的，应当报请上级人民法院指定管辖，不得再自行移送。

第三十七条　有管辖权的人民法院由于特殊原因，不能行使管辖权的，由上级人民法院指定管辖。

人民法院之间因管辖权发生争议，由争议双方协商解决；协商解决不了的，报请它们的共同上级人民法院指定管辖。

第三十八条　人民法院受理案件后，当事人对管辖权有异议的，应当在提交答辩状期间提出。人民法院对当事人提出的异议，应当审查。异议成立的，裁定将案件移送有管辖权的人民法院；异议不成立的，裁定驳回。

第三十九条　上级人民法院有权审理下级人民法院管辖的第一审民事案件，也可以把本院管辖的第一审民事案件交下级人民法院审理。

下级人民法院对它所管辖的第一审民事案件，认为需要由上级人民法院审理的，可以报请上级人民法院审理。

……

附2：

最高人民法院关于适用《中华人民共和国民事诉讼法》若干问题的意见（节录）

（1992年7月14日最高人民法院审判委员会第528次会议讨论通过）

为了正确适用《中华人民共和国民事诉讼法》（以下简称民事诉讼法），根据民事诉讼法的规定和审判实践经验，我们提出以下意见，供各级人民法院在审判工作中执行。

一、管　　辖

1. 民事诉讼法第十九条第（一）项规定的重大涉外案件，是指争议标的额大，或者案情复杂，或者居住在国外的当事人人数众多的涉外案件。

2. 专利纠纷案件由最高人民法院确定的中级人民法院管辖。

海事、海商案件由海事法院管辖。

3. 各省、自治区、直辖市高级人民法院可以依照民事诉讼法第十九条第（二）项、第二十条的规定，从本地实际情况出发，根据案情繁简、诉讼标的金额大小、在当地的影响等情况，对本辖区内一审案件的级别管辖提出意见，报最高人民法院批准。

4. 公民的住所地是指公民的户籍所在地，法人的住所地是指法人的主要营业地或者主要办事机构所在地。

5. 公民的经常居住地是指公民离开住所地至起诉时已连续居住一年以上的地方。但公民住院就医的地方除外。

6. 被告一方被注销城镇户口的，依照民事诉讼法第二十三条规定确定管辖；双方均被注销城镇户口的，由被告居住地的人民法院管辖。

7. 当事人的户籍迁出后尚未落户，有经常居住地的，由该地人民法院管辖。没有经常居住地，户籍迁出不足一年的，由其原户籍所在地人民法院管辖；超过一年的，由其居住地人民法院管辖。

8. 双方当事人都被监禁或被劳动教养的，由被告原住所地人民法院管辖。被告被监禁或被劳动教养一年以上的，由被告被监禁地或被劳动教养地人民法院管辖。

9. 追索赡养费案件的几个被告住所地不在同一辖区的，可以由原告住所地人民法院管辖。

10. 不服指定监护或变更监护关系的案件，由被监护人住所地人民法院管辖。

11. 非军人对军人提出的离婚诉讼，如果军人一方为非文职军人，由原告住所地人民法院管辖。

离婚诉讼双方当事人都是军人的，由被告住所地或者被告所在的团级以上单位驻地的人民法院管辖。

12. 夫妻一方离开住所地超过一年，另一方起诉离婚的案件，由原告住所地人民法院管辖。夫妻双方离开住所地超过一年，一方起诉离婚的案件，由被告经常居住地人民法院管辖；没有经常居住地的，由原告起诉时居住地的人民法院管辖。

13. 在国内结婚并定居国外的华侨，如定居国法院以离婚诉讼须由婚姻缔结地法院管辖为由不予受理，当事人向人民法院提出离婚诉讼的，由婚姻缔结地或一方在国内的最后居住地人民法院管辖。

14. 在国外结婚并定居国外的华侨，如定居国法院以离婚诉讼须由国籍所属国法院管辖为由不予受理，当事人向人民法院提出离婚诉讼的，由一方原住所地或在国内的最后居住地人民法院管辖。

15. 中国公民一方居住在国外，一方居住在国内，不论哪一方向人民法院提起离婚诉讼，国内一方住所地的人民法院都有权管辖。如国外一方在居住国法院起诉，国内一方向人民法院起诉的，受诉人民法院有权管辖。

16. 中国公民双方在国外但未定居，一方向人民法院起诉离婚的，应由原告或者被告原住所地的人民法院管辖。

17. 对没有办事机构的公民合伙、合伙型联营体提起的诉讼，由被告注册登记地人民法院管辖。没有注册登记，几个被告又不在同一辖区的，被告住所地的人民法院都有管辖权。

18. 因合同纠纷提起的诉讼，如果合同没有实际履行，当事人双方住所地又都不在合同约定的履行地的，应由被告住所地人民法院管辖。

19. 购销合同的双方当事人在合同中对交货地点有约定的，以约定的交货地点为合同履行地；没有约定的，依交货方式确定合同履行地：采用送货方式的，以货物送达地为合同履行地；采用自提方式的，以提货地为合同履行地；代办托运或按木材、煤炭送货办法送货的，以货物发运地为合同履行地。

购销合同的实际履行地点与合同中约定的交货地点不一致的，以实际履行地点为合同履行地。

20. 加工承揽合同，以加工行为地为合同履行地，但合同中对履行地有约定的除外。

21. 财产租赁合同、融资租赁合同以租赁物使用地为合同履行地，但合同中对履行地有约定的除外。

22. 补偿贸易合同，以接受投资一方主要义务履行地为合同履行地。

23. 民事诉讼法第二十五条规定的书面合同中的协议，是指合同中的协议管辖条款或者诉讼前达成的选择管辖的协议。

24. 合同的双方当事人选择管辖的协议不明确或者选择民事诉讼法第二十五条规定的人民法院中的两个以上人民法院管辖的，选择管辖的协议无效，依照民事诉讼法第二十四条的规定确定管辖。

25. 因保险合同纠纷提起的诉讼，如果保险标的物是运输工具或者运输中的货物，由被告住所地或者运输工具登记注册地、运输目的地、保险事故发生地的人民法院管辖。

26. 民事诉讼法第二十七条规定的票据支付地，是指票据上载明的付款地。票据未载明付款地的，票据付款人（包括代理付款人）的住所地或主营业所所在地为票据付款地。

27. 债权人申请支付令，适用民事诉讼法第二十二条规定，由债务人住所地的基层人民法院管辖。

28. 民事诉讼法第二十九条规定的侵权行为地，包括侵权行为实施地、侵权结果发生地。

29. 因产品质量不合格造成他人财产、人身损害提起的诉讼，产品制造地、产品销售地、侵权行为地和被告住所地的人民法院都有管辖权。

30. 铁路运输合同纠纷及与铁路运输有关的侵权纠纷，由铁路运输法院管辖。

31. 诉前财产保全，由当事人向财产所在地的人民法院申请。

在人民法院采取诉前财产保全后，申请人起诉的，可以向采取诉前财产保全的人民法院或者其他有管辖权的人民法院提起。

32. 当事人申请诉前财产保全后没有在法定的期间起诉，因而给被申请人造成财产损失引起诉讼的，由采取该财产保全措施的人民法院管辖。

33. 两个以上人民法院都有管辖权的诉讼，先立案的人民法院不得将案件移送给另一个有管辖权的人民法院。人民法院在立案前发现其他有管辖权的人民法院已先立案的，不得重复立案；立案后发现其他有管辖权的人民法院已先立案的，裁定将案件移送给先立案的人民法院。

34. 案件受理后，受诉人民法院的管辖权不受当事人住所地、经常居住地变更的影响。

35. 有管辖权的人民法院受理案件后，不得以行政区域变更为由，将案件移送给变更后有管辖权的人民法院。判决后的上诉案件和依审判监督程序提审的案件,由原审人民法院的上级人民法院进行审判;第二审人民法院发回重审或者上级人民法院指令再审的案件,由原审人民法院重审或者再审。

36. 依照民事诉讼法第三十七条第二款规定,发生管辖权争议的两个人民法院因协商不成报请它们的共同上级人民法院指定管辖时,如双方为同属一个地、市辖区的基层人民法院,由该地、市的中级人民法院及时指定管辖;同属一个省、自治区、直辖市的两个人民法院,由该省、自治区、直辖市的高级人民法院及时指定管辖;如双方为跨省、自治区、直辖市的人民法院,高级人民法院协商不成的,由最高人民法院及时指定管辖。

依前款规定报请上级人民法院指定管辖时,应当逐级进行。

37. 上级人民法院依照民事诉讼法第三十七条的规定指定管辖,应书面通知报送的人民法院和被指定的人民法院。报送的人民法院接到通知后,应及时告知当事人。

……

附3:

最高人民法院关于在经济审判工作中严格执行《中华人民共和国民事诉讼法》的若干规定

法发〔1994〕29号

为在经济审判工作中严格执行《中华人民共和国民事诉讼法》的有关规定,严肃审判纪律,进一步规范诉讼活动,保障和推动经济审判工作健康发展,特作如下规定:

一、关于管辖

1. 两个以上人民法院对同一案件都有管辖权并已分别立案的,后立案的人民法院得知有关法院先立案的情况后,应当在七日内裁定将案件移送先立案的人民法院。对为争管辖权而将立案日期提前的,该院或者其上级人民法院应当予以纠正。

2. 当事人基于同一法律关系或者同一法律事实而发生纠纷,以不同诉讼请求分别向有管辖权的不同法院起诉的,后立案的法院在得知有关法院先立案的情况后,应当在七日内裁定将案件移送先立案的法院合并审理。

3. 两个以上人民法院之间对地域管辖有争议的案件,有关人民法院均应当立即停止进行实体审理,并按最高人民法院关于适用民事诉讼法的意见第36条的规定解决管辖争议,协商不成报请共同上级人民法院指定管辖的,上级人民法院应当在收到下级人民法院报告之日起三十日内,作出指定管辖的决定。

4. 两个以上人民法院如对管辖权有争议,在争议未解决前,任何一方人民法院均不得对案件作出判决。对抢先作出判决的,上级人民法院应当以违反程序为由撤销其判决,并将案件移送或者指定其他人民法院审理,或者由自己提审。

5. 人民法院对当事人在法定期限内提出管辖权异议的,应当认真进行审查,并在十五日内作出异议是否成立的书面裁定。当事人对此裁定不服提出上诉的,第二审人民法院应当依法作出书面裁定。

6. 人民法院在审理国内经济纠纷案件中,如受诉人民法院对该案件没有管辖权,不能因对非争议标的物或者对争议标的物非主要部分采取诉前财产保全措施而取得该案件的管辖权。

7. 各高级人民法院就本省、自治区、直辖市作出的关于案件级别管辖的规定,应当报送最高人民法院批准。未经批准的,不能作为级别管辖的依据;已经批准公布实施的,应当认真执行,不得随意更改。

8. 地方各级人民法院不得自行作出地域管辖的规定,已作规定的,一律无效。

附4:

最高人民法院关于案件级别管辖几个问题的批复

法复〔1996〕5号

山东省高级人民法院:

你院鲁高法函〔1994〕37号请示及鲁高法函〔1995〕74号请示均已收悉。经研究,答复如下:

一、在当事人双方或一方全部没有履行合同义务的情况下,发生纠纷提起诉讼,如当事人在诉讼请求中明确要求全部履行合同的,应以合同总金额加上其他请求金额作为诉讼标的金额,并据以确定级别管辖;如当事人在诉讼请求中要求解除合同的,应以其具体的诉讼请求金额来确定诉讼标的金额,并据以确定级别管辖。

二、当事人在诉讼中增加诉讼请求从而加大诉讼标的金额,致使诉讼标的金额超过受诉法院级别管辖权限的,一般不再变动。但是当事人故意规避有关级别管辖等规定的除外。

三、按照级别管辖规定应当由上级人民法院管辖的案件,上级人民法院交由下级人民法院审理的,该下级人民法院不得再交其下级人民法院审理。

附5：

最高人民法院关于如何确定证券回购合同履行地问题的批复

法复〔1996〕9号

湖北省高级人民法院：

你院（1996）鄂经他字第10号请示收悉。关于如何确定证券回购合同履行地问题，经研究，答复如下：

鉴于我国证券回购业务事实上存在着场内和场外交易的两种情况，因此，确定证券回购合同履行地应区分不同情况予以处理：

一、凡在交易场所内进行的证券回购业务，交易场所所在地应为合同履行地。

二、在上述交易场所之外进行的证券回购业务，最初付款一方（返售方）所在地应为合同履行地。

附6：

最高人民法院关于在确定经济纠纷案件管辖中如何确定购销合同履行地问题的规定

法发〔1996〕28号

各省、自治区、直辖市高级人民法院：

为了便于当事人诉讼和人民法院审判，减少案件管辖权争议，根据《中华人民共和国民事诉讼法》第二十四条的规定，对确定购销合同履行地问题作以下规定：

一、当事人在合同中明确约定履行地点的，以约定的履行地点为合同履行地。

当事人在合同中未明确约定履行地点的，以约定的交货地点为合同履行地。

合同中约定的货物到达地、到站地、验收地、安装调试地等，均不应视为合同履行地。

二、当事人在合同中明确约定了履行地点或交货地点，但在实际履行中以书面方式或双方当事人一致认可的其他方式变更约定的，以变更后的约定确定合同履行地。当事人未以上述方式变更原约定，或者变更原合同而未涉及履行地问题的，仍以原合同的约定确定履行地。

三、当事人在合同中对履行地点、交货地点未作约定或约定不明确的，或者虽有约定但未实际交付货物，且当事人双方住所地均不在合同约定的履行地，以及口头购销合同纠纷案件，均不依履行地确定案件管辖。

本院以前有关购销合同履行地的司法解释与本规定不一致的，以本规定为准。

附7：

最高人民法院关于经济合同的名称与内容不一致时如何确定管辖权问题的批复

法复〔1996〕16号

江苏省高级人民法院：

你院苏高法〔1995〕229号请示收悉。经研究，答复如下：

一、当事人签订的经济合同虽具有明确、规范的名称，但合同约定的权利义务内容与名称不一致的，应当以该合同约定的权利义务内容确定合同的性质，从而确定合同的履行地和法院的管辖权。

二、合同的名称与合同约定的权利义务内容不一致，而且根据该合同约定的权利义务内容难以区分合同性质的。以及合同的名称与该合同约定的部分权利义务内容相符的，则以合同的名称确定合同的履行地和法院的管辖权。

附8：

最高人民法院关于适用法发〔1996〕28号司法解释问题的批复

法释〔1998〕3号

（1998年2月10日最高人民法院审判委员会第960次会议通过，自1998年2月19日起施行）

山东省高级人民法院：

你院《关于如何适用最高人民法院法发〔1996〕28号文件确定购销合同履行地问题的请示》收悉。经研究，答复如下：

最高人民法院法发〔1996〕28号《关于在经济纠纷案件管辖中如何确定购销合同履行地的规定》，是一项关于人民法院案件管辖问题的程序性规定。不论购销合同是在该规定生效前签订的还是生效后签订的，凡在该规定生效后起诉到人民法院的购销合同纠纷案件，均应适用该规定，而不再适用最高人民法院《关于适用〈中华人民共和国民事诉讼法〉若干问题的意见》第19条的规定。

此复

附9：

最高人民法院关于如何理解《关于适用〈中华人民共和国民事诉讼法〉若干问题的意见》第31条第2款的批复

法释〔1998〕5号

(1998年4月2日最高人民法院审判委员会第970次会议通过，自1998年4月25日起施行)

山西省高级人民法院：

你院晋高法〔1996〕148号《关于对最高人民法院〈关于适用中华人民共和国民事诉讼法若干问题的意见〉第31条第2款如何理解的请示》收悉。经研究，答复如下：

最高人民法院《关于适用〈中华人民共和国民事诉讼法〉若干问题的意见》第31条第2款的规定是指：在人民法院采取诉前财产保全后，申请人起诉的，应当向有管辖权的人民法院提起。采取诉前财产保全的人民法院对该案有管辖权的，应当依法受理；没有管辖权的，应当及时将采取诉前财产保全的全部材料移送有管辖权的受诉人民法院。

此复

(三) 文书格式

1.《诉讼管辖异议申请书》

诉讼管辖异议申请书

申请人：（写明姓名或名称等基本情况）。

请求事项：

××××纠纷一案，你院已于××××年××月××日受理。我们认为，你院对此案没有管辖权，现提出异议。

事实与理由：

……（简单写明事情经过、合同约定的管辖内容以及涉及的法律、法规依据等）。

综上所述，请你院依法裁定将此案移送有管辖权的人民法院即××××人民法院审理。

此致

××××人民法院

申请人：×××
××××年××月××日

2.《民事裁定书》（对管辖权提出异议的案件用）

××××人民法院
民事裁定书

（××××）×民初字第××号

原告……（写明姓名或名称等基本情况）。

被告……（写明姓名或名称等基本情况）。

（当事人及其他诉讼参加人的列项和基本情况的写法，与一审民事判决书样式相同。）

本院受理……（写明当事人姓名或名称和案由）一案后，被告×××在提交答辩状期间对管辖权提出异议，认为……（写明异议的内容及理由）。

经审查，本院认为，……（写明异议成立或异议不成立的根据和理由）。依照《中华人民共和国民事诉讼法》第三十八条的规定，裁定如下：

……（写明裁定结果。分两种情况：

第一，异议成立的，写：

"被告×××对管辖权提出的异议成立，本案移送××××人民法院处理。"

第二，异议不成立的，写：

"驳回被告×××对本案管辖权提出的异议。"）

如不服本裁定，可在裁定书送达之日起十日内，向本院递交上诉状，并按对方当事人的人数提出副本，上诉于××××人民法院。

审判员　×××
××××年××月××日
（院印）

本件与原本核对无异

书记员　×××

3.《民事上诉状》

民事上诉状

上诉人（原审××）……（写明姓名或名称等基本情况）。

被上诉人（原审××）……（写明姓名或名称等基本情况）。

上诉人因××××纠纷一案，不服（××××）××××民初字第××××号民事裁定书，现提出上诉。

上诉请求：

1. 请求依法撤销××××人民法院（××××）民初字第××××号民事裁定

2. 将该案移送××××人民法院管辖。

事实与理由：……

综上所述，……，本案应由××××人民法院管辖。××××人民法院（××××）民初字第××号民事裁定书与事实不符，应予纠正。现特提出上诉，恳请贵院依法裁决。

此致

××××人民法院

上诉人：×××
××××年××月××日

4.《民事裁定书》（对管辖权有异议的上诉案件用）

××××人民法院
民事裁定书

（××××）×民终字第××号

上诉人（原审××）……（写明姓名或名称等基本情况）。

被上诉人（原审××）……（写明姓名或名称等基本情况）。

（当事人及其他诉讼参加人的列项和基本情况的写法，与二审维持原判或者改判用的民事判决书样式相同。）

上诉人×××不服××××人民法院（××××）×民初字第××号民事裁定，向本院提出上诉。……（概述上诉请求与理由、被上诉人的答辩）。

本院经审查认为，……（简要写明二审驳回上诉或者撤销原裁定的事实根据和理由）。依照……（写明裁定所依据的法律条款项）的规定，裁定如下：

……〔写明裁定结果。分两种情况：

第一，维持原裁定的，写：

"驳回上诉，维持原裁定。"

第二，撤销原裁定的，写：

"一、撤销××××人民法院（××××）×民初字第××号民事裁定；

二、本案由××××人民法院管辖（在本辖区外的写：本案移送××××人民法院处理）。"〕

本裁定为终审裁定。

审判长　×××
审判员　×××
审判员　×××
××××年××月××日

本件与原本核对无异

(院印)

书记员 ×××

四、实验步骤

(1) 熟悉案情，认真梳理基本事实材料，以准确适用相关信息；

(2) 正确鉴别有无不属于人民法院主管及专属管辖和当事人协议管辖等特殊情况；

(3) 确定案件的级别管辖；

(4) 确定案件的地域管辖；

(5) 在实验中进一步审查判断有无需要移送管辖和提出管辖权异议等情况，并正确完成相应的实践操作。

五、自主设计

【案情】1991年6月，飞达汽车配件商店（以下简称"飞达商店"，地址：北京西城区西内南小街58号）与珠海恒昌汽车配件有限公司（以下简称"恒昌公司"，地址：珠海拱北区金山大厦F座）签订了一份书面购销合同。合同规定：由恒昌公司（供方）给飞达商店（需方）提供价值16万元的汽车配件，同时，自合同订立起一个月内由恒昌公司负责将货物由广州火车站发运至北京广安门车站。合同还规定，合同签订后，飞达商店先向恒昌公司给付定金5万元，合同实际履行后，飞达商店将全部货款给付恒昌公司。因恒昌公司违约未按期发运汽车配件，双方购销合同未实际履行，双方发生纠纷。1991年12月13日，飞达商店向其住所地西城区法院提起诉讼，要求被告恒昌公司双倍返还定金10万元，并承担诉讼费用。

【问题】如何通过实验确定本案的管辖法院？

六、拓展思考

(1) 分析级别管辖标准及其运用。

(2) 试述合同纠纷案件和侵权纠纷案件的管辖规定及其实践运用。

(3) 专属管辖的特点和范围。

(4) 协议管辖的适用条件和实践应用范围。

(5) 裁定管辖的立法意图和适用要求。
(6) 熟悉管辖权异议的条件和处理程序。

实验二 当事人身份的确定

一、实验要求与目的

通过实验要求学生掌握当事人的特征、在诉讼中的地位以及其应当享有的诉讼权利和应承担的诉讼义务，明确各种当事人身份的区别和界定，了解共同诉讼当事人、诉讼中的第三人及诉讼代表人的具体类型及实际适用，准确判断其相互间的差异。

(1) 正确认识民事诉讼当事人的概念、特征、种类；
(2) 在诉讼实践中进一步明确当事人的地位和作用；
(3) 正确识别各类当事人的身份的确定及相互之间的区别。

二、实验原理

民事诉讼当事人，是指以自己的名义实施诉讼，请求法院判决并接受法院为解决民事案件而行使审判权的人。原告和被告是当事人在第一审程序中的称谓，而且是民事诉讼不可或缺的当事人。当事人在第二审程序中，一般称为上诉人和被上诉人。当事人在再审中，如果适用第一审程序审理的，称原审原告和原审被告；适用第二审程序审理的，称为原上诉人和原被上诉人。当事人在执行程序中，称为申请执行人和被执行人。作为当事人，具有以自己的名义实施诉讼、与被诉民事纠纷存在利害关系和请求法院判决并接受法院审判的特征。

（一）当事人的诉讼权利能力和诉讼行为能力

诉讼权利能力，是指能够作为当事人享有民事诉讼权利和承担民事诉讼义务的能力。诉讼权利能力的实质就是能够作为民事诉讼当事人的资格，因此，诉讼权利能力又称为当事人能力。一般来讲，当事人诉讼权利能力与民事权利能力的产生和消灭基本上是一致的，公民的诉讼权利能力始于出生，终于死亡；法人和其他组织的诉讼权利能力从成立时产生，到终止时消灭。

诉讼行为能力，是指当事人可以亲自实施有效诉讼行为的能力。具有这种能力的人，就能够亲自参加诉讼，以自己的行为实现诉讼权利和履行诉讼义务。所以，诉讼行为能力又称为诉讼能力，其实质是指当事人能够亲自实施有效诉讼行为的资格。当事人如果没有诉讼行为能力，就不能亲自实施诉讼行为，只能由其法定代理人代为进行诉讼。公民年满18周岁并能辨认自己行为的，即具有诉讼行为能力。16周岁以上不满18周岁的公民，以自己的劳动收入为主要生活来源的，应视为有诉讼行为能力。法人和其他组织的诉讼行为能力，自依法成立时产生，于终止时消灭。法人的诉讼行为能力通过其法定代表人来实现，即由法定代表人代表法人进行诉讼。

（二）当事人的诉讼权利和诉讼义务

当事人的诉讼权利，是指当事人在民事诉讼中实施一定诉讼行为的可能性。诉讼权利的实质，就是当事人在诉讼中维护自己合法权益的手段。当事人对所享有的诉讼权利是否行使，由当事人自己决定。当事人行使诉讼权利的，必须依法进行。民事诉讼法对行使诉讼权利有明确的条件要求时，当事人只有依法定条件的要求行使诉讼权利，才能产生相应的法律效力。

当事人的诉讼义务，是指当事人在民事诉讼中依法实施一定诉讼行为的必要性。根据权利义务一致的原则，民事诉讼法在赋予当事人广泛的诉讼权利的同时，还规定了当事人相应的诉讼义务。民事诉讼法对当事人诉讼义务的规定属于强制规范，当事人拒不履行诉讼义务的，将承担相应的法律后果。如当事人妨害民事诉讼的，将受到强制措施的处理；当事人拒不履行生效判决的，将承受强制执行的后果。

（三）诉讼权利义务的承担

诉讼权利义务的承担，是指在诉讼过程中，由于出现法定的原因，当事人的诉讼权利和义务转移给诉讼之外的其他人，并由其作为同样诉讼地位的当事人继续进行诉讼。承接原当事人诉讼权利义务的人，理论上称之为诉讼承担人。

民事权利义务的可转移性，决定了当事人诉讼权利义务的可承担性。在民事诉讼过程中，当事人之间争议的民事权利或民事义务因故转移给其他人后，原当事人即不再是争议法律关系的主体，因而其不再是该诉讼案的诉讼当事人，而应由承受其民事权利或民事义务的人作本诉讼新的当事人。当事人无论是公民、法人还是其他组织，都可能发生诉讼权利义务的承担。

在诉讼实践中，发生诉讼权利义务承担的情况主要有以下几种：

（1）在诉讼过程中，一方当事人死亡，有继承人的，法院应当裁定中止诉讼，及时通知继承人作为诉讼承担人加入诉讼。发生诉讼权利义务的承担后，已死亡的公民因其诉讼权利能力消灭而不再是诉讼当事人。

（2）在诉讼过程中，企业法人或其他组织合并的，因合并前的民事纠纷发生的诉讼，由合并后新设的企业或其他组织充当相应的当事人，因合并已终止的原法人或其他组织不再是诉讼当事人。

（3）在诉讼过程中，企业法人或其他组织分立的，因分立前的民事纠纷发生的诉讼，如果分立时已将争议的民事权利或民事义务明确划归为分立后某一新企业或新的其他组织承受的，即应由该新企业或其他组织作为诉讼当事人；如果争议的民事权利或民事义务依分立协议，由分立后的几个新企业或其他组织共同承受，或者分立时未作明确处理的，应当以分立后的企业或其他组织为共同诉讼人。

（4）在诉讼过程中，企业法人未经清算即被撤销，有清算组织的，以该清算组织为当事人；没有清算组织的，以作出撤销决定的机构为当事人。

诉讼权利义务的承担既可能发生在第一审，也可能发生在第二审，还可能发生在再审之中。诉讼权利义务承担的发生，可能导致当事人数量的改变，可能使单一原、被告之间的诉讼变为一方当事人为二人以上的共同诉讼，也可能使一方当事人为二人以上的诉讼变为单一原、被告之间的诉讼。诉讼权利义务的承担发生后，诉讼程序继续进行，原当事人已进行的诉讼行为继续有效，对承担诉讼的新当事人具有约束力。

（四）共同诉讼人

共同诉讼人，是指当事人一方或双方为二人以上，其诉讼标的是共同的或同一种类的，在同一诉讼程序中一并进行诉讼的当事人。原告一方为二人以上的，称为共同原告；被告一方为二人以上，称为共同被告。共同诉讼人具有以下特征：（1）当事人的一方或者双方在数量上突破了单一性；（2）诉讼标的是共同的或者同一种类的；（3）共同诉讼人参加诉讼是基于与原告或被告具有共同的利害关系，或者是基于法院对几个同种类诉讼标的诉讼的合并。

1. 必要共同诉讼人

必要共同诉讼人，是指当事人一方或双方为二人以上，具有共同诉讼标的的共同诉讼人。与普通共同诉讼人相比，必要共同诉讼人具有以下三个特征：（1）具有共同的诉讼标的；（2）必须一并共同进行诉讼；（3）法院具有追加必要共同诉讼人的职权和强制性。必要共同诉讼人的形成原因是由实体法决定的，具体有两种：一是共同诉讼人在同一争议法律关系中本来就具有共同的权利或者负有共同的义务，即这种共同权利或共同义务在发生纠纷之前就业已存在。如因共同财产的所有、使用、分割等发生纠纷而引起的诉讼，共同所有或共同管理与支配的财产受到他人侵犯或与他人发生争议所引起的诉讼，共同继承发生纠纷而引起的诉讼，等等。二是基于存在某种法律规定的事实，使共同诉讼人对同一争议的法律关系具有或被认为具有共同的权利或共同的义务，即在某一法定事实出现之前，共同诉讼人之间本来不存在共同的权利或共同的义务。例如，数人共同致他人损害的，个体工商户、个人合伙或私营企业挂靠集体企业并以集体企业的名义从事生产经营活动的，个体工商户的营业执照上登记的业主与实际经营者不一致的，等等。

必须共同进行诉讼的当事人没有参加诉讼的，法院应当通知其参加诉讼。追加必要共同诉讼人参加诉讼，既是法院的职权，也是法院的责任。当事人的追加制度无论对法院还是对当事人，都属于强制规范。法院追加的共同原告已明确表示放弃实体权利的，可不予追加；被追加的原告既不愿意参加诉讼，又不放弃实体权利的，仍追加为共同原告，其不参加诉讼，不影响法院对案件的审理和依法作出判决。法院追加的共同被告拒不参加诉讼的，应当区别不同情形，或者拘传，或者依法对其缺席判决。

2. 普通共同诉讼人

普通共同诉讼人，是指当事人一方或双方为二人以上，具有同种类诉讼标的，经当事人同意，法院允许其在同一诉讼程序一并进行诉讼的共同诉讼人。普通共同诉讼人具有以下特征：（1）具有同种类的诉讼标的；（2）普通共同诉讼人的形成源于诉讼的合并；（3）普通共同诉讼人具有可分离性。普通共同诉讼人只具有同种类的诉讼标的，他们之间不存在实体上的共同权利或共同义务，因而在诉讼中也不存在共同的诉讼权利和义务。普通共同诉讼人其中一人的行为只对自己有效，对其他共同诉讼人不发生效力。例如，普通共同原告中一人撤诉的，其所能撤回的只是自己的起诉，其他原告的诉讼继续存在，诉讼也将继续进行。

（五）诉讼代表人

诉讼代表人，是指由人数众多的一方当事人推选或与法院商定产生的、代表人数众多的一方当事人进行诉讼的人。诉讼代表人具有以下特征：

（1）诉讼代表人是与案件具有利害关系的当事人；

（2）诉讼代表人是代表未实际参加诉讼的当事人进行诉讼的人；

（3）诉讼代表人必须依法定程序产生。

（六）诉讼中的第三人

民事诉讼中的第三人，是指对他人之间争议的诉讼标的认为具有独立的请求权，或者虽无独立的请求权，案件的处理结果与其有法律上的利害关系，从而参加到原、被告之间正在进行的诉讼中去的人。第三人具有以下特征：

1. 第三人与原、被告之间争议的诉讼标的具有某种联系

第三人与原、被告之间诉讼标的具有联系，是其能够作为第三人参加诉讼的前提。这种联系表现在两个方面：一是第三人认为原、被告之间争议的诉讼标的与自己的实体权利直接相关，故认为自己具有独立的请求权；二是原、被告之间的诉讼结果，与第三人具有某种法律上的利害关系。

2. 第三人不是原、被告之间争议法律关系中的共同主体

第三人争议的法律关系与原、被告之间争议的法律关系不是同一个法律关系，因而第三人参加诉讼不与任何一方当事人形成共同诉讼人，其所维护的是独立于原、被告权益之外的自己的合法权益。

3. 第三人所参加的是原、被告之间正在进行的诉讼

第三人是相对于原、被告而言的，如果原、被告之间的诉讼尚未开始，或者已经结束，就不存在第三人参加诉讼的问题。

根据第三人与原、被告之间诉讼标的的联系不同，第三人可以分为有独立请求权第三人和无独立请求权第三人。有独立请求权第三人，是指对原、被告之间争议的诉讼标的，基于其认为具有独立的请求权而提出独立的诉讼请求，并参加到原、被告之间诉讼中去的人。无独立请求权第三人，是指对原、被告双方争议的诉讼标的没有独立的请求权，但基于案件的处理结果与其有法律上的利害关系，从而参加诉讼的人。

三、实验准备

（一）案件材料

李大仙（男）、刘晓美（女）夫妇共有两个儿子一个女儿，1958 年，李大仙在浦东临江区建有瓦房 4 间（二上二下）和一间披屋，其中东屋底层一间由长子甲结婚居住使用；西屋底层一间，由次子乙结婚居住使用；李大仙刘晓美居住东屋楼上一间；女儿居住西层楼上一间；披屋作灶间使用。1967 年女儿出嫁后居住在丈夫家。长子因其儿子 A 和女儿 B 都已近成年，底层一间不够使用。征得父母同意，又使用了西屋楼上一间。长子甲平时为人厚道，又孝顺父母，孙子 A、孙女 B 也待两位老人不错，故长子甲一家深得李大仙、刘晓美夫妇偏爱。夫妇俩生前曾多次与邻居谈话时，夸奖长子甲一家，并说等他们百年之后，西屋上一间和东屋楼上一间给孙子 A、孙女 B 结婚使用。虽然多数口头这样说，但未立遗嘱。1973 年、1974 年李大仙、刘晓美相继去世后，他俩原居住的楼上东间被孙女 B 结婚使用。1985 年 3 月，甲和乙为门前场地使用发生矛盾，加上对甲一家占用父母房屋 3 间，而自己儿子结婚却无房屋，感到心中不平。于是乙向法院提起诉讼，要求与甲平等继承父母遗有的 5 间房屋和 6 件红木家具。诉讼中甲辩称：他对父母所尽义务多，且父母生前有意愿将东西楼上 2 间和 6 件红木家具给他的儿子 A 和女儿 B。因此，他应继承东屋上下 2 间和西屋楼上 1 间以及红木家具。法院通知被继承人的女儿丙和孙子 A、孙女 B 谈话，女儿丙明确表示不要父母遗产，A、B 认为祖父生前有口头遗嘱，将楼上两间房屋和红木家具赠给他们，且他们实际上已接受。因此，楼上 2 间和红木家具归他们所有。一审法院认为，女儿明确放弃继承，不作为诉讼当事人；遗嘱不合法律要求，不具有遗嘱效力，故孙子 A、孙女 B 不具有当事人资格。

（二）法律依据

适用民事诉讼当事人的法律、规定和文件主要包括：《中华人民共和国民事诉讼法》、《最高人民法院关于适用〈中华人民共和国民事诉讼法〉若干问题的意见》、《最高人民法院关于如何确定委托贷款协议纠纷诉讼主体资格的批复》、《最高人民法院关于经商检局检验出口的商品被退回应否将商检局列为经济合同质量纠纷案件当事人问题的批复》、《最高人民法院关于审理人身损害赔偿案件适用法律若干问题的解释》。

附 1：

中华人民共和国民事诉讼法（节录）

（1991 年 4 月 9 日第七届全国人民代表大会第四次会议通过　根据 2007 年 10 月 28 日第十届全国人民代表大会常务委员会第三十次会议《关于修改〈中华人民共和国民事诉讼法〉的决定》修正）
……

第五章　诉讼参加人

第一节　当　事　人

第四十九条　公民、法人和其他组织可以作为民事诉讼的当事人。

法人由其法定代表人进行诉讼。其他组织由其主要负责人进行诉讼。

第五十条　当事人有权委托代理人，提出回避申请，收集、提供证据，进行辩论，请求调解，提起上诉，申请执行。

当事人可以查阅本案有关材料，并可以复制本案有关材料和法律文书。查阅、复制本案有关材料的范围和办法由最高人民法院规定。

当事人必须依法行使诉讼权利，遵守诉讼秩序，履行发生法律效力的判决书、裁定书和调解书。

第五十一条　双方当事人可以自行和解。

第五十二条　原告可以放弃或者变更诉讼请求。被告可以承认或者反驳诉讼请求，有权提起反诉。

第五十三条　当事人一方或者双方为二人以上，其诉讼标的是共同的，或者诉讼标的是同一种类、人民法院认为可以合并审理并经当事人同意的，为共同诉讼。

共同诉讼的一方当事人对诉讼标的有共同权利义务的，其中一人的诉讼行为经其他共同诉讼人承认，对其他共同诉讼人发生效力；对诉讼标的没有共同权利义务的，其中一人的诉讼行为对其他共同诉讼人不发生效力。

第五十四条　当事人一方人数众多的共同诉讼，可以由当事人推选代表人进行诉讼。代表人的诉讼行为对其所代表的当事人发生效力，但代表人变更、放弃诉讼请求或者承认对方当事人的诉讼请求，进行和解，必须经被代表的当事人同意。

第五十五条　诉讼标的是同一种类、当事人一方人数众多在起诉时人数尚未确定的，人民法院可以发出公告，说明案件情况和诉讼请求，通知权利人在一定期间向人民法院登记。

向人民法院登记的权利人可以推选代表人进行诉讼；推选不出代表人的，人民法院可以与参加登记的权利人商定代表人。

代表人的诉讼行为对其所代表的当事人发生效力，但代表人变更、放弃诉讼请求或者承认对方当事人的诉讼请求，进行和解，必须经被代表的当事人同意。

人民法院作出的判决、裁定，对参加登记的全体权利人发生效力。未参加登记的权利人在诉讼时效期间提起诉讼的，适用该判决、裁定。

第五十六条　对当事人双方的诉讼标的，第三人认为有独立请求权的，有权提起诉讼。

对当事人双方的诉讼标的，第三人虽然没有独立请求权，但案件处理结果同他有法律上的利害关系的，可以申请参加诉讼，或者由人民法院通知他参加诉讼。人民法院判决承担民事责任的第三人，有当事人的诉讼权利义务。

第二节　诉讼代理人

第五十七条　无诉讼行为能力人由他的监护人作为法定代理人代为诉讼。法定代理人之间互相推诿代理责任的，由人民法院指定其中一人代为诉讼。

第五十八条　当事人、法定代理人可以委托一至二人作为诉讼代理人。

律师、当事人的近亲属、有关的社会团体或者所在单位推荐的人、经人民法院许可的其他公民，都可以被委托为诉讼代理人。

第五十九条　委托他人代为诉讼，必须向人民法院提交由委托人签名或者盖章的授权委托书。

授权委托书必须记明委托事项和权限。诉讼代理人代为承认、放弃、变更诉讼请求，进行和解，提起反诉或者上诉，必须有委托人的特别授权。

侨居在国外的中华人民共和国公民从国外寄交或者托交的授权委托书，必须经中华人民共和国驻该国的使领馆证明；没有使领馆的，由与中华人民共和国有外交关系的第三国驻该国的使领馆证明，再转由中华人民共和国驻该第三国使领馆证明，或者由当地的爱国华侨团体证明。

第六十条　诉讼代理人的权限如果变更或者解除，当事人应当书面告知人民法院，并由人民法院通知对方当事人。

第六十一条　代理诉讼的律师和其他诉讼代理人有权调查收集证据，可以查阅本案有关材料。查阅本案有关材料的范围和办法由最高人民法院规定。

第六十二条　离婚案件有诉讼代理人的，本人除不能表达意志的以外，仍应出庭；确因特殊情况无法出庭的，必须向人民法院提交书面意见。

……

附2：

最高人民法院关于适用《中华人民共和国民事诉讼法》若干问题的意见（节录）

（1992年7月14日最高人民法院审判委员会第528次会议讨论通过）

……

二、诉讼参加人

38. 法人的正职负责人是法人的法定代表人。没有正职负责人的，由主持工作的副职负责人担任法定代表人。设有董事会的法人，以董事长为法定代表人；没有董事长的法人，经董事会授权的负责人可作为法人的法定代表人。

不具备法人资格的其他组织，以其主要负责人为代表人。

39. 在诉讼中，法人的法定代表人更换的，由新的法定代表人继续进行诉讼，并应向人民法院提交新的法定代表人身份证明书。原法定代表人进行的诉讼行为有效。

本条的规定，适用于其他组织参加的诉讼。

40. 民事诉讼法第四十九条规定的其他组织是指合法成立、有一定的组织机构和财产，但又不具备法人资格的组织，包括：

（1）依法登记领取营业执照的私营独资企业、合伙组织；

（2）依法登记领取营业执照的合伙型联营企业；
（3）依法登记领取我国营业执照的中外合作经营企业、外资企业；
（4）经民政部门核准登记领取社会团体登记证的社会团体；
（5）法人依法设立并领取营业执照的分支机构；
（6）中国人民银行、各专业银行设在各地的分支机构；
（7）中国人民保险公司设在各地的分支机构；
（8）经核准登记领取营业执照的乡镇、街道、村办企业；
（9）符合本条规定条件的其他组织。

41. 法人非依法设立的分支机构，或者虽依法设立，但没有领取营业执照的分支机构，以设立该分支机构的法人为当事人。

42. 法人或者其他组织的工作人员因职务行为或者授权行为发生的诉讼，该法人或其他组织为当事人。

43. 个体工商户、个人合伙或私营企业挂靠集体企业并以集体企业的名义从事生产经营活动的，在诉讼中，该个体工商户、个人合伙或私营企业与其挂靠的集体企业为共同诉讼人。

44. 在诉讼中，一方当事人死亡，有继承人的，裁定中止诉讼。人民法院应及时通知继承人作为当事人承担诉讼，被继承人已经进行的诉讼行为对承担诉讼的继承人有效。

45. 个体工商户、农村承包经营户、合伙组织雇佣的人员在进行雇佣合同规定的生产经营活动中造成他人损害的，其雇主是当事人。

46. 在诉讼中，个体工商户以营业执照上登记的业主为当事人。有字号的，应在法律文书中注明登记的字号。

营业执照上登记的业主与实际经营者不一致的，以业主和实际经营者为共同诉讼人。

47. 个人合伙的全体合伙人在诉讼中为共同诉讼人。个人合伙有依法核准登记的字号的，应在法律文书中注明登记的字号。全体合伙人可以推选代表人；被推选的代表人，应由全体合伙人出具推选书。

48. 当事人之间的纠纷经仲裁机构仲裁或者经人民调解委员会调解，当事人不服仲裁或调解向人民法院提起诉讼的，应以对方当事人为被告。

49. 法人或者其他组织应登记而未登记即以法人或者其他组织名义进行民事活动，或者他人冒用法人、其他组织名义进行民事活动，或者法人或者其他组织依法终止后仍以其名义进行民事活动的，以直接责任人为当事人。

50. 企业法人合并的，因合并前的民事活动发生的纠纷，以合并后的企业为当事人；企业法人分立的，因分立前的民事活动发生的纠纷，以分立后的企业为

第一部分　第一审程序

共同诉讼人。

51. 企业法人未经清算即被撤销，有清算组织的，以该清算组织为当事人；没有清算组织的，以作出撤销决定的机构为当事人。

52. 借用业务介绍信、合同专用章、盖章的空白合同书或者银行账户的，出借单位和借用人为共同诉讼人。

53. 因保证合同纠纷提起的诉讼，债权人向保证人和被保证人一并主张权利的，人民法院应当将保证人和被保证人列为共同被告；债权人仅起诉保证人的，除保证合同明确约定保证人承担连带责任的外，人民法院应当通知被保证人作为共同被告参加诉讼；债权人仅起诉被保证人的，可只列被保证人为被告。

54. 在继承遗产的诉讼中，部分继承人起诉的，人民法院应通知其他继承人作为共同原告参加诉讼；被通知的继承人不愿意参加诉讼又未明确表示放弃实体权利的，人民法院仍应把其列为共同原告。

55. 被代理人和代理人承担连带责任的，为共同诉讼人。

56. 共有财产权受到他人侵害，部分共有权人起诉的，其他共有权人应当列为共同诉讼人。

57. 必须共同进行诉讼的当事人没有参加诉讼的，人民法院应当依照民事诉讼法第一百一十九条的规定，通知其参加；当事人也可以向人民法院申请追加。人民法院对当事人提出的申请，应当进行审查，申请无理的，裁定驳回；申请有理的，书面通知被追加的当事人参加诉讼。

58. 人民法院追加共同诉讼的当事人时，应通知其他当事人。应当追加的原告，已明确表示放弃实体权利的，可不予追加；既不愿意参加诉讼，又不放弃实体权利的，仍追加为共同原告，其不参加诉讼，不影响人民法院对案件的审理和依法作出判决。

59. 民事诉讼法第五十四条和第五十五条规定的当事人一方人数众多，一般指十人以上。

60. 依照民事诉讼法第五十四条规定，当事人一方人数众多在起诉时确定的，可以由全体当事人推选共同的代表人，也可以由部分当事人推选自己的代表人；推选不出代表人的当事人，在必要的共同诉讼中可由自己参加诉讼，在普通的共同诉讼中可以另行起诉。

61. 依照民事诉讼法第五十五条规定，当事人一方人数众多在起诉时不确定的，由当事人推选代表人，当事人推选不出的，可以由人民法院提出人选与当事人协商，协商不成的，也可以由人民法院在起诉的当事人中指定代表人。

62. 民事诉讼法第五十四条和第五十五条规定的代表人为二至五人，每位代表人可以委托一至二人作为诉讼代理人。

63. 依照民事诉讼法第五十五条规定受理的案件，人民法院可以发出公告，通知权利人向人民法院登记。公告期根据具体案件的情况确定，最少不得少于三十日。

64. 依照民事诉讼法第五十五条规定向人民法院登记的当事人，应证明其与对方当事人的法律关系和所受到的损害。证明不了的，不予登记，当事人可以另行起诉。人民法院的裁判在登记的范围内执行。未参加登记的权利人在诉讼时效期间内提起诉讼，人民法院认定其请求成立的，裁定适用人民法院已作出的判决、裁定。

65. 依照民事诉讼法第五十六条的规定，有独立请求权的第三人有权向人民法院提出诉讼请求和事实、理由，成为当事人；无独立请求权的第三人，可以申请或者由人民法院通知参加诉讼。

66. 在诉讼中，无独立请求权的第三人有当事人的诉讼权利义务，判决承担民事责任的无独立请求权的第三人有权提出上诉。但该第三人在一审中无权对案件的管辖权提出异议，无权放弃、变更诉讼请求或者申请撤诉。

67. 在诉讼中，无民事行为能力人、限制民事行为能力人的监护人是他的法定代理人。事先没有确定监护人的，可以由有监护资格的人协商确定，协商不成的，由人民法院在他们之间指定诉讼中的法定代理人。当事人没有民法通则第十六条第一、二款或者第十七条第一款规定的监护人的，可以指定该法第十六条第四款或者第十七条第三款规定的有关组织担任诉讼期间的法定代理人。

68. 除律师、当事人的近亲属、有关的社会团体或者当事人所在单位推荐的人之外，当事人还可以委托其他公民为诉讼代理人。但无民事行为能力人、限制民事行为能力人或者可能损害被代理人利益的人以及人民法院认为不宜作诉讼代理人的人，不能作为诉讼代理人。

69. 当事人向人民法院提交的授权委托书，应在开庭审理前送交人民法院。授权委托书仅写"全权代理"而无具体授权的，诉讼代理人无权代为承认、放弃、变更诉讼请求，进行和解，提起反诉或者上诉。

……

附3：

最高人民法院关于如何确定委托贷款协议纠纷诉讼主体资格的批复

法复〔1996〕6号

四川省高级人民法院：

你院《关于有委托贷款协议的借款合同如何确定诉讼主体问题的请示》（川高法〔1995〕193号）收悉。经研究，答复如下：

在履行委托贷款协议过程中，由于借款人不按期归还贷款而发生纠纷的，贷款人（受托人）可以借款合同纠纷为由向人民法院提起诉讼；贷款人不起诉的，委托人可以委托贷款协议的受托人为被告，以借款人为第三人向人民法院提起诉讼。

附4：

最高人民法院关于经商检局检验出口的商品被退回应否将商检局列为经济合同质量纠纷案件当事人问题的批复

法释〔1998〕12号

（1998年6月19日最高人民法院审判委员会第995次会议通过，自1998年7月1日起施行）

湖南省高级人民法院：

你院湘高法〔1997〕55号请示收悉。经研究，答复如下：

经商检局检验出口的商品被退回，当事人以经济合同商品质量纠纷起诉的，人民法院不应将商检局列为被告或者第三人。

附5：

最高人民法院关于审理人身损害赔偿案件适用法律若干问题的解释（节录）

法释〔2003〕20号

（2003年12月4日最高人民法院审判委员会第1299次会议通过）

第一条 因生命、健康、身体遭受侵害，赔偿权利人起诉请求赔偿义务人赔偿财产损失和精神损害的，人民法院应予受理。

本条所称"赔偿权利人"，是指因侵权行为或者其他致害原因直接遭受人身损害的受害人、依法由受害人承担扶养义务的被扶养人以及死亡受害人的近亲属。

本条所称"赔偿义务人"，是指因自己或者他人的侵权行为以及其他致害原因依法应当承担民事责任的自然人、法人或者其他组织。

第二条 受害人对同一损害的发生或者扩大有故意、过失的，依照民法通则第一百三十一条的规定，可以减轻或者免除赔偿义务人的赔偿责任。但侵权人因故意或者重大过失致人损害，受害人只有一般过失的，不减轻赔偿义务人的赔偿责任。

适用民法通则第一百零六条第三款规定确定赔偿义务人的赔偿责任时，受害人有重大过失的，可以减轻赔偿义务人的赔偿责任。

第三条　二人以上共同故意或者共同过失致人损害，或者虽无共同故意、共同过失，但其侵害行为直接结合发生同一损害后果的，构成共同侵权，应当依照民法通则第一百三十条规定承担连带责任。

二人以上没有共同故意或者共同过失，但其分别实施的数个行为间接结合发生同一损害后果的，应当根据过失大小或者原因的比例各自承担相应的赔偿责任。

第四条　二人以上共同实施危及他人人身安全的行为并造成损害后果，不能确定实际侵害行为人的，应当依照民法通则第一百三十条规定承担连带责任。共同危险行为人能够证明损害后果不是由其行为造成的，不承担赔偿责任。

第五条　赔偿权利人起诉部分共同侵权人的，人民法院应当追加其他共同侵权人作为共同被告。赔偿权利人在诉讼中放弃对部分共同侵权人的诉讼请求的，其他共同侵权人对被放弃诉讼请求的被告应当承担的赔偿份额不承担连带责任。责任范围难以确定的，推定各共同侵权人承担同等责任。

人民法院应当将放弃诉讼请求的法律后果告知赔偿权利人，并将放弃诉讼请求的情况在法律文书中叙明。

第六条　从事住宿、餐饮、娱乐等经营活动或者其他社会活动的自然人、法人、其他组织，未尽合理限度范围内的安全保障义务致使他人遭受人身损害，赔偿权利人请求其承担相应赔偿责任的，人民法院应予支持。

因第三人侵权导致损害结果发生的，由实施侵权行为的第三人承担赔偿责任。安全保障义务人有过错的，应当在其能够防止或者制止损害的范围内承担相应的补充赔偿责任。安全保障义务人承担责任后，可以向第三人追偿。赔偿权利人起诉安全保障义务人的，应当将第三人作为共同被告，但第三人不能确定的除外。

第七条　对未成年人依法负有教育、管理、保护义务的学校、幼儿园或者其他教育机构，未尽职责范围内的相关义务致使未成年人遭受人身损害，或者未成年人致他人人身损害的，应当承担与其过错相应的赔偿责任。

第三人侵权致未成年人遭受人身损害的，应当承担赔偿责任。学校、幼儿园等教育机构有过错的，应当承担相应的补充赔偿责任。

第八条　法人或者其他组织的法定代表人、负责人以及工作人员，在执行职务中致人损害的，依照民法通则第一百二十一条的规定，由该法人或者其他组织承担民事责任。上述人员实施与职务无关的行为致人损害的，应当由行为人承担赔偿责任。

属于《国家赔偿法》赔偿事由的，依照《国家赔偿法》的规定处理。

第九条　雇员在从事雇佣活动中致人损害的，雇主应当承担赔偿责任；雇员因故意或者重大过失致人损害的，应当与雇主承担连带赔偿责任。雇主承担连带赔偿责任的，可以向雇员追偿。

前款所称"从事雇佣活动",是指从事雇主授权或者指示范围内的生产经营活动或者其他劳务活动。雇员的行为超出授权范围,但其表现形式是履行职务或者与履行职务有内在联系的,应当认定为"从事雇佣活动"。

第十条 承揽人在完成工作过程中对第三人造成损害或者造成自身损害的,定作人不承担赔偿责任。但定作人对定作、指示或者选任有过失的,应当承担相应的赔偿责任。

第十一条 雇员在从事雇佣活动中遭受人身损害,雇主应当承担赔偿责任。雇佣关系以外的第三人造成雇员人身损害的,赔偿权利人可以请求第三人承担赔偿责任,也可以请求雇主承担赔偿责任。雇主承担赔偿责任后,可以向第三人追偿。

雇员在从事雇佣活动中因安全生产事故遭受人身损害,发包人、分包人知道或者应当知道接受发包或者分包业务的雇主没有相应资质或者安全生产条件的,应当与雇主承担连带赔偿责任。

属于《工伤保险条例》调整的劳动关系和工伤保险范围的,不适用本条规定。

第十二条 依法应当参加工伤保险统筹的用人单位的劳动者,因工伤事故遭受人身损害,劳动者或者其近亲属向人民法院起诉请求用人单位承担民事赔偿责任的,告知其按《工伤保险条例》的规定处理。

因用人单位以外的第三人侵权造成劳动者人身损害,赔偿权利人请求第三人承担民事赔偿责任的,人民法院应予支持。

第十三条 为他人无偿提供劳务的帮工人,在从事帮工活动中致人损害的,被帮工人应当承担赔偿责任。被帮工人明确拒绝帮工的,不承担赔偿责任。帮工人存在故意或者重大过失,赔偿权利人请求帮工人和被帮工人承担连带责任的,人民法院应予支持。

第十四条 帮工人因帮工活动遭受人身损害的,被帮工人应当承担赔偿责任。被帮工人明确拒绝帮工的,不承担赔偿责任;但可以在受益范围内予以适当补偿。

帮工人因第三人侵权遭受人身损害的,由第三人承担赔偿责任。第三人不能确定或者没有赔偿能力的,可以由被帮工人予以适当补偿。

第十五条 为维护国家、集体或者他人的合法权益而使自己受到人身损害,因没有侵权人、不能确定侵权人或者侵权人没有赔偿能力,赔偿权利人请求受益人在受益范围内予以适当补偿的,人民法院应予支持。

第十六条 下列情形,适用民法通则第一百二十六条的规定,由所有人或者管理人承担赔偿责任,但能够证明自己没有过错的除外:

(一)道路、桥梁、隧道等人工建造的构筑物因维护、管理瑕疵致人损害的;

(二)堆放物品滚落、滑落或者堆放物倒塌致人损害的;

(三)树木倾倒、折断或者果实坠落致人损害的。

前款第（一）项情形，因设计、施工缺陷造成损害的，由所有人、管理人与设计、施工者承担连带责任。
……

（三）文书格式

1.《代表人身份证明书》（共同诉讼的当事人推选的代表人用）

代表人身份证明书

我等共同推选　　　为我方参加诉讼的代表人，其诉讼行为，对全体推选人（或单位）发生效力。

特此证明。

推选人（或单位）：××××
××××年××月××日

附：代表人住址：

电话：

注：1. 本件供民事、行政案件的共同诉讼当事人推选代表人参加诉讼时使用。

2. 本件由全体推选人（单位）签名或盖章后递交人民法院。

2.《第三人参加诉讼申请书》

第三人参加诉讼申请书

申请人：（写明姓名或名称等基本情况）。

你院受理的×××纠纷一案，由于该案件的处理结果与申请人有法律上的利害关系，根据《中华人民共和国民事诉讼法》第五十六条的规定，申请人要求以第三人的身份参加诉讼，支持×××的诉讼请求。

事实与理由：……

（写明案件的起因）

根据××法第××条之规定，（写明支持×××一方的请求事项）

此致

××××人民法院

申请人：×××
××××年××月××日

3.《法定代表人身份证明书》

法定代表人身份证明书

　　　　同志，在我单位任　　　　　　职务，特此证明。

单位全称（盖章）
____年____月____日

附：该代表人住址：_____
电话：_____
注：企业事业单位、机关、团体的主要负责人为本单位的法定代表人。

4.《民事起诉状》（适用于法人或其他组织提起民事诉讼）

民事起诉状

原告：
  名称：_____   地址：_____   电话：_____
  法定代表人：姓名：_____   职务：_____
  委托代理人：姓名：_____   性别：_____   年龄：_____
      民族：____   职务：_____   工作单位：_____
      住址：_____   电话：_____

被告：
  名称：_____   地址：_____   电话：_____
  法定代表人：姓名：_____   职务：_____

诉讼请求：_____
事实和理由：_____

此致
_____人民法院

            原告人：_____（盖章）
            法定代表人：_____（签章）
            ____年____月____日

附：合同副本____份。
  本诉状副本____份。
  其他证明文件____份。

5.《民事起诉状》（适用于公民提起民事诉讼）

民事起诉状

原告：××××（写明姓名或名称等基本情况）。
被告：××××（写明姓名或名称等基本情况）。
诉讼请求：……
事实和理由：……

证据和证据来源，证人姓名和住址
　　此致
××××人民法院
　　附：本诉状副本×份。

$\hspace{15em}$起诉人：×××
$\hspace{14em}$××××年××月××日

6.《增加诉讼请求申请书》

增加诉讼请求申请书

申请人：×××（写明姓名或名称等基本情况）。
委托代理人：×××
诉讼请求事项：……
　　　　（写明增加的具体请求）
事实与理由：……
　　　　（写明事情经过、纠纷产生的原因等）
证据和证据来源：……
　　　　（写明证据名称、件数等）
　　此致
××××人民法院
附：申请书副本×份

$\hspace{15em}$申请人：×××
$\hspace{14em}$××××年××月××日

7.《民事反诉书》

民事反诉书

反诉人（本诉被告人）：×××（写明姓名或名称等基本情况）。
被反诉人（本诉原告）：×××（写明姓名或名称等基本情况）。
反诉请求：……
　　　　（写明请求的具体内容）
事实和理由：……
　　　　（写明具体的时间、地点、经过、见证人等）
证据和证据来源（如有证人，应当写明证人姓名和住址）
　　此致
××××人民法院

附：本反诉书副本　　份

具状人：×××（签字或者盖章）
××××年××月××日

四、实验步骤

（1）熟悉案件事实材料，了解相关法律规定及诉讼文书的写作；
（2）正确识别不同诉讼当事人的身份及诉讼地位；
（3）了解当事人在诉讼中享有的诉讼权利和应承担的诉讼义务；
（4）针对案件事实正确确定各当事人的身份及类型；
（5）针对不同身份的当事人，正确行使相应的诉讼权利，熟悉其参与案件的过程及方式、方法；
（6）根据需要，参照文书范本正确撰写相关法律文书。

五、自主设计

1995年某村委会将苹果园平均分给各户承包，规定承包期5年，其中韩甲承包了40棵苹果树。1997年，村委会又决定全部收回果园，搞专业承包，发包给鲁乙为首的6人专业队，合同约定承包期10年。后因管理不便，经村委会同意，鲁乙等6人又将其中原来韩甲承包过的40棵苹果树转包给了刘丙。一年后，韩甲以其与村委会1995年的合同未到期为由，强行抢摘这40棵苹果树的苹果400多公斤，故引起纠纷。村委会调解不成，即宣布解除与鲁乙等6人的承包合同，准备重新平均分包到各户。鲁乙等6人向法院提起诉讼，请求判令村委会继续履行合同。刘丙则向法院起诉，请求韩甲返还400多公斤苹果。一审法院将韩甲列为被告，将村委会和刘丙列为第三人。判决后，村委会不服提出上诉，二审法院发回重审，认为应将村委会和韩甲列为共同被告，将刘丙列为第三人。

【问题】（1）法院的做法是否正确？
（2）对本案纠纷应如何处理？
（3）韩甲、鲁乙等6人、刘丙及村委会的诉讼地位如何确定？
（4）根据本案撰写相应的诉讼文书。

六、拓展思考

（1）当事人概念发展对民事诉讼实践的意义。

(2) 原告和被告必须具备的条件及其如何在诉讼中予以确定。

(3) 普通共同诉讼人和必要共同诉讼人形成的条件有何差异？

(4) 在诉讼实践中如何准确甄别有独立请求权第三人与必要共同诉讼人的界限。

(5) 无独立请求权第三人参与民事诉讼的立法及实践意义。

(6) 了解当事人制度在司法实践上呈现出的发展趋势。

实验三　起诉与受理

一、实验要求与目的

要求学生能够全面熟悉第一审程序中的起诉与受理环节的相关知识和法律规定，正确区分人民法院对刑事案件、行政案件和民事案件的主管范围，熟悉人民法院对民事纠纷的立案条件，能够独立撰写民事起诉状、民事答辩状、案件受理通知书等相关文书，并了解案件的起诉、审查及受理的工作流程。

(1) 充分准备起诉和答辩必需材料并准确掌握争议焦点，正确选择运用材料；

(2) 掌握民事案件的起诉状、答辩状的撰写；

(3) 正确审查立案材料，准确判断人民法院对民事纠纷的立案条件及范围；

(4) 熟悉第一审民事案件的立案工作流程；

(5) 独立完成人民法院立案文书的撰写。

二、实验原理

起诉与受理是民事诉讼法定的必经阶段，是整个民事诉讼程序的起点，只有当事人的起诉行为和人民法院的受理行为相结合，一审程序才实际启动。

（一）起诉

民事起诉，是指公民、法人和其他组织认为自己享有的民事权益或者依法由自己管理、支配的民事权益受到他人侵害或与他人发生争议，以自己的名义请求法院通过审判给予司法保护的诉讼行为。

根据《民事诉讼法》第一百零八条的规定，起诉必须同时符合以下条件：

(1) 原告是与本案有直接利害关系的公民、法人和其他组织；

（2）有明确的被告；

（3）有具体的诉讼请求和事实、理由；

（4）属于法院受理民事诉讼的范围和归受诉法院管辖。

适用普通程序审理的案件，原告起诉的方式有两种，即书面起诉和口头起诉。只有在原告书写起诉状确有困难的情况下，才可以口头起诉，由法院将起诉的内容记入笔录，并告知对方当事人。

（二）审查起诉及其处理

审查起诉，是指法院对原告的起诉依法进行审核和判断，决定是否受理的诉讼行为。审查起诉既是原告起诉行为所必然引起的结果，又是法院决定是否受理起诉的必要前提和基础。

法院审查起诉应当从两方面进行：一是审查原告的起诉是否符合法律规定的四个条件；二是审查原告提交的起诉状或口头起诉是否符合要求，内容有无欠缺。法院在 7 日内经过审查，应当区别情况作如下处理：（1）受理；（2）限期补正；（3）裁定不予受理。法院如果认为起诉不符合法定条件，而且不可能通过补正方法达到法定条件要求的，或者属于法律规定不予受理的特别情况的，法院应当裁定不予受理。对不予受理的裁定，原告不服的，有权在 10 日内向上一级法院提起上诉。

人民法院针对在审查过程中出现的特殊情况，分别处理如下：

（1）依照行政诉讼法的规定，如果原告起诉的案件属于行政诉讼受案范围的，法院应当告知原告提起行政诉讼。

（2）双方当事人对合同纠纷自愿达成书面仲裁协议，并应向仲裁机构申请仲裁，不得向法院起诉的，法院应当告知原告向有关仲裁机构申请仲裁。但是，在三种情况下，法院可以受理：①仲裁协议无效、失效或者内容不明确无法执行的，法院应予受理原告的起诉；②当事人在仲裁协议中所选择的仲裁机构不存在，或者选择裁决的事项超越仲裁机构权限的，法院有权受理原告的起诉；③当事人一方向法院起诉时未声明有仲裁协议，法院受理后，对方当事人又应诉答辩的，视为法院有管辖权。

（3）依照法律规定，如果原告起诉的案件属于应当由其他机关处理的争议，法院应当告知原告向有关机关申请解决。

（4）对于不属于本院管辖的案件，告知原告向有管辖权的法院起诉。原告坚持起诉的，裁定不予受理。

（5）对判决、裁定已经发生法律效力的案件，当事人又起诉的，应当告知原告按照申诉处理。但是，在两种情况下，法院应当受理：①法院准许撤诉的裁定生效后，原告又起诉的；②裁定不予受理，驳回起诉的案件，原告再次起诉，如果符合起诉条件的。

（6）对其他法院已经立案受理的案件，原告又起诉的，因属于重复诉讼而应当裁定不予受理。

（7）依照法律规定，在一定期限内不得起诉的案件，在不得起诉的期限内起诉的，法院不予受理。

（8）判决不准离婚和调解和好的离婚案件，原告撤诉或按撤诉处理的离婚案件，判决、调解维持收养关系的案件，没有新情况、新理由，原告在6个月内又起诉的，不予受理。

（9）病员及其亲属对医疗事故技术鉴定委员会作出的医疗事故鉴定结论没有意见，仅要求医疗单位就医疗事故赔偿经济损失向法院起诉的，法院应予受理。

（10）夫妻一方下落不明，另一方诉至法院，只要求离婚，不申请宣告下落不明人失踪或死亡的案件，法院应当受理，对下落不明人用公告送达诉讼文书。

（11）赡养费、扶养费、抚育费案件，裁判发生法律效力后，因新情况、新理由，一方当事人再行起诉要求增加或减少费用的，法院应当作为新案受理。

（12）当事人超过诉讼时效期间起诉的，法院应予受理，受理后查明无中止、中断、延长事由的，判决驳回其诉讼请求。

（三）受理

受理，是指法院通过对原告起诉的审查，认为符合法律规定的条件，决定立案审理，从而引起诉讼程序开始的职权行为。起诉和受理是不同诉讼主体实施的诉讼行为，前者是当事人行使诉权的诉讼行为，后者是法院行使管辖权的诉讼行为。只有当原告的起诉和法院的受理这两种诉讼行为相结合，才会引起民事诉讼程序的开始。

法院受理原告的起诉后，产生以下法律效果：（1）受诉法院取得了对该案件的审判权；（2）确定了当事人的诉讼地位；（3）诉讼时效中断。

（四）驳回起诉

驳回起诉，是指法院受理起诉之后，发现受理违反法律规定的，以裁定方式驳回原告起诉的行为。包括：第一，起诉不符合法定条件，而且没有补正可能或补正必要，或者没有其他合法补救方法的；第二，属于法律特别规定不得受理的情形。

驳回起诉与不予受理既有相同之处，也存在着区别。它们之间的共同点主要有：第一，它们都存在不符合起诉条件的事实或存在属于法院不能受理的事由；第二，它们都使起诉不能产生引起诉讼程序开始的效果；第三，它们都采用裁定方式，而且都准许原告不服裁定提起上诉。它们之间的区别表现在：（1）不予受理的裁定是在审查起诉之后作出的，诉讼程序因此而不能真正开始；而驳回起诉的裁定是在法院立案后作出的，已开始的诉讼程序因此而无效。（2）不予受理的裁定只能发生于第一审的起诉与受理阶段，而驳回起诉既可能发生于第一审程序，也可能发生于第二审程序，还可能发生于再审之中。（3）凡是不符合起诉条件且没有补正可能或必要的，法院都可以裁定不予受理；而受理起诉之后，受诉法院如果发现起诉的案件不属于本院管辖的，不能裁定驳回起诉，只能裁定将案件向有管辖权的法院移送。

法院裁定驳回起诉的，当事人对该裁定不服的，可以在收到裁定书之日起10日内，向上一级法院提起上诉。在上一级法院作出裁定前，第一审诉讼应当中止。

三、实验准备

（一）案件材料

孙宇佳与曹峰系大学同学，毕业后二人都分配在某轻工科研所工作，二人关系很好，往来密切。1997年2月曹峰去日本自费留学。他父母早丧，唯一的姐姐又远嫁外省，因此将自己居住的私房委托孙宇佳代管，共有四间房。双方言明，孙宇佳对该处房屋可以自住，也可以对外出租，租金用来支付房屋维修费用，剩余部分作为孙宇佳的代管房屋报酬。1998年5月，住在该代管房屋隔壁的章大军经房管、城建部门批准，将自己私房拆除，准备建二层楼房。打地基时由于同曹峰的房屋靠得近，致使该房屋在侧墙壁出现裂缝。住在该房内的承租人首先提出异议，并告知代管人孙宇佳。孙得知后，要求章大军不要施工，先协商一个解决的办法。章大军不同意，继续施工，致使该房屋的裂缝增大，墙壁多处出现倾斜和大的裂缝。后经街道办事处调解，双方达成如下协议：孙宇佳代管的房屋出现裂缝和倾斜，原因由有关部门鉴定。为避免继续损害，章大军的楼房施工时，应尽量避免大的振动。靠近曹峰私房的地基不再挖深。待章大军楼房竣工后，再协商解决曹峰私房的损害赔偿问题。后经有关部门鉴定，曹峰的房屋之所以发生倾斜和裂缝，直接原因是章大军楼房施工靠近曹峰住房挖地基所致。孙宇佳即要求章大军赔偿损失，但遭到章大军拒绝，孙宇佳无奈，于1998年9月向法院提起诉讼，要求章大军赔偿损失。章大军答辩称，该私房所有人是曹峰，而非孙宇佳。孙宇佳与本案无关。不能作为原告提起诉讼。

(二) 法律依据

适用于起诉与受理的法律、规定和文件主要包括：《中华人民共和国民事诉讼法》、《最高人民法院关于适用〈中华人民共和国民事诉讼法〉若干问题的意见》、《最高人民法院关于行政机关对土地争议的处理决定生效后一方不履行另一方不应以民事侵权向法院起诉的批复》、《关于企业经营者依企业承包经营合同要求保护其合法权益的起诉人民法院应否受理的批复》、《最高人民法院关于因科技拨款有偿适用合同纠纷提起的诉讼人民法院应予受理的复函》、《最高人民法院关于因政府调整划转企业国有资产引起的纠纷是否受理问题的批复》、《最高人民法院关于人民法院不予受理人民检察院单独就诉讼费负担裁定提出抗诉问题的批复》、《最高人民法院源于劳动仲裁委员会逾期不作出仲裁裁决或者作出不予受理通知的劳动争议案件人民法院应否受理的批复》。

附1：

中华人民共和国民事诉讼法（节录）

(1991年4月9日第七届全国人民代表大会第四次会议通过 根据2007年10月28日第十届全国人民代表大会常务委员会第三十次会议《关于修改〈中华人民共和国民事诉讼法〉的决定》修正)

······

第十二章 第一审普通程序

第一节 起诉和受理

第一百零八条 起诉必须符合下列条件：
(一) 原告是与本案有直接利害关系的公民、法人和其他组织；
(二) 有明确的被告；
(三) 有具体的诉讼请求和事实、理由；
(四) 属于人民法院受理民事诉讼的范围和受诉人民法院管辖。

第一百零九条 起诉应当向人民法院递交起诉状，并按照被告人数提出副本。

书写起诉状确有困难的，可以口头起诉，由人民法院记入笔录，并告知对方当事人。

第一百一十条 起诉状应当记明下列事项：

（一）当事人的姓名、性别、年龄、民族、职业、工作单位和住所，法人或者其他组织的名称、住所和法定代表人或者主要负责人的姓名、职务；

（二）诉讼请求和所根据的事实与理由；

（三）证据和证据来源，证人姓名和住所。

第一百一十一条 人民法院对符合本法第一百零八条的起诉，必须受理；对下列起诉，分别情形，予以处理：

（一）依照行政诉讼法的规定，属于行政诉讼受案范围的，告知原告提起行政诉讼；

（二）依照法律规定，双方当事人对合同纠纷自愿达成书面仲裁协议向仲裁机构申请仲裁、不得向人民法院起诉的，告知原告向仲裁机构申请仲裁；

（三）依照法律规定，应当由其他机关处理的争议，告知原告向有关机关申请解决；

（四）对不属于本院管辖的案件，告知原告向有管辖权的人民法院起诉；

（五）对判决、裁定已经发生法律效力的案件，当事人又起诉的，告知原告按照申诉处理，但人民法院准许撤诉的裁定除外；

（六）依照法律规定，在一定期限内不得起诉的案件，在不得起诉的期限内起诉的，不予受理；

（七）判决不准离婚和调解和好的离婚案件，判决、调解维持收养关系的案件，没有新情况、新理由，原告在六个月内又起诉的，不予受理。

第一百一十二条 人民法院收到起诉状或者口头起诉，经审查，认为符合起诉条件的，应当在七日内立案，并通知当事人；认为不符合起诉条件的，应当在七日内裁定不予受理；原告对裁定不服的，可以提起上诉。

……

附2：

最高人民法院关于适用《中华人民共和国民事诉讼法》若干问题的意见（节录）

法发〔1992〕22号

(1992年7月14日最高人民法院审判委员会第528次会议讨论通过)

……

九、第一审普通程序

139. 起诉不符合受理条件的，人民法院应当裁定不予受理。立案后发现起诉不符合受理条件的，裁定驳回起诉。

不予受理的裁定书由负责审查立案的审判员、书记员署名；驳回起诉的裁定书由负责审理该案的审判员、书记员署名。

140. 当事人在诉状中有谩骂和人身攻击之词，送达副本可能引起矛盾激化，不利于案件解决的，人民法院应当说服其实事求是地修改。坚持不改的，可以送达起诉状副本。

141. 对本院没有管辖权的案件，告知原告向有管辖权的人民法院起诉；原告坚持起诉的，裁定不予受理；立案后发现本院没有管辖权的，应当将案件移送有管辖权的人民法院。

142. 裁定不予受理、驳回起诉的案件，原告再次起诉的，如果符合起诉条件，人民法院应予受理。

143. 原告应当预交而未预交案件受理费，人民法院应当通知其预交，通知后仍不预交或者申请减、缓、免未获人民法院批准而仍不预交的，裁定按自动撤诉处理。

144. 当事人撤诉或人民法院按撤诉处理后，当事人以同一诉讼请求再次起诉的，人民法院应予受理。

原告撤诉或者按撤诉处理的离婚案件，没有新情况、新理由，六个月内又起诉的，可比照民事诉讼法第一百一十一条第（七）项的规定不予受理。

145. 依照民事诉讼法第一百一十一条第（二）项的规定，当事人在书面合同中订有仲裁条款，或者在发生纠纷后达成书面仲裁协议，一方向人民法院起诉的，人民法院裁定不予受理，告知原告向仲裁机构申请仲裁。但仲裁条款、仲裁协议无效、失效或者内容不明确无法执行的除外。

146. 当事人在仲裁条款或协议中选择的仲裁机构不存在，或者选择裁决的事项超越仲裁机构权限的，人民法院有权依法受理当事人一方的起诉。

147. 因仲裁条款或协议无效、失效或者内容不明确，无法执行而受理的民事诉讼，如果被告一方对人民法院的管辖权提出异议的，受诉人民法院应就管辖权作出裁定。

148. 当事人一方向人民法院起诉时未声明有仲裁协议，人民法院受理后，对方当事人又应诉答辩的，视为该人民法院有管辖权。

149. 病员及其亲属对医疗事故技术鉴定委员会作出的医疗事故结论没有意见，仅要求医疗单位就医疗事故赔偿经济损失向人民法院提起诉讼的，应予受理。

150. 判决不准离婚、调解和好的离婚案件以及判决、调解维持收养关系的案件的被告向人民法院起诉的，不受民事诉讼法第一百一十一条第（七）项规定的条件的限制。

151. 夫妻一方下落不明，另一方诉至人民法院，只要求离婚，不申请宣告下落不明人失踪或死亡的案件，人民法院应当受理，对下落不明人用公告送达诉讼文书。

152. 赡养费、扶养费、抚育费案件，裁判发生法律效力后，因新情况、新理由，一方当事人再行起诉要求增加或减少费用的，人民法院应作为新案受理。

153. 当事人超过诉讼时效期间起诉的，人民法院应予受理。受理后查明无中止、中断、延长事由的，判决驳回其诉讼请求。

……

附3：

最高人民法院关于行政机关对土地争议的处理决定生效后一方不履行另一方不应以民事侵权向法院起诉的批复

〔1990〕法民字第2号

河北省高级人民法院：

你省《关于人民政府对土地所有权和使用权争议作出处理决定后，一方当事人不服而又不向法院起诉，也不执行，期满后对方当事人可否以侵权案向人民法院起诉，以及如何处理的请示报告》收悉。经研究认为：行政机关对土地争议的处理决定生效后，一方当事人不履行的，对方当事人不应以民事侵权案向法院起诉，可向行政机关提出申请执行，该行政机关依照行政诉讼法第六十六条的规定，可以申请人民法院强制执行，或依法强制执行。

1991年7月24日

附4：

关于企业经营者依企业承包经营合同要求保护其合法权益的起诉人民法院应否受理的批复

法（经）复〔1991〕4号

新疆维吾尔自治区高级人民法院：

你院新法经字（1991）第2号《关于企业经营者依企业承包经营责任制合同要求保护其合法权益的起诉法院应否受理的请示报告》收悉。经研究，答复如下：

根据《全民所有制工业企业承包经营责任制暂行条例》的规定，承包经营合同的发包方是人民政府指定的有关部门，承包方是实行承包经营的企业。企业经营者通过公开招标或者国家规定的其他方式确定之后,即成为企业的厂长(经理)、企业的法定代表人,对企业全面负责。企业经营者因政府有关部门免去或变更其厂长(经理)职务而向人民法院起诉,要求继续担任厂长(经理)的,属于人事任免争议,人民法院不予受理;企业经营者为请求兑现承包经营合同规定的收入而向人民法院起诉的,属于合同纠纷,人民法院应予受理。

1991年8月13日

附5:

最高人民法院关于因科技拨款有偿使用合同纠纷提起的诉讼人民法院应予受理的复函

法(经)函〔1991〕151号

湖北省高级人民法院:

你院鄂法(1990)经呈字第5号请示报告收悉。经研究,答复如下:

根据1986年7月23日国务院发布的《关于科学技术拨款管理的暂行规定》,国家重大科技项目普遍实行合同制。用于这些项目的科技三项费用(中间试验、新产品试制、重大科研项目补助费)在有偿使用的情况下,科研开发单位与委托单位(主持项目的部门)之间是合同关系。当事人因此发生的纠纷属于平等主体之间的民事争议。对于符合《中华人民共和国民事诉讼法》第一百零八条规定的起诉条件的,人民法院应予受理。受理后依据有关的法律、法规,公正保护双方的合法权益。

附6:

最高人民法院关于对因政府调整划转企业国有资产引起的纠纷是否受理问题的批复

法复〔1996〕4号

各省、自治区、直辖市高级人民法院,解放军军事法院:

近年来,在地方政府及其所属主管部门对一些企业国有资产以改变隶属关系或者分设新企业等方式进行调整、划转之后,出现了企业不服政府及其所属主管部门的决定,要求收回已被调整、划转资产的纠纷。一些高级人民法院就人民法院是否应当受理因这类纠纷提起的诉讼问题,向我院请示,现答复如下:

一、因政府及其所属主管部门在对企业国有资产调整、划转过程中引起相关国有企业之间的纠纷，应由政府或所属国有资产管理部门处理。国有企业作为当事人向人民法院提起民事诉讼的，人民法院不予受理。

二、当事人不服政府及其所属主管部门依据有关行政法规作出的调整、划转企业国有资产决定，向人民法院提起行政诉讼，凡符合法定起诉条件的，人民法院应当受理。

附7：

最高人民法院关于人民法院不予受理人民检察院单独就诉讼费负担裁定提出抗诉问题的批复

法释〔1998〕22号

（1998年7月21日最高人民法院审判委员会第1005次会议通过，自1998年9月5日起施行。）

河南省高级人民法院：

你院豫高法〔1998〕131号《关于人民检察院单独就诉讼费负担的裁定进行抗诉能否受理的请示》收悉。经研究，同意你院意见，即：人民检察院对人民法院就诉讼费负担的裁定提出抗诉，没有法律依据，人民法院不予受理。

附8：

最高人民法院关于劳动仲裁委员会逾期不作出仲裁裁决或者作出不予受理通知的劳动争议案件人民法院应否受理的批复

法释〔1998〕24号

（1998年6月8日最高人民法院审判委员会第991次会议通过，自1998年9月9日起施行。）

四川省高级人民法院：

你院川高法〔1998〕52号"关于未经劳动仲裁的劳动争议案件，当事人向法院起诉人民法院应否受理的请示"收悉。经研究，答复如下：

根据《中华人民共和国劳动法》第七十九条规定的精神，劳动争议案件经劳动争议仲裁委员会仲裁是提起诉讼的必经程序。劳动争议仲裁委员会逾期不作出仲裁裁决或者作出不予受理的决定，当事人不服向人民法院提起行政诉讼的，人民法院不予受理；当事人不服劳动争议仲裁委员会作出的劳动争议仲裁裁决的，可以向人民法院提起民事诉讼。

(三) 文书格式

1.《法定代表人身份证明书》

法定代表人身份证明书

_____同志，在我单位任_____职务，特此证明。

单位全称（盖章）
____年____月____日

附：该代表人住址：_____

电话：_____

注：企业事业单位、机关、团体的主要负责人为本单位的法定代表人。

2.《民事起诉状》（适用于法人或其他组织提起民事诉讼）

民事起诉状

原告：
  名称：_____ 地址：_____ 电话：_____
  法定代表人：姓名：_____ 职务：_____
  委托代理人：姓名：_____ 性别：_____ 年龄：_____
     民族：____ 职务：_____ 工作单位：_____
     住址：_____ 电话：_____

被告：
  名称：_____ 地址：_____ 电话：_____
  法定代表人：姓名：_____ 职务：_____

诉讼请求：_____

事实和理由：_____

此致

_____人民法院

原告人：_____（盖章）
法定代表人：_____（签章）
____年____月____日

附：合同副本____份。
  本诉状副本____份。
  其他证明文件____份。

3. 《民事起诉状》（适用于公民提起民事诉讼）

民事起诉状

原告：××××（写明姓名或名称等基本情况）。
被告：××××（写明姓名或名称等基本情况）。
诉讼请求：……
事实和理由：……
证据和证据来源，证人姓名和住址
此致
××××人民法院
附：本诉状副本×份。

起诉人：×××
××××年××月××日

4. 《民事答辩状》

民事答辩状

答辩人：
  名称：_____ 地址：_____ 电话：_____
  法定代表人：_____ 职务：_____
  委托代理人：姓名：_____ 性别：_____ 年龄：_____
    民族：____ 职务：_____ 工作单位：_____
    住址：_____ 电话：_____
  因_____诉我单位_____一案，答辩如下：
_____
_____
  此致
_____人民法院

答辩人：_____（盖章）
法定代表人：_____（签章）
____年____月____日

附：答辩状副本____份。
  其他证明文件____份。
注：答辩理由应陈述起诉书中与事实不符，证据不足，缺少法律依据等问

题，并列举有关证据和法律依据。

5.《民事裁定书》（不予受理）

××××人民法院
民事裁定书（不予受理）

（××××）×××字第××号

起诉人……（写明姓名或名称等基本情况）。

××××年××月××日，本院收到×××的起诉状，……（写明起诉的事由）。

经审查，本院认为，……（写明不符合起诉条件而不予受理的理由）。依照《中华人民共和国民事诉讼法》第一百一十二条的规定，裁定如下：

对×××的起诉，本院不予受理。

如不服本裁定，可在裁定书送达之日起十日内，向本院递交上诉状，上诉于××××人民法院。

审判员　×××
××××年××月××日
（院印）

本件与原本核对无异

书记员　×××

6.《民事反诉书》

民事反诉书

反诉人（本诉被告）：×××（写明姓名、性别、年龄、民族、籍贯、职业或者工作单位和职务、住址）

被反诉人（本诉原告）：×××（写明姓名、性别、年龄、民族、籍贯、职业或者工作单位和职务、住址）

反诉请求：
　　（写明请求的具体内容）

事实和理由：
　　（写明具体的时间、地点、经过、见证人等）

证据和证据来源（如有证人，应当写明证人姓名和住址）

此致

×××人民法院

附：本反诉书副本　　份

具状人：×××（签字或者盖章）
×××年××月××日

7.《民事裁定书》（驳回起诉用）

××××人民法院
民事裁定书（驳回起诉用）

（××××）×民初字第××号

原告……（写明姓名或名称等基本情况）。

被告……（写明姓名或名称等基本情况）。

（当事人及其他诉讼参加人的列项和基本情况的写法，与一审民事判决书样式相同。）

……（写明当事人姓名或名称和案由）一案，本院依法进行了审理，现已审理终结。

……（简述原告起诉的理由和诉讼请求）。

本院认为，……（写明驳回起诉的理由）。依照……（写明裁定所依据的法律条款项）的规定，裁定如下：

驳回×××的起诉。

……（写明诉讼费用的负担）。

如不服本裁定，可在裁定书送达之日起十日内，向本院递交上诉状，并按对方当事人的人数提出副本，上诉于××××人民法院。

审判长　×××
审判员　×××
审判员　×××
××××年××月××日
（院印）

本件与原本核对无异

书记员　×××

四、实验步骤

（1）熟悉并整理相关案件材料和证据材料、证明文件；

（2）书写并向法院提交民事起诉状，提供相关证据材料和原告身份证明文件；

（3）提供被告方相应身份证明文件和证据材料；

(4) 撰写案件受理通知书（或不予受理民事裁定书）和举证通知书；
(5) 撰写民事答辩状。

五、自主设计

材料 一

伍龙彪诉何小明、马小亮人身伤害赔偿，一审法院判决被告何小明和马小亮对原告伍龙彪的损失 1 800 元负连带赔偿责任。何小明不服一审判决，提出上诉。二审法院撤销一审判决，改判马小亮一人对伍龙彪的损失负赔偿责任。二审结案后，何小明以伍龙彪为被告向人民法院提起诉讼，要求伍龙彪由于错告而造成的自己的交通费、误工费、律师代理费等损失 2 000 元。对于何小明提起的诉讼，人民法院应当如何处理有两种意见：一种意见是裁定不予受理，理由是当事人为诉讼而支付的交通费、误工费、律师代理费是每一起诉讼案件中，当事人必需的投入，不能以此为民事权益争议而提起诉讼。因此，原告何小明起诉不符合起诉条件，法院应当裁定不予受理。另一种意见是：何小明的起诉符合民事诉讼法第一百零八条规定的起诉条件，其请求能否成立，是涉及到实体权利问题，需要实体审理后才能解决，故应当立案受理。

【问题】（1）你同意哪种意见？
（2）根据你的观点撰写相应诉讼文书。

材料 二

朱合理于 1998 年 3 月 9 日上午到甲市工商银行某储蓄所存款 16 000 元，将填好的单据和 16 000 元交给营业员。营业员由于粗心，在填写和打印存款单时，写成 160 000 元，即多加了一个"0"。朱合理拿到存单一看，没有说什么就回家去了。当天下午，朱合理到工商银行用上述存单取款 15 000 元。储蓄所在核对账目时发现缺少十多万元，经查账、核对单据查明系朱合理的存单打印错误，即把存款"16 000 元"人民币打印填写为"160 000 元"人民币，工商银行储蓄所第二天即派人找到朱合理，说明情况，要求改正存款单。但朱合理不同意，他认为他就是存款 160 000 元。无奈之下，甲市工商银行向法院提起诉讼，请求法院判令确认朱合理存款数额为 16 000 元，载明 160 000 元存款单无效。×××法院对起诉状经过审查认为，原告甲市工商银行起诉不符合起诉条件，不予受理。其理由是，即使按原告甲市工商银行所述，被告朱合理实际存款 16 000 元，由于其工作人员粗心出错，误填写为 160 000 元，被告已取款 15 000 元。被告仍有 1 000 元存于原告处，因此，原告的民事权益并未受到侵害，因而不能作为原告起诉。甲市工商银行只能是不按"160 000"元支付,由朱合理向法院起诉,在诉讼中作被告。

【问题】(1)法院不予受理是否正确?
(2)如果人民法院裁定不予受理,请采用适当的方式予以救济。

六、拓展思考

(1)人民法院受理民事纠纷的范围;
(2)不同主体提起诉讼应具备的条件;
(3)人民法院对起诉的审查范围和方式;
(4)在起诉与受理阶段对当事人合法权益的维护;
(5)人民法院审查起诉后所作的不同处理及相关文书的制作。

实验四 证据的审查与收集

一、实验要求与目的

通过实验要求学生了解民事诉讼证据的概念及特点,掌握民事诉讼证据的种类及作用,理解民事案件的证明过程,熟悉我国民事诉讼举证责任的分配方式及案件证明标准。

(1)了解民事诉讼证据的特征、作用、种类和分类;
(2)领会证据能力的含义和确定我国民事诉讼证据证明力的规则;
(3)明确证明对象的概念和待证事实的范围;
(4)掌握证明责任的分配标准;
(5)熟悉人民法院对证据的审查核实过程及具体程序和要求;
(6)掌握证据的审查判断与取舍的原理与规则。

二、实验原理

民事诉讼证据,是指诉讼主体依法提供并通过质证、辩论后能够证明民事案件真实情况的客观事实。民事诉讼证据具有客观性、关联性和合法性三个特征,既是保障当事人合法民事权益的武器,也是人民法院裁判的基础和定案的唯一根据。根据《民事诉讼法》第六十三条的规定，民事诉讼证据形式有七种：书证、物证、视听资料、证人证言、当事人陈述、鉴定结论和勘验笔录。在民事诉讼中，当事人是收集证据的主要主体，对案件事实负举证责任。但是，在特定情形下，人民法院也可依职权主动调查收集证据。

（一）民事诉讼证据的审查与认定

审查与认定证据，是指法院对当事人提供的和法院调查收集的各种证据材料进行分析和鉴别，确认其证据能力和证明力的诉讼活动。

法院审查与认定证据活动的具体内容包括：（1）对证据材料的真实性进行审查和判断，以确定证据材料是否是客观的和真实的；（2）对证据材料的关联性进行审查和判断，以确定证据材料是否与待证事实具有证明关系；（3）对证据材料的合法性进行审查，以确定证据材料是否违反法律的禁止性规定，或者是否符合法律的特别要求；（4）根据上述审查和有关的证据规则，确定采信哪些证据材料具有证据能力，能够成为本案认定案件事实的证据；（5）对已经采信的证据，根据其与待证事实的关联性程度和有关的证据规则，确定各个证据证明力的大小。

根据最高人民法院《关于民事诉讼证据的若干规定》和司法实践，审查和认定证据应当遵循以下规则：

（1）排除不具有证据能力的证据材料的规则；
（2）确认不能单独作为认定案件事实的证据的规则；
（3）对书证、物证、视听资料、勘验笔录的复制件的证据能力的确认规则；
（4）对公证文书、证人证言、鉴定结论的认定规则；
（5）对当事人认可的证据或者有争议的证据的证明力的认定规则；
（6）一方当事人拒不提供证据时对该证据内容的推定规则；
（7）证明同一事实的数个证据的证明力的认定规则。①国家机关、社会团体依职权制作的公文书证的证明力一般大于其他书证；②物证、档案、鉴定结论、勘验笔录或者经过公证、登记的书证，其证明力一般大于其他书证、视听资料和证人证言；③原始证据的证明力一般大于传来证据；④直接证据的证明力一般大于间接证据；⑤证人提供的对与其亲属或者其他密切关系的当事人有利的证言，其证明力一般小于其他证人证言。

（二）证明对象

民事诉讼中的证明对象，是指需要证明主体运用证据加以证明的对案件的处理有法律意义的事实。证明对象包括两种：一是案件事实本身，即需要用证据加以证明的案件事实；二是与案件事实和案件的处理有关的其他事项，如外国法律规范、地方习惯等。确定证明对象，就是要解决在案件的诸事实中哪些需要证明和哪些不必证明的问题，以利于法院准确、及时地查明案件事实。

民事诉讼中，需要证明的案件事实主要有以下几个方面：

1. 当事人主张的有关民事实体权益的法律事实

包括：产生当事人之间权利义务关系的法律事实；变更当事人之间权利义务关系的法律事实；消灭当事人之间权利义务关系的法律事实；妨碍当事人实现权利或履行义务的法律事实等。一定法律事实的存在，能够引起相应的法律后果。无论是原告提出诉讼请求所依据的事实，还是被告或第三人答辩而提出的事实，通常都是民事诉讼中的证明对象。

2. 具有程序性质的法律事实

包括两种情形：一是当事人主张的程序法律事实，如关于主体适格、管辖或回避等方面的事实；另一种是不需当事人主张，法院主动予以查明的程序法事实，如是否存在应当采取民事强制措施的法定情形等。

3. 外国法律、经验法则与地方习惯

只有把外国法看做是事实时，外国法律才作为证据学意义上的证明对象，审判人员无须依职权确定或查明外国法的内容，而应当由当事人负责举证并适用证明责任的有关规定。众所周知的经验法则无须证明，但如果运用一般人不可知悉的专门性知识的经验法则时，该经验法则就成为证明对象。在不违背法律禁止性规范的前提下，当事人因依据地方习惯实施一定的民事行为而发生民事争议，如果法院在解决该民事争议时不了解该地方习惯的，该习惯不属于众所周知的事实，因而需要证明。

（三）证明责任

证明责任是指由法律预先规定的，对特定事实由哪一方当事人承担举证责任，并在案件事实真伪不明时，由该方当事人承担败诉的风险。根据《民事诉讼法》第六十四条的规定，当事人对自己提出的主张，有责任提供证据。基于该规定，学理一般认为，我国民事诉讼举证责任的分配原则是"谁主张，谁举证"，即无论原告还是被告，只要是案件事实的主张者，就应当对该事实承担举证责任。最高人民法院《关于民事诉讼证据的若干规定》第二条规定："当事人对自己提出的诉讼请求所依据的事实或者反驳对方诉讼请求所依据的事实有责任提供证据加以证明。没有证据或者证据不足以证明当事人的事实主张的，由负有举证责任的当事人承担不利后果。"该规定和其他相关规定一起明确了我国民事诉讼证据的证明责任的分配标准和思路。

在一些特殊类型的诉讼中，存在将原告承担的主张权利事实的证明责任转由否认权利存在的被告来负担的情况，一般称之为证明责任的倒置。根据最高人民法院《关于民事诉讼证据的若干规定》第四条的规定，实行证明责任倒置的范围限于侵权行为引起的诉讼，具体包括：（1）因新产品制造方法发明专利引起的专利侵权诉讼；（2）高度危险作业致人损害的侵权诉讼；（3）因环境污染引起的损害赔偿诉讼；（4）建筑物或者其他设施以及建筑物上的搁置物、悬挂物发生倒塌、脱落、坠落致人损害的侵权诉讼；（5）饲养动物致人损害的侵权诉讼；（6）因缺陷产品致人损害的侵权诉讼；（7）因共同危险行为致人损害的侵权诉讼；（8）因医疗行为引起的侵权诉讼。

（四）证明过程

1. 举证

举证是指当事人将收集的证据材料提交给法院。当事人向法院提供证据主要有以下方式：（1）以提供原件或原物为原则；（2）提供证据来源或线索。当事人应当对其提交的证据材料逐一分类编号，对证据材料的来源、证明对象和内容作简要的说明，签名盖章，注明提交日期，并依照对方当事人人数提出副本。法院收到当事人提交的证据材料，应当出具收据，注明证据的名称、份数和页数以及收到的时间，由经办人签名或盖章。

负有举证责任的当事人应当在举证期限内向法院提交证据材料，当事人在举证期限内不提交的，视为放弃举证权利。对于当事人逾期提交的证据材料，法院审理时不组织质证。但对方当事人同意质证的除外。此外，当事人增加、变更诉讼请求或提起反诉的，应当在举证期限届满前提出。同时，对当事人提交"新的证据"作出了限制性规定和惩罚性措施。如由于一方当事人请求提出新的证据而致使另一方当事人负担由此增加的差旅、误工、证人出庭作证、诉讼等合理费用以及由此扩大的直接损失，法院应予支持。确立举证时限制度，是为了促使当事人能够适时地提出证据，防止一方当事人用临时提出证据的方法向对方当事人进行突然袭击，从而保障双方当事人诉讼上的攻防平衡，提高诉讼效率。

2. 质证

质证，是指在法庭的主持下，双方当事人对出示的各种证据材料进行辨认、辩驳、质疑、说明、核实，以确认证据材料的证据能力的诉讼活动。质证既是当事人就对方提供的证据材料互相审验和公开支持自己的诉讼请求的行为，又是帮助审判人员鉴别、判断证据的行为，而且是法院查明案情和适用法律的前提和基础。因此，质证在民事诉讼中具有重要作用，是民事审判的必经程序。

质证程序一般包括三个步骤：（1）双方当事人对在法庭上出示的各种证据材

料互相审检；（2）在审检的基础上，双方当事人就证据材料所发现的疑点和异议互相质询；（3）在审检、质疑证据材料之后，对证据材料是否具有证据能力进行辩论和反驳。

质证的顺序可以参照民事诉讼法关于辩论程序的规定：（1）由原告及其诉讼代理人出示证据材料，被告、第三人及其诉讼代理人与原告质证；（2）被告出示证据材料，原告、第三人及其诉讼代理人与被告质证；（3）第三人及其诉讼代理人出示证据材料，原告、被告与第三人质证；（4）互相质证。

经当事人申请法院调查收集的证据材料，由申请方当事人在庭审中出示，并由对方当事人质证；法院依照职权调查收集的证据应当在庭审时出示，在出示或质证之前，法院有义务对调查收集证据材料的情形作出说明。具体的质证方法，由审判人员根据案件的具体情况确定，既可以采用"一证一质"、逐个进行的方法，也可以采用一组组出示一组组质证的方法进行。

（五）证明标准

证明标准，是指衡量证明主体的证明活动是否符合法律规定的证明要求的具体程度。证明标准是在证明责任的基础上产生的概念，证明责任在诉讼中演变到某个特定的状态点，便呈现出证明标准的诉讼价值。因此，证明标准是诉讼证明活动的方向和准则，指引着当事人和审判人员实施正确的诉讼行为。

民事诉讼法没有对证明标准作出直接的规定，最高人民法院以司法解释的形式，制定了民事诉讼证据规则，并确立了"高度概然性"的证明标准。明确将概然性占优势的认识手段运用于司法领域的民事审判中，在证据对待证事实的证明无法达到确实充分的情况下，如果一方当事人提出的证据已经证明该事实发生具有高度的概然性时，法院即可以对该事实予以确认。"高度概然性"的证明标准具有以下两层含义：

（1）双方当事人对同一事实分别举出相反的证据，但都没有足够的依据否定对方的证据的情况下，审判人员可以借鉴现代自由心证的规则，结合案件情况对双方证据的证明力大小进行自由裁量。

（2）比较双方证据证明力大小的结果一经确定，即采信证明力较大的证据作为认定案件争议事实的依据。

在诉讼中，有时会存在因证据的证明力无法判断导致争议的事实难以认定的情况，包括：（1）比较双方证据证明力大小的结果是双方证据的证明力势均力敌，无法分出明显的强弱；（2）比较的结果是双方的证据均不能作为认定案件事实的依据。无论出现哪一种情况，法院的裁判都应当依据证明责任的分配规则，并赋予审判人员具有根据"高度概然性"证明标准对案件事实进行认定的权力。

三、实验准备

（一）案件材料

原告蒋××（系死者吴×之夫）、吴××（系死者吴×之父）。被告金××、加××、薛××、××部队、中国人民财产保险股份有限公司××分公司、××公路建设管理局、马××。

原告诉称，2004 年 11 月 15 日 7 时许，黎××无证驾驶××号"金杯"牌客车（限载客 8 人）经马××高速公路由西向东行驶，与个体驾驶员加××驾驶的因前方路面有障碍而停在公路上的"东风"牌重型普通货车尾随相撞，随后驾驶人薛××驾驶的"长城"牌小客车又于"金杯"牌客车左侧面相撞。事故造成驾驶人黎××、乘车人王××、吴×三人死亡，乘车人徐×、郑××、陈×、杨××、肖××等 5 人受伤。此事故造成原告蒋××之妻死亡，给原告造成重大经济损失和精神痛苦。2004 年 11 月 30 日，经××交通警察总队高速公路支队交通事故认定书（第 48 号），认定驾驶人黎××应负此事故的主要责任，驾驶人加××和薛××，应负事故的次要责任。乘车人不负此事故责任。加××是"东风"牌重型普通货车的所有权人；"长城"牌小客车是××部队车辆；"金杯"牌客车所有权人是金××。"金杯"牌客车已参加 BF22 保险险种，被告马××是驾驶员黎××（死亡）之妻，也是黎××财产保管人。基于以上事实和理由，请求：1. 依法判令六被告承担连带责任，赔偿原告死亡赔偿金 134 637.60 元，丧葬费 7 678 元，停尸费 2 995 元，尸体鉴定费 300 元，吴×父亲的赡养费 24 000 元，精神损害赔偿金 20 000 元，误工费 500 元，交通费 500 元，共计 191 610.60元；2. 本案诉讼费和其他费用由六被告承担。原告方为支持自己的诉讼请求，向法庭提交了以下证据材料：交通事故责任认定书；注销证明；尸体处理通知书；身份证复印件；现场拉尸、料理、停尸、整容收款收据；原告工资证明；交通费发票。

2005 年 1 月 13 日原告申请追加高管局为被告，与上述六被告共同承担连带赔偿责任。

被告金××辩称：我的身份证于几年前已丢失，事故车辆不是我的，不承担赔偿责任。

被告加××辩称：事发当天，××高速公路 71KM+48M 路段有一辆由东向西行驶的运输车载着大煤而翻车，车内的大煤通过路中间的防护栏散落在答辩人行驶的右车道内（路面有障碍物的事实责任认定书已确认）。右车道内行驶的车辆完全受阻无法通行。答辩人在临时停车道内不能停车的情况下，便下车去捡路面上的大煤，期间后面来车与答辩人车尾随相撞。据答辩人知悉，装有大煤的车翻车至答辩人的车发生事故时已停留长达两小时之久，但高管局对此没有过问过，由于路面上的障碍物不能及时清除，车辆无法正常通行，致使发生此次事故的重要原因。因此对造成的损失应由高管局承担责任。且当日是雪天，高速公路已形成冰雪路面（责任认定书已认定这一事实），冰雪路面对车辆安全行驶形成隐患，当答辩人发现前方路面有障碍物时立即采取停车措施，并向临时停车道内行驶，但由于冰雪路面，车辆打滑而没有将车开进停车道。未开进临时停车道不是答辩人的主观原因造成的，而是客观原因冰雪路面所致。为此，于2005年元月28日申请，以高管局未履行自己的职责，没有及时清除辖区路面上的障碍物和在恶劣天气时没有采取管制措施为由，追加高管局为被告，承担连带赔偿责任。

被告××部队口头答辩称：1. 部队车辆（"长城"牌小客车）当时并未直接撞到"金杯"牌客车上，是后方卡车撞击部队车辆后才撞到"金杯"牌客车左侧面，但是依据证据的概然性，在有相当证据证明部队车与面包车相撞的情况下，我们不坚持车辆未相撞的主张。但是部队车当时的车速很慢，且高交支队对我方车辆的检验结果证明我方车辆制动系统是合格的，采取刹车措施后，汽车的速度必然会减速，不可能高速撞击面包车，而且是在面包车与前方车辆尾随相撞后很长一段时间才撞上去的，不可能造成面包车上严重的伤害，更不可能造成对方的人员死伤；2. 本案各被告间应按各自的过错承担赔偿责任。各被告并没有共同的故意，是各自独立的行为，应当根据过失大小各自承担相应的赔偿责任；3. 本案原告蒋××所主张的停尸费应属于丧葬费，原告吴××是死者吴×的法定被扶养人，但其有固定收入未提供其他证据，故不应赔偿其生活费。被告××部队为支持自己的辩解，提交以下证据材料：高交支队交通事故现场勘查笔录；事故现场图；高交支队干警对"东风"牌重型普通货车驾驶人加××所作询问笔录；高交支队干警对"长城"牌小客车驾驶人薛××的询问笔录；高交支队干警对服务区路政人员林××询问笔录；高交支队干警对"金杯"牌客车乘车人杨××的询问笔录；高交支队交通事故案卷中薛××所写的事故详细经过；××市公安局城北分局25号、26号尸检报告；"长城"牌小客车被撞后的正面照片；面包车左侧面被撞后的照片；"长城"牌小客车技术鉴定书；证人曹存德出庭作证；证人周××的录音证词；乘车人肖××询问笔录；高交支队对××车上乘坐人员蒲××询问笔录。

××分公司答辩称：金杯"面包车"是与我公司签定了机动车辆第三者责任保险条款。但1. 保险合同中登记的是非营业用（不含家属自用）但事实证明此车是在营业用车时发生事故的；2. 此车保的是第三者责任险，而死者是面包车上的乘坐者，不是第三者；3. 保险合同条款中约定的免除赔偿责任包括无证驾驶，面包车驾驶人黎××系无证驾驶，这点已被责任认定书所认定，因此，我公司不承担保险赔偿责任。被告××分公司为支持自己的辩解，向法庭提交了以下证据材料：中国人民财产保险股份有限公司××分公司0016868号保险单副本（复印件），以此证明与××号车签订了机动车辆第三者责任险。

被告高管局答辩称：1. 本案事故是因交通肇事造成的，应按事故发生的原因，因果关系来确定责任的承担。责任认定书中对造成交通事故的主、次责任是清楚的。高管局不是造成原告人身损害的责任人，原告方的伤亡与高管局没有任何因果关系；2. 原告申请追加高管局为被告的理由是不成立的。我方在7∶15接到报案后，7∶40赶到现场，及时出现场，并采取了相应的措施；3. 原告请求被告间承担连带责任是没有法律依据的。我方在此案中不应承担任何责任。被告高管局为支持自己的辩解，向法庭提交了以下证据材料：高速公路路政巡逻检查登记表；巡逻电话单；××路政大队工作人员向××号货车驾驶人王××询问笔录；路政大队"11.15"××高速公路××纵向桥段重大交通事故调查终结报告；证人李×、曹××作证。

被告马××答辩称：我不在现场，不了解情况，我丈夫已死，我无法承担责任。

（二）法律依据

适用于民事诉讼证据的审查与收集的法律、规定和文件主要包括：《中华人民共和国民事诉讼法》、《最高人民法院关于适用〈中华人民共和国民事诉讼法〉若干问题的意见》、《最高人民法院关于民事经济审判方式改革问题的若干规定》、《最高人民法院关于民事诉讼证据的若干规定》。

附1：

中华人民共和国民事诉讼法（节录）

（1991年4月9日第七届全国人民代表大会第四次会议通过　根据2007年10月28日第十届全国人民代表大会常务委员会第三十次会议《关于修改〈中华人民共和国民事诉讼法〉的决定》修正）

第六章　证　　据

……

第六十三条　证据有下列几种：

（一）书证；
（二）物证；
（三）视听资料；
（四）证人证言；
（五）当事人的陈述；
（六）鉴定结论；
（七）勘验笔录。

以上证据必须查证属实，才能作为认定事实的根据。

第六十四条　当事人对自己提出的主张，有责任提供证据。

当事人及其诉讼代理人因客观原因不能自行收集的证据，或者人民法院认为审理案件需要的证据，人民法院应当调查收集。

人民法院应当按照法定程序，全面地、客观地审查核实证据。

第六十五条　人民法院有权向有关单位和个人调查取证，有关单位和个人不得拒绝。

人民法院对有关单位和个人提出的证明文书，应当辨别真伪，审查确定其效力。

第六十六条　证据应当在法庭上出示，并由当事人互相质证。对涉及国家秘密、商业秘密和个人隐私的证据应当保密，需要在法庭出示的，不得在公开开庭时出示。

第六十七条　经过法定程序公证证明的法律行为、法律事实和文书，人民法院应当作为认定事实的根据。但有相反证据足以推翻公证证明的除外。

第六十八条　书证应当提交原件。物证应当提交原物。提交原件或者原物确有困难的，可以提交复制品、照片、副本、节录本。

提交外文书证，必须附有中文译本。

第六十九条　人民法院对视听资料，应当辨别真伪，并结合本案的其他证据，审查确定能否作为认定事实的根据。

第七十条　凡是知道案件情况的单位和个人，都有义务出庭作证。有关单位的负责人应当支持证人作证。证人确有困难不能出庭的，经人民法院许可，可以提交书面证言。

不能正确表达意志的人，不能作证。

第七十一条　人民法院对当事人的陈述，应当结合本案的其他证据，审查确定能否作为认定事实的根据。

当事人拒绝陈述的，不影响人民法院根据证据认定案件事实。

第七十二条　人民法院对专门性问题认为需要鉴定的，应当交由法定鉴定部门鉴定；没有法定鉴定部门的，由人民法院指定的鉴定部门鉴定。

鉴定部门及其指定的鉴定人有权了解进行鉴定所需要的案件材料，必要时可以询问当事人、证人。

鉴定部门和鉴定人应当提出书面鉴定结论，在鉴定书上签名或者盖章。鉴定人鉴定的，应当由鉴定人所在单位加盖印章，证明鉴定人身份。

第七十三条　勘验物证或者现场，勘验人必须出示人民法院的证件，并邀请当地基层组织或者当事人所在单位派人参加。当事人或者当事人的成年家属应当到场，拒不到场的，不影响勘验的进行。

有关单位和个人根据人民法院的通知，有义务保护现场，协助勘验工作。

勘验人应当将勘验情况和结果制作笔录，由勘验人、当事人和被邀参加人签名或者盖章。

第七十四条　在证据可能灭失或者以后难以取得的情况下，诉讼参加人可以向人民法院申请保全证据，人民法院也可以主动采取保全措施。

……

附2：

最高人民法院关于适用《中华人民共和国民事诉讼法》若干问题的意见（节录）

法发〔1992〕22号

(1992年7月14日最高人民法院审判委员会第528次会议讨论通过)

……

三、证　据

70. 人民法院收集调查证据，应由两人以上共同进行。调查材料要由调查人、被调查人、记录人签名或盖章。

71. 对当事人提供的证据，人民法院应当出具收据，注明证据的名称、收到的时间、份数和页数，由审判员或书记员签名或盖章。

72. 证据应当在法庭上出示，并经过庭审辩论、质证。依法应当保密的证据，人民法院可视具体情况决定是否在开庭时出示，需要出示的，也不得在公开开庭时出示。

73. 依照《民事诉讼法》第六十四条第二款规定，由人民法院负责调查收集的证据包括：

（1）当事人及其诉讼代理人因客观原因不能自行收集的；

（2）人民法院认为需要鉴定、勘验的；

（3）当事人提供的证据互相有矛盾、无法认定的；

（4）人民法院认为应当由自己收集的其他证据。

74. 在诉讼中,当事人对自己提出的主张,有责任提供证据。但在下列侵权诉讼中,对原告提出的侵权事实,被告否认的,由被告负责举证:

(1) 因产品制造方法发明专利引起的专利侵权诉讼;

(2) 高度危险作业致人损害的侵权诉讼;

(3) 因环境污染引起的损害赔偿诉讼;

(4) 建筑物或者其他设施以及建筑物上的搁置物、悬挂物发生倒塌、脱落、坠落致人损害的侵权诉讼;

(5) 饲养动物致人损害的侵权诉讼;

(6) 有关法律规定由被告承担举证责任的。

75. 下列事实,当事人无须举证:

(1) 一方当事人对另一方当事人陈述的案件事实和提出的诉讼请求,明确表示承认的;

(2) 众所周知的事实和自然规律及定理;

(3) 根据法律规定或已知事实,能推定出的另一事实;

(4) 已为人民法院发生法律效力的裁判所确定的事实;

(5) 已为有效公证书所证明的事实。

76. 人民法院对当事人一时不能提交证据的,应根据具体情况,指定其在合理期限内提交。当事人在指定期限内提交确有困难的,应在指定期限届满之前,向人民法院申请延期。延长的期限由人民法院决定。

77. 依照《民事诉讼法》第六十五条由有关单位向人民法院提出的证明文书,应由单位负责人签名或盖章,并加盖单位印章。

78. 证据材料为复制件,提供人拒不提供原件或原件线索,没有其他材料可以印证,对方当事人又不予承认的,在诉讼中不得作为认定事实的根据。

……

附3:

最高人民法院关于民事经济审判方式改革问题的若干规定(节录)

法释〔1998〕14号

(1998年6月19日最高人民法院审判委员会第995次会议通过,自1998年7月11日起施行)

为了正确适用《中华人民共和国民事诉讼法》(以下简称民事诉讼法),建立与社会主义市场经济体制相适应的民事经济审判机制,保证依法、正确、及时地审理案件，在总结各地实践经验的基础上，对民事、经济审判方式改革中的有关问题作出如下规定。

关于当事人举证和法院调查收集证据问题

一、人民法院可以制定各类案件举证须知，明确举证内容及其范围和要求。

二、人民法院在送达受理案件通知书和应诉通知书时，应当告知当事人围绕自己的主张提供证据。

三、下列证据由人民法院调查收集：

1. 当事人及其诉讼代理人因客观原因不能自行收集并已提出调取证据的申请和该证据线索的；

2. 应当由人民法院勘验或者委托鉴定的；

3. 当事人双方提出的影响查明案件主要事实的证据材料相互矛盾，经过庭审质证无法认定其效力的；

4. 人民法院认为需要自行调查收集的其他证据。

上述证据经人民法院调查，未能收集到的，仍由负有举证责任的当事人承担举证不能的后果。

四、审判人员收到当事人或者其诉讼代理人递交的证据材料应当出具收据。

附4：

最高人民法院关于民事诉讼证据的若干规定

（2001年12月6日由最高人民法院审判委员会第1201次会议通过，自2002年4月1日起施行）

为保证人民法院正确认定案件事实，公正、及时审理民事案件，保障和便利当事人依法行使诉讼权利，根据《中华人民共和国民事诉讼法》（以下简称《民事诉讼法》）等有关法律的规定，结合民事审判经验和实际情况，制定本规定。

一、当事人举证

第一条　原告向人民法院起诉或者被告提出反诉，应当附有符合起诉条件的相应的证据材料。

第二条　当事人对自己提出的诉讼请求所依据的事实或者反驳对方诉讼请求所依据的事实有责任提供证据加以证明。

没有证据或者证据不足以证明当事人的事实主张的，由负有举证责任的当事人承担不利后果。

第三条 人民法院应当向当事人说明举证的要求及法律后果，促使当事人在合理期限内积极、全面、正确、诚实地完成举证。

当事人因客观原因不能自行收集的证据，可申请人民法院调查收集。

第四条 下列侵权诉讼，按照以下规定承担举证责任：

（一）因新产品制造方法发明专利引起的专利侵权诉讼，由制造同样产品的单位或者个人对其产品制造方法不同于专利方法承担举证责任；

（二）高度危险作业致人损害的侵权诉讼，由加害人就受害人故意造成损害的事实承担举证责任；

（三）因环境污染引起的损害赔偿诉讼，由加害人就法律规定的免责事由及其行为与损害结果之间不存在因果关系承担举证责任；

（四）建筑物或者其他设施以及建筑物上的搁置物、悬挂物发生倒塌、脱落、坠落致人损害的侵权诉讼，由所有人或者管理人对其无过错承担举证责任；

（五）饲养动物致人损害的侵权诉讼，由动物饲养人或者管理人就受害人有过错或者第三人有过错承担举证责任；

（六）因缺陷产品致人损害的侵权诉讼，由产品的生产者就法律规定的免责事由承担举证责任；

（七）因共同危险行为致人损害的侵权诉讼，由实施危险行为的人就其行为与损害结果之间不存在因果关系承担举证责任；

（八）因医疗行为引起的侵权诉讼，由医疗机构就医疗行为与损害结果之间不存在因果关系及不存在医疗过错承担举证责任。

有关法律对侵权诉讼的举证责任有特殊规定的，从其规定。

第五条 在合同纠纷案件中，主张合同关系成立并生效的一方当事人对合同订立和生效的事实承担举证责任；主张合同关系变更、解除、终止、撤销的一方当事人对引起合同关系变动的事实承担举证责任。

对合同是否履行发生争议的，由负有履行义务的当事人承担举证责任。

对代理权发生争议的，由主张有代理权一方当事人承担举证责任。

第六条 在劳动争议纠纷案件中，因用人单位作出开除、除名、辞退、解除劳动合同、减少劳动报酬、计算劳动者工作年限等决定而发生劳动争议的，由用人单位负举证责任。

第七条 在法律没有具体规定，依本规定及其他司法解释无法确定举证责任承担时，人民法院可以根据公平原则和诚实信用原则，综合当事人举证能力等因素确定举证责任的承担。

第八条 诉讼过程中，一方当事人对另一方当事人陈述的案件事实明确表示承认的，另一方当事人无须举证。但涉及身份关系的案件除外。

对一方当事人陈述的事实，另一方当事人既未表示承认也未否认，经审判人员充分说明并询问后，其仍不明确表示肯定或者否定的，视为对该项事实的承认。

当事人委托代理人参加诉讼的，代理人的承认视为当事人的承认。但未经特别授权的代理人对事实的承认直接导致承认对方诉讼请求的除外；当事人在场但对其代理人的承认不作否认表示的，视为当事人的承认。

当事人在法庭辩论终结前撤回承认并经对方当事人同意，或者有充分证据证明其承认行为是在受胁迫或者重大误解情况下作出且与事实不符的，不能免除对方当事人的举证责任。

第九条 下列事实，当事人无须举证证明：

（一）众所周知的事实；

（二）自然规律及定理；

（三）根据法律规定或者已知事实和日常生活经验法则，能推定出的另一事实；

（四）已为人民法院发生法律效力的裁判所确认的事实；

（五）已为仲裁机构的生效裁决所确认的事实；

（六）已为有效公证文书所证明的事实。

前款（一）、（三）、（四）、（五）、（六）项，当事人有相反证据足以推翻的除外。

第十条 当事人向人民法院提供证据，应当提供原件或者原物。如需自己保存证据原件、原物或者提供原件、原物确有困难的，可以提供经人民法院核对无异的复制件或者复制品。

第十一条 当事人向人民法院提供的证据系在中华人民共和国领域外形成的，该证据应当经所在国公证机关予以证明，并经中华人民共和国驻该国使领馆予以认证，或者履行中华人民共和国与该所在国订立的有关条约中规定的证明手续。

当事人向人民法院提供的证据是在香港、澳门、台湾地区形成的，应当履行相关的证明手续。

第十二条 当事人向人民法院提供外文书证或者外文说明资料，应当附有中文译本。

第十三条 对双方当事人无争议但涉及国家利益、社会公共利益或者他人合法权益的事实，人民法院可以责令当事人提供有关证据。

第十四条 当事人应当对其提交的证据材料逐一分类编号，对证据材料的来源、证明对象和内容作简要说明，签名盖章、注明提交日期，并依照对方当事人人数提出副本。

人民法院收到当事人提交的证据材料，应当出具收据、注明证据的名称、份数和页数以及收到的时间，由经办人员签名或者盖章。

二、人民法院调查收集证据

第十五条 《民事诉讼法》第六十四条规定的"人民法院认为审理案件需要的证据"，是指以下情形：

（一）涉及可能有损国家利益、社会公共利益或者他人合法权益的事实；

（二）涉及依职权追加当事人、中止诉讼、终结诉讼、回避等与实体争议无关的程序事项。

第十六条 除本规定第十五条规定的情形外，人民法院调查收集证据，应当依当事人的申请进行。

第十七条 符合下列条件之一的，当事人及其诉讼代理人可以申请人民法院调查收集证据：

（一）申请调查收集的证据属于国家有关部门保存并须人民法院依职权调取的档案材料；

（二）涉及国家秘密、商业秘密、个人隐私的材料；

（三）当事人及其诉讼代理人确因客观原因不能自行收集的其他材料。

第十八条 当事人及其诉讼代理人申请人民法院调查收集证据，应当提交书面申请。申请书应当载明被调查人的姓名或者单位名称、住所地等基本情况、所要调查收集的证据的内容、需要由人民法院调查收集证据的原因及其要证明的事实。

第十九条 当事人及其诉讼代理人申请人民法院调查收集证据，不得迟于举证期限届满前七日。

人民法院对当事人及其诉讼代理人的申请不予准许的，应当向当事人或其诉讼代理人送达通知书。当事人及其诉讼代理人可以在收到通知书的次日起三日内向受理申请的人民法院书面申请复议一次。人民法院应当在收到复议申请之日起五日内作出答复。

第二十条 调查人员调查收集的书证，可以是原件，也可以是经核对无误的副本或者复制件。是副本或者复制件的，应当在调查笔录中说明来源和取证情况。

第二十一条 调查人员调查收集的物证应当是原物。被调查人提供原物确有困难的，可以提供复制品或者照片。提供复制品或者照片的，应当在调查笔录中说明取证情况。

第二十二条 调查人员调查收集计算机数据或者录音、录像等视听资料的，应当要求被调查人提供有关资料的原始载体。提供原始载体确有困难的，可以提供复制件。提供复制件的，调查人员应当在调查笔录中说明其来源和制作经过。

第二十三条 当事人依据《民事诉讼法》第七十四条的规定向人民法院申请保全证据，不得迟于举证期限届满前七日。

当事人申请保全证据的，人民法院可以要求其提供相应的担保。

法律、司法解释规定诉前保全证据的，依照其规定办理。

第二十四条 人民法院进行证据保全，可以根据具体情况，采取查封、扣押、拍照、录音、录像、复制、鉴定、勘验、制作笔录等方法。

人民法院进行证据保全，可以要求当事人或者诉讼代理人到场。

第二十五条 当事人申请鉴定，应当在举证期限内提出。符合本规定第二十七条规定的情形，当事人申请重新鉴定的除外。

对需要鉴定的事项负有举证责任的当事人，在人民法院指定的期限内无正当理由不提出鉴定申请或者不预交鉴定费用或者拒不提供相关材料，致使对案件争议的事实无法通过鉴定结论予以认定的，应当对该事实承担举证不能的法律后果。

第二十六条 当事人申请鉴定经人民法院同意后，由双方当事人协商确定有鉴定资格的鉴定机构、鉴定人员，协商不成的，由人民法院指定。

第二十七条 当事人对人民法院委托的鉴定部门作出的鉴定结论有异议申请重新鉴定，提出证据证明存在下列情形之一的，人民法院应予准许：

（一）鉴定机构或者鉴定人员不具备相关的鉴定资格的；

（二）鉴定程序严重违法的；

（三）鉴定结论明显依据不足的；

（四）经过质证认定不能作为证据使用的其他情形。

对有缺陷的鉴定结论，可以通过补充鉴定、重新质证或者补充质证等方法解决的，不予重新鉴定。

第二十八条 一方当事人自行委托有关部门作出的鉴定结论，另一方当事人有证据足以反驳并申请重新鉴定的，人民法院应予准许。

第二十九条 审判人员对鉴定人出具的鉴定书，应当审查是否具有下列内容：

（一）委托人姓名或者名称、委托鉴定的内容；

（二）委托鉴定的材料；

（三）鉴定的依据及使用的科学技术手段；

（四）对鉴定过程的说明；

（五）明确的鉴定结论；
（六）对鉴定人鉴定资格的说明；
（七）鉴定人员及鉴定机构签名盖章。

第三十条　人民法院勘验物证或者现场，应当制作笔录，记录勘验的时间、地点、勘验人、在场人、勘验的经过、结果，由勘验人、在场人签名或者盖章。对于绘制的现场图应当注明绘制的时间、方位、测绘人姓名、身份等内容。

第三十一条　摘录有关单位制作的与案件事实相关的文件、材料，应当注明出处，并加盖制作单位或者保管单位的印章，摘录人和其他调查人员应当在摘录件上签名或者盖章。

摘录文件、材料应当保持内容相应的完整性，不得断章取义。

三、举证时限与证据交换

第三十二条　被告应当在答辩期届满前提出书面答辩，阐明其对原告诉讼请求及所依据的事实和理由的意见。

第三十三条　人民法院应当在送达案件受理通知书和应诉通知书的同时向当事人送达举证通知书。举证通知书应当载明举证责任的分配原则与要求、可以向人民法院申请调查取证的情形、人民法院根据案件情况指定的举证期限以及逾期提供证据的法律后果。

举证期限可以由当事人协商一致，并经人民法院认可。

由人民法院指定举证期限的，指定的期限不得少于三十日，自当事人收到案件受理通知书和应诉通知书的次日起计算。

第三十四条　当事人应当在举证期限内向人民法院提交证据材料，当事人在举证期限内不提交的，视为放弃举证权利。

对于当事人逾期提交的证据材料，人民法院审理时不组织质证。但对方当事人同意质证的除外。

当事人增加、变更诉讼请求或者提起反诉的，应当在举证期限届满前提出。

第三十五条　诉讼过程中，当事人主张的法律关系的性质或者民事行为的效力与人民法院根据案件事实作出的认定不一致的，不受本规定第三十四条规定的限制，人民法院应当告知当事人可以变更诉讼请求。

当事人变更诉讼请求的，人民法院应当重新指定举证期限。

第三十六条　当事人在举证期限内提交证据材料确有困难的，应当在举证期限内向人民法院申请延期举证，经人民法院准许，可以适当延长举证期限。当事人在延长的举证期限内提交证据材料仍有困难的，可以再次提出延期申请，是否准许由人民法院决定。

第三十七条　经当事人申请，人民法院可以组织当事人在开庭审理前交换证据。

人民法院对于证据较多或者复杂疑难的案件，应当组织当事人在答辩期届满后、开庭审理前交换证据。

第三十八条　交换证据的时间可以由当事人协商一致并经人民法院认可，也可以由人民法院指定。

人民法院组织当事人交换证据的，交换证据之日举证期限届满。当事人申请延期举证经人民法院准许的，证据交换日相应顺延。

第三十九条　证据交换应当在审判人员的主持下进行。

在证据交换的过程中，审判人员对当事人无异议的事实、证据应当记录在卷；对有异议的证据，按照需要证明的事实分类记录在卷，并记载异议的理由。通过证据交换，确定双方当事人争议的主要问题。

第四十条　当事人收到对方交换的证据后提出反驳并提出新证据的，人民法院应当通知当事人在指定的时间进行交换。

证据交换一般不超过两次。但重大、疑难和案情特别复杂的案件，人民法院认为确有必要再次进行证据交换的除外。

第四十一条　《民事诉讼法》第一百二十五条第一款规定的"新的证据"，是指以下情形：

（一）一审程序中的新的证据包括：当事人在一审举证期限届满后新发现的证据；当事人确因客观原因无法在举证期限内提供，经人民法院准许，在延长的期限内仍无法提供的证据。

（二）二审程序中的新的证据包括：一审庭审结束后新发现的证据；当事人在一审举证期限届满前申请人民法院调查取证未获准许，二审法院经审查认为应当准许并依当事人申请调取的证据。

第四十二条　当事人在一审程序中提供新的证据的，应当在一审开庭前或者开庭审理时提出。

当事人在二审程序中提供新的证据的，应当在二审开庭前或者开庭审理时提出；二审不需要开庭审理的，应当在人民法院指定的期限内提出。

第四十三条　当事人举证期限届满后提供的证据不是新的证据的，人民法院不予采纳。

当事人经人民法院准许延期举证，但因客观原因未能在准许的期限内提供，且不审理该证据可能导致裁判明显不公的，其提供的证据可视为新的证据。

第四十四条　《民事诉讼法》第一百七十九条第一款第（一）项规定的"新的证据"，是指原审庭审结束后新发现的证据。

当事人在再审程序中提供新的证据的，应当在申请再审时提出。

第四十五条　一方当事人提出新的证据的，人民法院应当通知对方当事人在合理期限内提出意见或者举证。

第四十六条　由于当事人的原因未能在指定期限内举证，致使案件在二审或者再审期间因提出新的证据被人民法院发回重审或者改判的，原审裁判不属于错误裁判案件。一方当事人请求提出新的证据的另一方当事人负担由此增加的差旅、误工、证人出庭作证、诉讼等合理费用以及由此扩大的直接损失，人民法院应予支持。

四、质　证

第四十七条　证据应当在法庭上出示，由当事人质证。未经质证的证据，不能作为认定案件事实的依据。

当事人在证据交换过程中认可并记录在卷的证据，经审判人员在庭审中说明后，可以作为认定案件事实的依据。

第四十八条　涉及国家秘密、商业秘密和个人隐私或者法律规定的其他应当保密的证据，不得在开庭时公开质证。

第四十九条　对书证、物证、视听资料进行质证时，当事人有权要求出示证据的原件或者原物。但有下列情况之一的除外：

（一）出示原件或者原物确有困难并经人民法院准许出示复制件或者复制品的；

（二）原件或者原物已不存在，但有证据证明复制件、复制品与原件或原物一致的。

第五十条　质证时，当事人应当围绕证据的真实性、关联性、合法性，针对证据证明力有无以及证明力大小，进行质疑、说明与辩驳。

第五十一条　质证按下列顺序进行：

（一）原告出示证据，被告、第三人与原告进行质证；

（二）被告出示证据，原告、第三人与被告进行质证；

（三）第三人出示证据，原告、被告与第三人进行质证。

人民法院依照当事人申请调查收集的证据，作为提出申请的一方当事人提供的证据。

人民法院依照职权调查收集的证据应当在庭审时出示，听取当事人意见，并可就调查收集该证据的情况予以说明。

第五十二条　案件有两个以上独立的诉讼请求的，当事人可以逐个出示证据进行质证。

第五十三条　不能正确表达意志的人，不能作为证人。

待证事实与其年龄、智力状况或者精神健康状况相适应的无民事行为能力人和限制民事行为能力人，可以作为证人。

第五十四条　当事人申请证人出庭作证，应当在举证期限届满十日前提出，并经人民法院许可。

人民法院对当事人的申请予以准许的，应当在开庭审理前通知证人出庭作证，并告知其应当如实作证及作伪证的法律后果。

证人因出庭作证而支出的合理费用，由提供证人的一方当事人先行支付，由败诉一方当事人承担。

第五十五条　证人应当出庭作证，接受当事人的质询。

证人在人民法院组织双方当事人交换证据时出席陈述证言的，可视为出庭作证。

第五十六条　《民事诉讼法》第七十条规定的"证人确有困难不能出庭"，是指有下列情形：

（一）年迈体弱或者行动不便无法出庭的；

（二）特殊岗位确实无法离开的；

（三）路途特别遥远、交通不便难以出庭的；

（四）因自然灾害等不可抗力的原因无法出庭的；

（五）其他无法出庭的特殊情况。

前款情形，经人民法院许可，证人可以提交书面证言或者视听资料或者通过双向视听传输技术手段作证。

第五十七条　出庭作证的证人应当客观陈述其亲身感知的事实。证人为聋哑人的，可以其他表达方式作证。

证人作证时，不得使用猜测、推断或者评论性的语言。

第五十八条　审判人员和当事人可以对证人进行询问。证人不得旁听法庭审理；询问证人时，其他证人不得在场。人民法院认为有必要的，可以让证人进行对质。

第五十九条　鉴定人应当出庭接受当事人质询。

鉴定人确因特殊原因无法出庭的，经人民法院准许，可以书面答复当事人的质询。

第六十条　经法庭许可，当事人可以向证人、鉴定人、勘验人发问。

询问证人、鉴定人、勘验人不得使用威胁、侮辱及不适当引导证人的言语和方式。

第六十一条　当事人可以向人民法院申请由一至二名具有专门知识的人员出

庭就案件的专业性问题进行说明。人民法院准许其申请的，有关费用由提出申请的当事人负担。

审判人员和当事人可以对出庭的具有专业知识的人员进行询问。

经人民法院准许，可以由当事人各自申请的具有专业知识的人员就有关案件中的问题进行对质。

具有专业知识的人员可以对鉴定人进行询问。

第六十二条　法庭应当将当事人的质证情况记入笔录，并由当事人核对后签名或者盖章。

五、证据的审核认定

第六十三条　人民法院应当以证据能够证明的案件事实为依据依法作出裁判。

第六十四条　审判人员应当依照法定程序，全面、客观地审核证据，依据法律的规定，遵循法官职业道德，运用逻辑推理和日常生活经验，对证据有无证明力和证明力大小独立进行判断，并公开判断的理由和结果。

第六十五条　审判人员对单一证据可以从下列方面进行审核认定：

（一）证据是否原件、原物，复印件、复制品与原件、原物是否相符；

（二）证据与本案事实是否相关；

（三）证据的形式、来源是否符合法律规定；

（四）证据的内容是否真实；

（五）证人或者提供证据的人，与当事人有无利害关系。

第六十六条　审判人员对案件的全部证据，应当从各证据与案件事实的关联程度、各证据之间的联系等方面进行综合审查判断。

第六十七条　在诉讼中，当事人为达成调解协议或者和解的目的作出妥协所涉及的对案件事实的认可，不得在其后的诉讼中作为对其不利的证据。

第六十八条　以侵害他人合法权益或者违反法律禁止性规定的方法取得的证据，不能作为认定案件事实的依据。

第六十九条　下列证据不能单独作为认定案件事实的依据：

（一）未成年人所作的与其年龄和智力状况不相当的证言；

（二）与一方当事人或者其代理人有利害关系的证人出具的证言；

（三）存有疑点的视听资料；

（四）无法与原件、原物核对的复印件、复制品；

（五）无正当理由未出庭作证的证人证言。

第七十条　一方当事人提出的下列证据，对方当事人提出异议但没有足以反驳的相反证据的，人民法院应当确认其证明力：

（一）书证原件或者与书证原件核对无误的复印件、照片、副本、节录本；

（二）物证原物或者与物证原物核对无误的复制件、照片、录像资料等；

（三）有其他证据佐证并以合法手段取得的、无疑点的视听资料或者与视听资料核对无误的复制件；

（四）一方当事人申请人民法院依照法定程序制作的对物证或者现场的勘验笔录。

第七十一条 人民法院委托鉴定部门作出的鉴定结论，当事人没有足以反驳的相反证据和理由的，可以认定其证明力。

第七十二条 一方当事人提出的证据，另一方当事人认可或者提出的相反证据不足以反驳的，人民法院可以确认其证明力。

一方当事人提出的证据，另一方当事人有异议并提出反驳证据，对方当事人对反驳证据认可的，可以确认反驳证据的证明力。

第七十三条 双方当事人对同一事实分别举出相反的证据，但都没有足够的依据否定对方证据的，人民法院应当结合案件情况，判断一方提供证据的证明力是否明显大于另一方提供证据的证明力，并对证明力较大的证据予以确认。

因证据的证明力无法判断导致争议事实难以认定的，人民法院应当依据举证责任分配的规则作出裁判。

第七十四条 诉讼过程中，当事人在起诉状、答辩状、陈述及其委托代理人的代理词中承认的对己方不利的事实和认可的证据，人民法院应当予以确认，但当事人反悔并有相反证据足以推翻的除外。

第七十五条 有证据证明一方当事人持有证据无正当理由拒不提供，如果对方当事人主张该证据的内容不利于证据持有人，可以推定该主张成立。

第七十六条 当事人对自己的主张，只有本人陈述而不能提出其他相关证据的，其主张不予支持。但对方当事人认可的除外。

第七十七条 人民法院就数个证据对同一事实的证明力，可以依照下列原则认定：

（一）国家机关、社会团体依职权制作的公文书证的证明力一般大于其他书证；

（二）物证、档案、鉴定结论、勘验笔录或者经过公证、登记的书证，其证明力一般大于其他书证、视听资料和证人证言；

（三）原始证据的证明力一般大于传来证据；

（四）直接证据的证明力一般大于间接证据；

（五）证人提供的对与其有亲属或者其他密切关系的当事人有利的证言，其证明力一般小于其他证人证言。

第七十八条　人民法院认定证人证言，可以通过对证人的智力状况、品德、知识、经验、法律意识和专业技能等的综合分析作出判断。

第七十九条　人民法院应当在裁判文书中阐明证据是否采纳的理由。

对当事人无争议的证据，是否采纳的理由可以不在裁判文书中表述。

六、其　他

第八十条　对证人、鉴定人、勘验人的合法权益依法予以保护。

当事人或者其他诉讼参与人伪造、毁灭证据、提供假证据、阻止证人作证，指使、贿买、胁迫他人作伪证，或者对证人、鉴定人、勘验人打击报复的，依照《民事诉讼法》第一百零二条的规定处理。

第八十一条　人民法院适用简易程序审理案件，不受本解释中第三十二条、第三十三条第三款和第七十九条规定的限制。

第八十二条　本院过去的司法解释与本规定不一致的，以本规定为准。

第八十三条　本规定自 2002 年 4 月 1 日起施行。2002 年 4 月 1 日尚未审结的一审、二审和再审民事案件不适用本规定。

本规定施行前已经审理终结的民事案件，当事人以违反本规定为由申请再审的，人民法院不予支持。

本规定施行后受理的再审民事案件，人民法院依据《民事诉讼法》第一百八十四条的规定进行审理的，适用本规定。

（三）文书格式

1.《证据保全申请书》

证据保全申请书

申请人：×××（写明姓名或名称等基本情况）

案由：……

请求事项：……

事实和理由：……

申请人诉××案，现需要将与本案相关的××、××、××证据予以固定和保全，但由于申请人无法取得上述证据，因此，特向贵院提出证据保全之申请。请依法保全。（简单介绍案情的情况）

此致

××××人民法院

申请人：×××
××××年××月××日

2.《调查证据申请书》

调查证据申请书

申请人：×××（写明姓名或名称等基本情况）

请求事项：……

事实和理由：……

　　此致

××××人民法院

申请人：×××
××××年××月××日

附：相关证据材料

3.《笔迹鉴定申请书》

笔迹鉴定申请书

申请人：×××（写明姓名或名称等基本情况）

申请事项：……

事实与理由：……

至此，为使法院依法查明本案事实，追究嫌疑人模仿、伪造申请人笔迹的法律责任，故申请人特依法申请笔迹鉴定。

　　此致

××××人民法院

申请人：×××
××××年××月××日

【文本样式】　　　　　民事诉讼证据清单

编号	证据名称	证据来源	份数	是否原件	证明对象	备注
1						
2						

案由：　　　　　　　　　　　　　原告：　　　　　　被告：
提交人：　　　　　　　　　　　　　　　　　　　　接收人：
提交日期：　年　月　日　　　　　　　　　　　提交日期：　年　月　日

四、实验步骤

（1）认真阅读案件材料，整理案件证据材料并进行初步识别；
（2）明确原被告双方应承担的举证责任的范围；
（3）审查并判断待证事实的范围及有无免证事实；
（4）合理收集证据，并适用申请人民法院调查收集证据的程序规则；
（5）根据本案提供的事实和证据材料，分别对当事人的证据材料进行整理归类、制作证据目录；
（6）对当事人所提供证据的证据能力进行分析，能初步判断其对相关事实的证明力；
（7）能初步分析对方证据所存在的缺陷，并能有效地提出具有针对性的意见，进一步整理证据材料；
（8）确定证据的证明标准，对证据材料进行合理地审查和判断。

五、自主设计

材 料 一

长乐村村民王良虎与城北村村民刘玉安为争一头母猪诉讼到人民法院。王良虎在诉状中称：他家养的一头黑色母猪于1998年11月16日丢失，丢失前未配种。丢失后，他向镇派出所报了案。1999年3月12日，听说在县化肥库草垛旁有一头黑色母猪，下崽三四天没人找，他便同儿子去看，果然有一头黑色母猪，就赶回了家。第二天，刘玉安来到他家，称这头母猪是刘玉安家的，便强行把猪赶走。为此，特向法院提起诉讼，请求法院判令确认他对母猪的所有权，并立即返还。审理中，王良虎提出以下证据：（1）母猪是1995年在镇上赶集时买的，买后不久，因同邻居朱文祥家的母猪抢食吃，左耳被咬掉一块；（2）母猪因咬自家的小鸡，被我用木棒将前腿打坏了，留有白印；（3）朱文祥证实，王良虎在他家邻居时，确实买了一头黑色母猪，左耳尖被他家的母猪咬掉一块。刘玉安在诉讼中提出以下证据：（1）讼争母猪是他从邻居王铁家买来的，买时左耳就缺了一块；（2）由于母猪好跳圈，他在猪的脖子上拴了块木块，结果把前腿磨出了茧子，留下了白印；（3）王铁证实，他确实卖给刘玉安一头黑色母猪，卖出前，这头猪跑到村里的果园里，被果园养的狗把耳朵咬掉一块。人民法院在审理中收集到以下证据：（1）鉴定人余诚的鉴定结论：母猪从配种到下崽需115天，黑母猪生产白色或花白的猪崽，只有用白色公母配种才有可能；（2）王良虎现在邻居史进生反映,诉讼前听王良虎的妻子刘苹说过,他家的母猪是11月底丢的;(3)镇派出所在1998年12月11日的台历上记载:"王良虎于11月30日丢失一头母猪,黑色,左耳朵缺一角。"(4)人民法院对讼争母猪的检查记录反映,该母猪为黑色,左耳尖缺一角,两前腿内侧有白色印记。

【问题】(1)上述证据事实从理论上的分类各属于哪一种类?

(2)上述证据事实从法律上的种类看,各属于哪种证据?

材 料 二

1997年7月上旬的一天,85岁的老妇人王凤兰向某区法院诉称:30年前,红卫兵抄家时,因怕被抄走,曾将三只金戒指和一副金耳环临时交给邻居邓家宝代为保管。事后去取时,邓母说已交出了,我信以为真。但不久,邓家兄妹为金戒指发生争吵,我方知东西仍在邓家,并未在"文化大革命"时交出,便去上门索要,哪知邓母矢口否认,反说我陷害她家,现起诉到法院,请求判令被告归还金戒指和金耳环。王凤兰说金戒指是托杨进才的母亲买的,邓母则说是1956年请周青木买的。邓家认为王凤兰在胡说,要求法院追究她的诬告责任,法院在调查中收集到下列材料:(1)张某证实:邓、王两家原来关系很好,王家较富裕,邓家常向王家借钱,王凤兰完全有可能将金戒指和金耳环交邓家保管;(2)李某证实:1967年红卫兵确实抄过王凤兰家,王凤兰在抄家时,曾离开现场到邓家;(3)黄某证实:1968年王凤兰曾托我向邓家要过金戒指和金耳环。当时邓母说,已将东西交给了居委会的高主任;(4)高主任证实:我根本未收到邓家交来的金戒指和金耳环;(5)杨进才证实:听我母亲说,他帮邓家代买过金戒指;(6)杨母说:我从来未帮邓家代买过金戒指;(7)周青木说:1956年,我曾帮邓母代买过金耳环,没有代买过金戒指;(8)薛某证实:听别人说,邓家宝与杨进才在一个单位工作,两人平时关系很好;(9)蒋某证实:1968年夏天,邓母曾对我说过,王凤兰怕被抄家把三只金戒指和一副金耳环寄放在她家里;(10)汪某证实:1968年春天,我在邓家玩时,邓母曾拿出三只金戒指、一副金耳环给我看,说是别人寄放在她家的;(11)季某证实:王凤兰为人老实、善良,不可能诬告邓家。

【问题】(1)上述材料是否都是证据?

(2)上述证据材料中,从证据的立法分类来看,分别属哪一种类?

(3)法院能否认定原告主张的事实?

六、拓展思考

（1）试论证据的特征。
（2）简述民事诉讼证据的种类与实践意义。
（3）简述法院调查收集证据的原因和范围。
（4）试析证明责任、主张责任、提供证据责任之间的关系。
（5）试论民事诉讼证明责任的分配。
（6）简述举证时限制度的内容和意义。
（7）试论民事诉讼的证明标准。

实验五　一审普通程序的庭审过程

一、实验要求与目的

通过实验要求学生了解第一审普通程序的性质与特点，熟悉一审普通程序的庭审过程及开庭审理的准备工作，掌握第一审普通程序的基本原理及实践运作流程。

（1）领会一审普通程序的庭审阶段的特点及任务；
（2）了解审理前的准备阶段的重要意义和作用；
（3）正确认识一审的庭审环节与相关的公开审判制度、合议制度、回避制度的衔接与正确运用；
（4）熟悉庭前准备及庭审阶段的实践操作流程；
（5）正确撰写相关诉讼文书的制作。

二、实验原理

第一审普通程序，是指法院审判第一审民事诉讼案件通常适用的程序。第一审普通程序是第一审程序的基本程序，是整个民事审判程序的基础。民事诉讼程序的主要理论在一审普通程序的规定中得到了充分的展示，一审普通程序以其严谨的程序使民事诉讼案件有了获得公正审判的程序保障，以其内容的完整和系统性，为整个民事审判的公正运作提供了程序保障，使其他审判程序在缺乏相应规定时有法可依，从而保障当事人充分行使自己的诉讼权利，确保法院查明案件事实，正确作出裁判。同时，一审普通程序基本内容的通用性，避免了其他民事审判程序立法内容重复的弊端，使整个民事诉讼审判程序显得层次分明，详尽与简洁的结构合理。从民事诉讼案件的操作程序看，普通程序的操作顺序为：起诉与受理、审理前准备、开庭审理，它们是普通程序的法定阶段。起诉与受理环节前文已经涉及，在此不再赘述。

（一）审理前的准备

审理前的准备，是指在受理当事人的起诉后至开庭审理之前，在法院的组织下，由各诉讼主体依法进行的一系列准备工作的总称。审理前的准备既包括法院必要的准备工作，又包括当事人及其诉讼代理人的准备工作。审理前的准备是普通程序的一个必经阶段，其目的是为开庭审理做必要的准备。设置审理前的准备程序，有利于审判人员了解案件的基本情况和完成开庭所需的事务性工作，使当事人做好出庭的充分准备，以便有效地发挥庭审的功能。

（二）开庭审理

开庭审理，是指法院在当事人及其他诉讼参与人的参加下，依照法定的形式和程序，在法庭上对民事案件进行审理和裁判的诉讼活动。

开庭审理是整个民事诉讼程序的核心阶段，也是法院审理案件的中心环节。开庭审理的主要任务是：通过法庭调查和辩论，审查核实证据，查明案件事实，分清是非责任；正确适用法律，确认当事人之间的民事权利义务关系，制裁民事违法行为，保护当事人的合法权益。在开庭审理过程中，民事诉讼法律关系的各个主体共同参加诉讼活动，当事人将充分地集中行使自己的诉讼权利，案件所涉及的全部证据材料都必须在此阶段审查核实，争议事实须通过法庭调查与辩论予以查明。因此，开庭审理是法院按普通程序审理案件的必经阶段，是民事审判过程的中心环节。开庭审理应当依照法定形式和程序进行，要采取公开审理、言词审理和直接审理的形式，并严格按照法律规定的顺序依次进行，不能任意颠倒或逾越。开庭审理的常态阶段和顺序是：开庭准备、法庭调查、法庭辩论、案件评议和宣告判决。

（三）合议制度

合议制度，是指由三名以上的审判人员共同组成合议庭对案件进行审理的制度。确立合议制度，有助于充分发挥合议庭各审判人员的智慧和集体的力量，弥补审判员个人在知识和能力上的不足，有利于正确处理民事案件，提高办案质量，保证司法公正。

合议制度与独任制度都是法院具体审理民事案件的审判组织制度：依合议制度产生合议庭的审判组织形式；依独任制度产生独任庭的审判组织形式。根据民事诉讼法的规定，基层人民法院审理简单民事案件，适用简易程序，其审判组织是独任制，即由一名审判员对民事案件进行审理。除法律另有规定外，法院审理民事案件都要适用合议制度，由三名以上的审判人员共同组成合议庭。

合议庭是法院审理民事案件的基本审判组织，是对合议制度的具体落实。民事案件所处的审级不同或适用的程序不同，合议庭的具体组成也就不同，但所有合议庭成员的人数都必须是单数。根据《民事诉讼法》第四十条的规定，第一审合议庭的组成有两种：一是由审判员、陪审员共同组成合议庭，陪审员在执行陪审职务时，除不能担任审判长外，同审判员具有同等的权利义务；二是由审判员组成合议庭。如何组成第一审合议庭，由法院根据案件的具体情况决定。

（四）公开审判制度

公开审判制度，是指人民法院审理案件，除法律规定的特别情况外，一律公开进行。公开审判应当具有三方面的含义：一是向当事人公开，即法院的一切审判活动，包括证据的运用、认证、裁判的依据等都要向当事人公开；二是向群众公开，允许群众旁听；三是向社会公开，允许新闻单位采访、报道，向社会公众公开法院的审判活动。

公开审判制度有利于司法公正，防止"暗箱操作"和司法腐败，有利于提高办案质量，有利于保护当事人的合法权利，有利于对群众进行法制教育，可以增强法院审判的公信力。

公开审判作为基本制度，代表着民事审判的基本方向，但并不等于所有的民事案件都必须公开审理。涉及国家秘密的案件、涉及个人隐私的案件不得公开审判，涉及商业秘密的案件和离婚案件，当事人申请不公开审理的，法院可以不公开审理。

（五）回避制度

回避制度，是指审判人员及其他有关人员，遇有法律规定的情形时，不参加或退出案件的审理或诉讼活动的制度。

回避制度要求审判员、执行人员等直接审理案件的人或对案件的审理有直接影响的人，在有法律规定的情形时，不参加对案件的审理或有关诉讼活动；已经参加的，要退出案件的审理或有关的诉讼活动。确立回避制度是为了保证民事案件在不受相关人员干扰的情况下公正地审理和执行，同时也可以解除当事人的有关顾虑，维护和提高人民法院的公正形象和审判与执行的公信力。

（六）法庭笔录

法庭笔录，是指法院的书记员对法庭审理的全部活动所作的书面记录。法庭笔录是法院重要的诉讼文书，它客观真实地记录了法庭审理的全过程，并将案件事实和证据固定下来，使法院处理案件有了书面依据，为第二审法院或再审法院进行审判监督提供了基础性材料。

法庭笔录必须全面、准确、客观地反映法庭审理的全部过程。书记员必须忠于庭审的实际情况，对于审判人员的发问和诉讼参加人的发言，应尽可能记录原话，以免发生误解或曲解。法庭笔录应当当庭宣读，也可以告知当事人和其他诉讼参与人当庭或在5日内阅读。当事人和其他诉讼参与人认为对自己的陈述记录有遗漏或者差错的，有权申请补正。如果审判人员或书记员认为申请无理，不予补正的，应当将该申请记录在案。法庭笔录应当由审判人员、书记员和当事人及其他诉讼参与人签名或盖章，当事人和其他诉讼参与人拒绝签名或盖章的，书记员应将此情况记明附卷。

三、实验准备

（一）案件材料

2005年5月6日，新浪网—深圳房产装修论坛页面出现一署名为"PKPK-COW"的作者发表一篇名为《声讨海大装饰》的文章，该文作者主要投诉原告海大公司装修存在质量问题，在文章的最后表示"希望我的遭遇能给大家以警示，不要再上这所谓'品牌'公司的当了！同时希望受海大欺骗的业主团结起来，坚决打击这'冒牌公司'……"。该文发表后，同年5月12日、15日，分别有以"独眼一笑"、"atsp"、"mf_jieba"等网名在网上发帖子，帖子使用了"他××，海大装修是个狗崽子"、"海大装饰去死吧"、"远离奸商"等言词。原告发现后即与被告交涉，要求被告立即删除上述信息，被告于2005年6月1日将《声讨海大装饰》的内容及上述跟帖删除。原告认为被告的行为已侵害其名誉权，遂于2005年6月10日向法院提起诉讼。

原告海大公司诉称，2005年5月6日，新浪网-深圳房产的页面上出现了醒目标题《声讨海大装饰》，随后很多人在此跟帖，发布信息，用"声讨"、"狗崽子"、"卑鄙"、"去死吧"、"奸商"、"骗子"、"狗屎"、"无耻"等字眼肆意侮辱、诋毁原告，并诽谤原告是"抢钱的主"。这些侮辱、诽谤原告的信息在新浪网上发布、传播，已严重影响公众对原告的公正评价，侵害了原告的名誉。对此，原告多次致电被告，原告委托的律师也致函被告，要求其立即删除侮辱、诽谤原告的信息，但被告一直不予理会（仅是于2005年6月3日将《声讨海大装饰》的标题从新浪网－深圳房产的页面上删除），以致原告的名誉权持续受侵害至今。为维护原告合法权益，特请求法院判令被告：（1）立即删除新浪网首页－论坛首页－深圳房产－深圳装修栏目内涉及侮辱、诽谤原告的信息，停止侵权；（2）在新浪网－深圳房产的页面上发布道歉信，道歉信的保留时间应与侵权持续时间相当，赔礼道歉、消除影响；（3）赔偿原告五月份的经济损失人民币427 944.11元以及此后预期经济损失人民币600 000元；（4）承担本案的诉讼费。

被告新浪公司未到庭，但提交书面答辩意见称：（1）新浪网提供电子论坛服务是经过主管部门行政许可的行为，是完全合法的行为，不是违法行为。根据北京市通信管理局电信业务审批［2001］字第379号函《关于同意北京新浪互联信息服务有限公司开设电子公告服务栏目的批复》，经审核，被告新浪公司是北京市通信管理局审批通过的，可以在新浪网站上开设电子公告服务，因此，新浪网提供电子公告服务是完全合法的行为。根据信息产业部2000年10月8日通过的《互联网电子公告服务管理规定》第二条的规定，电子公告服务是指在互联网上以电子布告牌、电子白板、电子论坛、网络聊天室、留言板等交互形式为上网用户提供信息发布条件的行为。本案所涉新浪网提供的即为电子论坛服务，电子论坛是电子公告服务的一种。（2）新浪网提供电子论坛服务，只是提供一个纯粹的系统平台，根据国内外司法惯例，网络服务提供者并不对电子论坛上用户发表内容承担法律责任。2005年4月30日，国家版权局和信息产业部第5号令《互联网著作权行政保护办法》第十二条明确规定，网络服务提供者在接到著作权人通知后，采取措施移除相关内容的，不承担行政法律责任。虽然这部法律是有关著作权侵权的，但通过法条可以折射对网络服务提供者侵权责任的原则性司法精神，即提供电子公告等技术服务的网络服务提供者如果接到有关侵权的投诉后，只要及时尽到删除义务就完成了法定的全部义务而不必再承担其他法律责任了。新浪网在6月1日收到对方投诉后立即将《声讨海大装饰》的内容及所有的跟帖都删除了。也就是说，新浪网已经尽到了法律规定的全部义务。（3）被告认为《声讨海大装饰》及有关的跟帖只是消费者对生产者和经营者的常见的评论性文章，根本无从引发出对原告的名誉进行了侵害的结论。被告认为，用户在新浪网中文论坛所发表内容未有任何侮辱、诽谤、诋毁原告之处，而只是一般意义上的作为消费者对生产者、经营者、销售者的产品质量或者服务质量进行的批评和评论，原告出示的公证书所公证的全部信息中并未包含"奸商"、"骗子"、"狗屎"、"无耻"等字眼，因此不应当认定为侵害他人名誉权。（4）在新浪网中文论坛发帖的用户在加入中文论坛时必须同意服务条款,即用户须对上传内容的真实性和合法性承担法律责任。既然双方已在网络上达成了服务条款,就表明双方已达成了一项服务合同,服务条款就是合同条款,对合同双方具有法律拘束力。根据服务条款,用户承诺其自行对上传内容的真实性和合法性承担法律责任,与新浪网无关。因此,被告认为从认定侵权责任的要件来看,本案中既不存在行为人行为违法,也不存在受害人名誉被损害的事实,当然更谈不上违法行为与损害后果之间有因果关系。

相关证据:

原告提交的证据有:

1. 深圳市公证书,证明原告已于 2005 年 5 月 16 日向深圳市公证处申请证据保全,同时证明被告侵权事实存在;

2. 原告委托深圳国安会计师事务所有限公司所作的审计报告,对原告 2004 年 5 月、2005 年 5 月的合同金额及毛利进行审计,以证明被告侵权行为给原告造成的损失。审计结果为原告 2004 年 5 月的合同金额是人民币 5 502 841 元,2005 年 5 月的合同金额为人民币 3 825 944 元,同比下降 30.47%,下降总金额为人民币 1 676 897 元,原告 2004 年 1 月至 2005 年 4 月的综合毛利率为 25.52%。综上,原告 2005 年 5 月合同金额比 2004 年 5 月同比减少毛利额为人民币 427 944.11 元。

3. 原告的荣誉证书,证明原告有良好的声誉和较高的知名度。

被告提交的证据有:

1. 北京市通信管理局电信业务审批 [2001] 字第 379 号函《关于同意北京新浪互联信息服务有限公司开设电子公告服务栏目的批复》,证明新浪网提供电子公告服务是完全合法的行为;

2.《互联网电子公告服务管理规定》证明新浪网向网民提供的服务即为电子论坛服务;

3. 北京新浪互联信息服务有限公司论坛页面,证明网民在新浪网论坛发表文章之前必须同意相关责任承担的法律责任。

争议焦点:

1. 网络服务提供者需不需要对电子论坛上用户发表的内容承担法律责任?

2. 消费者的评论,是否属于对生产者和经营者的名誉造成了侵权?

3. 是否网络服务提供者只要及时尽到删除义务就完成了法定的全部义务而不必再承担其他法律责任?"及时"应如何界定?

(二)法律依据

适用于一审普通程序的庭审过程的法律、规定和文件主要包括:《中华人民共和国民事诉讼法》、《最高人民法院关于适用〈中华人民共和国民事诉讼法〉若干问题的意见》、《最高人民法院第一审经济纠纷案件适用普通程序开庭审理的若干规定》、《最高人民法院关于民事经济审判方式改革问题的若干规定》、《最高人民法院关于审判人员严格执行回避制度的若干规定》、《最高人民法院关于人民法院合议庭工作的若干规定》、《最高人民法院关于加强人民法院审判公开工作的若干意见》、《中华人民共和国人民法院法庭规则》。

附1：

中华人民共和国民事诉讼法（节录）

（1991年4月9日第七届全国人民代表大会第四次会议通过 根据2007年10月28日第十届全国人民代表大会常务委员会第三十次会议《关于修改〈中华人民共和国民事诉讼法〉的决定》修正）

......

第二节 审理前的准备

第一百一十三条 人民法院应当在立案之日起五日内将起诉状副本发送被告，被告在收到之日起十五日内提出答辩状。

被告提出答辩状的，人民法院应当在收到之日起五日内将答辩状副本发送原告。被告不提出答辩状的，不影响人民法院审理。

第一百一十四条 人民法院对决定受理的案件，应当在受理案件通知书和应诉通知书中向当事人告知有关的诉讼权利义务，或者口头告知。

第一百一十五条 合议庭组成人员确定后，应当在三日内告知当事人。

第一百一十六条 审判人员必须认真审核诉讼材料，调查收集必要的证据。

第一百一十七条 人民法院派出人员进行调查时，应当向被调查人出示证件。

调查笔录经被调查人校阅后，由被调查人、调查人签名或者盖章。

第一百一十八条 人民法院在必要时可以委托外地人民法院调查。

委托调查，必须提出明确的项目和要求。受委托人民法院可以主动补充调查。

受委托人民法院收到委托书后，应当在三十日内完成调查。因故不能完成的，应当在上述期限内函告委托人民法院。

第一百一十九条 必须共同进行诉讼的当事人没有参加诉讼的，人民法院应当通知其参加诉讼。

第三节 开庭审理

第一百二十条 人民法院审理民事案件，除涉及国家秘密、个人隐私或者法律另有规定的以外，应当公开进行。

离婚案件，涉及商业秘密的案件，当事人申请不公开审理的，可以不公开审理。

第一百二十一条　人民法院审理民事案件，根据需要进行巡回审理，就地办案。

第一百二十二条　人民法院审理民事案件，应当在开庭三日前通知当事人和其他诉讼参与人。公开审理的，应当公告当事人姓名、案由和开庭的时间、地点。

第一百二十三条　开庭审理前，书记员应当查明当事人和其他诉讼参与人是否到庭，宣布法庭纪律。

开庭审理时，由审判长核对当事人，宣布案由，宣布审判人员、书记员名单，告知当事人有关的诉讼权利义务，询问当事人是否提出回避申请。

第一百二十四条　法庭调查按照下列顺序进行：

（一）当事人陈述；

（二）告知证人的权利义务，证人作证，宣读未到庭的证人证言；

（三）出示书证、物证和视听资料；

（四）宣读鉴定结论；

（五）宣读勘验笔录。

第一百二十五条　当事人在法庭上可以提出新的证据。

当事人经法庭许可，可以向证人、鉴定人、勘验人发问。

当事人要求重新进行调查、鉴定或者勘验的，是否准许，由人民法院决定。

第一百二十六条　原告增加诉讼请求，被告提出反诉，第三人提出与本案有关的诉讼请求，可以合并审理。

第一百二十七条　法庭辩论按照下列顺序进行：

（一）原告及其诉讼代理人发言；

（二）被告及其诉讼代理人答辩；

（三）第三人及其诉讼代理人发言或者答辩；

（四）互相辩论。

法庭辩论终结，由审判长按照原告、被告、第三人的先后顺序征询各方最后意见。

第一百二十八条　法庭辩论终结，应当依法作出判决。判决前能够调解的，还可以进行调解，调解不成的，应当及时判决。

……

第一百三十三条　书记员应当将法庭审理的全部活动记入笔录，由审判人员和书记员签名。

法庭笔录应当当庭宣读，也可以告知当事人和其他诉讼参与人当庭或者在五日内阅读。当事人和其他诉讼参与人认为对自己的陈述记录有遗漏或者差错的，有权申请补正。如果不予补正，应当将申请记录在案。

法庭笔录由当事人和其他诉讼参与人签名或者盖章。拒绝签名盖章的，记明情况附卷。

第一百三十四条　人民法院对公开审理或者不公开审理的案件，一律公开宣告判决。

当庭宣判的，应当在十日内发送判决书；定期宣判的，宣判后立即发给判决书。

宣告判决时，必须告知当事人上诉权利、上诉期限和上诉的法院。

宣告离婚判决，必须告知当事人在判决发生法律效力前不得另行结婚。

第一百三十五条　人民法院适用普通程序审理的案件，应当在立案之日起六个月内审结。有特殊情况需要延长的，由本院院长批准，可以延长六个月；还需要延长的，报请上级人民法院批准。

……

附2：

最高人民法院关于适用《中华人民共和国民事诉讼法》若干问题的意见（节录）

法发〔1992〕22号

（1992年7月14日最高人民法院审判委员会第528次会议讨论通过）

……

154. 民事诉讼法第六十六条、第一百二十条所指的商业秘密，主要是指技术秘密、商业情报及信息等，如生产工艺、配方、贸易联系、购销渠道等当事人不愿公开的工商业秘密。

155. 人民法院按照普通程序审理案件，应当在开庭三日前用传票传唤当事人。对诉讼代理人、证人、鉴定人、勘验人、翻译人员应当用通知书通知其到庭。当事人或其他诉讼参与人在外地的，应留有必要的在途时间。

156. 在案件受理后，法庭辩论结束前，原告增加诉讼请求，被告提出反诉，第三人提出与本案有关的诉讼请求，可以合并审理的，人民法院应当合并审理。

157. 无民事行为能力人的离婚诉讼，当事人的法定代理人应当到庭；法定代理人不能到庭的，人民法院应当在查清事实的基础上，依法作出判决。

……

附3：

最高人民法院第一审经济纠纷案件适用普通程序开庭审理的若干规定

法发〔1993〕34号

(1993年11月16日最高人民法院审判委员会第602次会议讨论通过)

一、开庭前的工作

1. 人民法院对决定受理的案件，应当在受理案件通知书和应诉通知书中，向当事人告知有关的诉讼权利义务，或者口头予以告知，如果已经确定开庭日期的，应当一并告知当事人及其诉讼代理人开庭的时间、地点。合议庭组成后，应当在三日内将合议庭组成人员告知当事人。告知后，因情事变化，必须调整合议庭组成人员的，应当于调整后三日内告知当事人。在开庭前三日内决定调整合议庭组成人员的，原定的开庭日期应予顺延。

2. 合议庭成员应当认真审核双方提供的诉讼材料，了解案情，审查证据，掌握争议的焦点和需要庭审调查、辩论的主要问题。

3. 必须共同进行诉讼的当事人没有参加诉讼的，应当通知其参加诉讼。

4. 对专门性问题合议庭认为需要鉴定、审计的，应及时交由法定鉴定部门或者指定有关部门鉴定，委托审计机关审计。

5. 开庭前，合议庭可以召集双方当事人及其诉讼代理人交换、核对证据，核算账目。对双方当事人无异议的事实、证据应当记录在卷，并由双方当事人签字确认。在开庭审理时如双方当事人不再提出异议，便可予以认定。

在双方当事人自愿的条件下，合议庭可以在开庭审理前让双方当事人及其诉讼代理人自行协商解决。当事人和解，原告申请撤诉，或者双方当事人要求发给调解书的，经审查认为不违反法律规定，不损害第三人利益的，可以裁定准予撤诉，或者按照双方当事人达成的和解协议制作调解书发给当事人。

6. 合议庭审查案卷材料后，认为法律关系明确、事实清楚，经征得当事人双方同意，可以在开庭审理前进行调解。调解达成协议的，制作调解书发给当事人。双方当事人对案件事实无争议，只是在责任承担上达不成协议的，开庭审理可以在双方当事人对事实予以确认的基础上，直接进行法庭辩论。

7. 开庭审理前达不成协议的，合议庭应即研究确定开庭审理的日期和庭审提纲，并明确合议庭成员在庭审中的分工。

8. 开庭日期确定后，书记员应当在开庭三日前将传票送达当事人，将开庭通知书送达当事人的诉讼代理人、证人、鉴定人、勘验人、翻译人员。当事人或其他诉讼参与人在外地的，应留有必要的在途时间。公开审理的，应当公告当事人姓名、案由和开庭的时间、地点。

9. 开庭审理前，书记员应当查明当事人和其他诉讼参与人是否到庭。当事人或其他诉讼参与人没有到庭的，应将情况及时报告审判长，并由合议庭确定是否需要延期开庭审理或者中止诉讼。决定延期开庭审理的，应当及时通知当事人和其他诉讼参与人；决定中止诉讼的，应当制作裁定书，发给当事人。原告经票传唤，无正当理由拒不到庭的，可以按撤诉处理；被告经传票传唤，无正当理由拒不到庭的，可以缺席判决。

二、宣布开庭

10. 书记员宣布当事人及其诉讼代理人入庭。

11. 书记员宣布法庭纪律。

12. 书记员宣布全体起立，请审判长、审判员、陪审员入庭。

13. 书记员向审判长报告当事人及其诉讼代理人的出庭情况。审判长核对当事人及其诉讼代理人的身份，并询问各方当事人对于对方出庭人员有无异议。

14. 当事人的身份经审判长核对无误，且当事人对对方出庭人员没有异议，审判长宣布各方当事人及其诉讼代理人符合法律规定，可以参加本案诉讼。

15. 审判长宣布案由及开始庭审，不公开审理的应当说明理由。

16. 被告经人民法院传票传唤，无正当理由拒不到庭的，审判长可以宣布缺席审理，并说明传票送达合法和缺席审理的依据。无独立请求权的第三人经人民法院传票传唤，无正当理由拒不到庭的，不影响案件的审理。

17. 审判长宣布合议庭组成人员、书记员名单。

18. 审判长告知当事人有关的诉讼权利义务，询问各方当事人是否申请回避。当事人提出申请回避的，合议庭应当宣布休庭。院长担任审判长时的回避，由审判委员会决定；审判人员的回避，由院长决定；其他人员的回避，由审判长决定。当事人申请回避的理由不能成立的，由审判长在重新开庭时宣布予以驳回，记入笔录；当事人申请回避的理由成立，决定回避的，由审判长宣布延期审理。

对驳回回避申请的决定不服，申请复议的，不影响案件的开庭。人民法院对复议申请，应当在三日内作出复议决定并通知复议申请人，也可以在开庭时当庭作出复议决定并告知复议申请人。

三、法庭调查

19. 审判长宣布进行法庭调查后，应当告知当事人法庭调查的重点是双方争议的事实。当事人对自己提出的主张，有责任提供证据，反驳对方主张的，也应提供证据或说明理由。

20. 原告简要陈述起诉的请求和理由，或者宣读起诉书。

21. 被告针对原告起诉中的请求和理由作出承认或者否定的答辩，对双方确认的事实，应当记入笔录，法庭无须再作调查。

22. 第三人陈述或答辩。有独立请求权的第三人陈述诉讼请求及理由。无独立请求权的第三人针对原、被告的陈述提出承认或否认的答辩意见。

23. 案件有多个诉讼请求或多个独立存在的事实的，可按每个诉讼请求、每段事实争议的问题由当事人依次陈述、核对证据。

24. 双方当事人就争议的事实所提供的书证、物证、视听资料，应经对方辨认，互相质证。

涉及国家机密、商业秘密的证据，当事人提交法庭的，法庭不能公开出示，但可以适当提示。

25. 凡是知道案件情况的单位和个人，都有义务出庭作证。证人出庭作证，法庭应查明证人身份，告知证人作证的义务以及作伪证应负的法律责任。证人作证后，应征询双方当事人对证人证言的意见。经法庭许可，当事人及其诉讼代理人可以向证人发问。

证人确有困难不能出庭的，其所提交的书面证言应当当庭宣读。当事人自己调查取得的证人证言，由当事人宣读后提交法庭，对方当事人可以质询；人民法院调查取得的证人证言，由书记员宣读，双方当事人可以质询。

26. 勘验人、鉴定人宣读勘验笔录、鉴定结论后，由双方当事人发表意见。经法庭许可，当事人及其诉讼代理人可以向勘验人、鉴定人发问。

27. 双方当事人争议的事实查清后，审判长应当询问双方当事人有无新的证据提出，原告的诉讼请求或被告的反诉请求有无变更。当事人重复陈述的，审判长应当及时提醒或制止。

28. 案件的事实清楚后，审判长宣布法庭调查结束。

29. 当事人要求提供新的证据或者合议庭认为事实尚未查清，确需人民法院补充调查、收集证据或通知新的证人到庭、重新鉴定、勘验，因而需要延期审理的，可以宣布延期审理。需要当事人补充证据的，应告知其在限定期间内提供。

四、法庭辩论

30. 审判长宣布法庭辩论开始，当事人及其诉讼代理人就本案争议的问题进行辩论。辩论应当实事求是，以理服人。必要时，审判长可以根据案情限定当事人及其诉讼代理人每次发表意见的时间。

31. 原告及其诉讼代理人发言。

32. 被告及其诉讼代理人答辩。
33. 第三人及其诉讼代理人发言或答辩。
34. 第一轮辩论结束，审判长应当询问当事人是否还有补充意见。当事人要求继续发言的，应当允许，但要提醒不可重复。
35. 当事人没有补充意见的，审判长宣布法庭辩论终结。
36. 法庭辩论终结，审判长按照原告、被告、第三人的顺序征询各位最后意见。

五、法庭辩论后的调解

37. 经过法庭调查和辩论，如果事实清楚的，审判长按照原告、被告和有独立请求权第三人的顺序询问当事人是否愿意调解。无独立请求权的第三人需要承担义务的，在询问原告、被告之后，还应询问其是否愿意调解。

当事人愿意调解的，可以当庭进行，也可以休庭后进行。

38. 调解时，可以先由各方当事人提出调解方案。当事人意见不一致的，合议庭要讲清法律规定，分清责任，促使双方当事人达成协议。必要时，合议庭可以根据双方当事人的请求提出调解方案，供双方当事人考虑；也可以先分别征询各方当事人意见，而后进行调解。

39. 经过调解，双方当事人达成协议的，应当在调解协议上签字盖章。人民法院应当根据双方当事人达成的调解协议制作调解书送达当事人。双方当事人达成协议后当即履行完毕，不要求发给调解书的，应当记入笔录，在双方当事人、合议庭成员、书记员签名或盖章后，即具有法律效力。

40. 双方当事人当庭达成调解协议的，合议庭应当宣布调解结果，告知当事人调解书经双方当事人签收后，即具有法律效力。

六、合议庭评议

41. 经过开庭审理后调解不成的，合议庭应当休庭进行评议，就案件的性质、认定的事实、适用的法律、是非责任和处理结果作出结论。

42. 评议中如发现案件事实尚未查清，需要当事人补充证据或者由人民法院自行调查收集证据的，可以决定延期审理，由审判长在继续开庭时宣布延期审理的理由和时间，以及当事人提供补充证据的期限。

43. 合议庭评议案件，实行少数服从多数的原则。评议中的不同意见，书记员必须如实记入笔录，由合议庭成员在笔录上签名。

七、宣　判

44. 合议庭评议后，由审判长宣布继续开庭并宣读裁判。宣判时，当事人及其他诉讼参与人、旁听人员应当起立。宣判的内容包括：认定的事实、适用的法律、判决的结果和理由、诉讼费用的负担、当事人的上诉权利、上诉期限和上诉法院。

45. 不能当庭宣判的，审判长应当宣布另定日期宣判。

46. 由书记员宣读庭审笔录，也可以告知当事人和其他诉讼参与人当庭或者在五日内阅读。

庭审笔录经宣读或阅读，当事人和其他诉讼参与人认为记录无误的，应当在笔录上签名或盖章；拒绝签名、盖章的，记明情况附卷；认为对自己的陈述记录有遗漏或者差错，申请补正的，允许在笔录后面或另页补正。

庭审笔录由合议庭成员和书记员签名。

八、闭　　庭

47. 审判长宣布闭庭。

48. 书记员宣布全体起立，合议庭成员等退庭。

49. 合议庭成员退庭后，书记员宣布当事人和旁听人员退庭。

附4：

最高人民法院关于民事经济审判方式改革问题的若干规定（节录）

法释〔1998〕14号

（1998年6月19日最高人民法院审判委员会第995次会议通过，自1998年7月11日起施行）

关于做好庭前必要准备及时开庭审理问题

……

五、开庭前应当做好下列准备工作：

1. 在法定期限内，分别向当事人送达受理案件通知书、应诉通知书和起诉状、答辩状副本；

2. 通知必须共同进行诉讼的当事人参加诉讼；

3. 告知当事人有关的诉讼权利和义务、合议庭组成人员；

4. 审查有关的诉讼材料，了解双方当事人争议的焦点和应当适用的有关法律以及有关专业知识；

5. 调查收集应当由人民法院调查收集的证据；

6. 需要由人民法院勘验或者委托鉴定的，进行勘验或者委托有关部门鉴定；

7. 案情比较复杂、证据材料较多的案件，可以组织当事人交换证据；
8. 其他必要的准备工作。

六、合议庭成员和独任审判员开庭前不得单独接触一方当事人及其诉讼代理人。

七、按普通程序审理的案件，开庭审理应当在答辩期届满并做好必要的准备工作后进行。当事人明确表示不提交答辩状，或者在答辩期届满前已经答辩，或者同意在答辩期间开庭的，也可以在答辩期限届满前开庭审理。

关于改进庭审方式问题

八、法庭调查按下列顺序进行：
1. 由原告口头陈述事实或者宣读起诉状，讲明具体诉讼请求和理由。
2. 由被告口头陈述事实或者宣读答辩状，对原告诉讼请求提出异议或者反诉的，讲明具体请求和理由。
3. 第三人陈述或者答辩，有独立请求权的第三人陈述诉讼请求和理由；无独立请求权的第三人针对原、被告的陈述提出承认或者否认的答辩意见。
4. 原告或者被告对第三人的陈述进行答辩。
5. 审判长或者独任审判员归纳本案争议焦点或者法庭调查重点，并征求当事人的意见。
6. 原告出示证据，被告进行质证；被告出示证据，原告进行质证。
7. 原、被告对第三人出示的证据进行质证；第三人对原告或者被告出示的证据进行质证。
8. 审判人员出示人民法院调查收集的证据，原告、被告和第三人进行质证。

经审判长许可，当事人可以向证人发问，当事人可以互相发问。

审判人员可以询问当事人。

九、案件有两个以上独立存在的事实或者诉讼请求的，可以要求当事人逐项陈述事实和理由，逐个出示证据并分别进行调查和质证。

对当事人无争议的事实，无须举证、质证。

十、当事人向法庭提出的证据，应当由当事人或者其诉讼代理人宣读。当事人及其诉讼代理人因客观原因不能宣读的证据，可以由审判人员代为宣读。

人民法院依职权调查收集的证据由审判人员宣读。

十一、案件的同一事实，除举证责任倒置外，由提出主张的一方当事人首先举证，然后由另一方当事人举证。另一方当事人不能提出足以推翻前一事实的证据的，对这一事实可以认定；提出足以推翻前一事实的证据的，再转由提出主张的当事人继续举证。

十二、经过庭审质证的证据，能够当即认定的，应当当即认定；当即不能认定的，可以休庭合议后再予以认定；合议之后认为需要继续举证或者进行鉴定、勘验等工作的，可以在下次开庭质证后认定。未经庭审质证的证据，不能作为定案的根据。

十三、一方当事人要求补充证据或者申请重新鉴定、勘验，人民法院认为有必要的可以准许。补充的证据或者重新进行鉴定、勘验的结论，必须再次开庭质证。

十四、法庭决定再次开庭的，审判长或者独任审判员对本次开庭情况应当进行小结，指出庭审已经确认的证据，并指明下次开庭调查的重点。

十五、第二次开庭审理时，只就未经调查的事项进行调查和审理，对已经调查、质证并已认定的证据不再重复审理。

十六、法庭调查结束前，审判长或者独任审判员应当就法庭调查认定的事实和当事人争议的问题进行归纳总结。

十七、审判人员应当引导当事人围绕争议焦点进行辩论。当事人及其诉讼代理人的发言与本案无关或者重复未被法庭认定的事实，审判人员应当予以制止。

十八、法庭辩论由各方当事人依次发言。一轮辩论结束后当事人要求继续辩论的，可以进行下一轮辩论。下一轮辩论不得重复第一轮辩论的内容。

十九、法庭辩论时，审判人员不得对案件性质、是非责任发表意见，不得与当事人辩论。

法庭辩论终结，审判长或者独任审判员征得各方当事人同意后，可以依法进行调解，调解不成的，应当及时判决。

二十、适用简易程序审理的案件，当事人同时到庭的，可以径行开庭进行调解。调解前告知当事人诉讼权利义务和主持调解的审判人员，在询问当事人是否申请审判人员回避后，当事人不申请回避的，可以直接进行调解。调解不成的或者达成协议后当事人反悔又未提出新的事实和证据，可以不再重新开庭，直接作出判决。

关于对证据的审核和认定问题

二十一、当事人对自己的主张，只有本人陈述而不能提出其他相关证据的，除对方当事人认可外，其主张不予支持。

二十二、一方当事人提出的证据，对方当事人认可或者不予反驳的，可以确认其证明力。

二十三、一方当事人提出的证据，对方当事人举不出相应证据反驳的，可以综合全案情况对该证据予以认定。

二十四、双方当事人对同一事实分别举出相反的证据，但都没有足够理由否定对方证据的，应当分别对当事人提出的证据进行审查，并结合其他证据综合认定。

二十五、当事人在庭审质证时对证据表示认可，庭审后又反悔，但提不出相应证据的，不能推翻已认定的证据。

二十六、对单一证据，应当注意从以下几个方面进行审查。

1. 证据取得的方式；
2. 证据形成的原因；
3. 证据的形式；
4. 证据提供者的情况及其与本案的关系；
5. 书证是否系原件，物证是否系原物；复印件或者复制品是否与原件、原物的内容、形式及其他特征相符合。

二十七、判断数个证据的效力应当注意以下几种情况：

1. 物证、历史档案、鉴定结论、勘验笔录或者经过公证、登记的书证，其证明力一般高于其他书证、视听资料和证人证言。
2. 证人提供的对与其有亲属关系或者其他密切关系的一方当事人有利的证言，其证明力低于其他证人证言。
3. 原始证据的证明力大于传来证据。
4. 对证人的智力状况、品德、知识、经验、法律意识和专业技能等进行综合分析。

二十八、下列证据，不能单独作为认定案件事实的依据：

1. 未成年人所作的与其年龄和智力状况不相当的证言；
2. 与一方当事人有亲属关系的证人出具的对该当事人有利的证言；
3. 没有其他证据印证并有疑点的视听资料；
4. 无法与原件、原物核对的复印件、复制品。

二十九、当事人提供的证人在人民法院通知的开庭日期，没有正当理由拒不出庭的，由提供该证人的当事人承担举证不能的责任。

三十、有证据证明持有证据的一方当事人无正当理由拒不提供，如果对方当事人主张该证据的内容不利于证据持有人，可以推定该主张成立。

关于加强合议庭和独任审判员职责问题

三十一、合议庭组成人员必须共同参加对案件的审理，对案件的事实、证据、性质、责任、适用法律以及处理结果等共同负责。

三十二、经过开庭审理当庭达成调解协议的，由审判长或者独任审判员签发调解书。

三十三、事实清楚、法律关系明确、是非责任分明、合议庭意见一致的裁判，可以由审判长或者独任审判员签发法律文书。但应当由院长签发的除外。

三十四、合议庭、独任审判员审理决定的案件或者经院长提交审判委员会决定的案件，发现认定事实或者适用法律有重大错误并造成严重后果的，按照有关规定由有关人员承担相应责任。

……

附5：

最高人民法院关于审判人员严格执行回避制度的若干规定

法号〔2000〕5号

（二〇〇〇年一月三十一日）

为确保司法公正，根据人民法院组织法、刑事诉讼法、民事诉讼法、行政诉讼法和其他法律的有关规定，现就审判人员执行回避制度及有关问题规定如下：

第一条 审判人员具有下列情形之一的，应当自行回避，当事人及其法定代理人也有权要求他们回避：

（一）是本案的当事人或者与当事人有直系血亲、三代以内旁系血亲及姻亲关系的；

（二）本人或者其近亲属与本案有利害关系的；

（三）担任过本案的证人、鉴定人、勘验人、辩护人、诉讼代理人的；

（四）与本案的诉讼代理人、辩护人有夫妻、父母、子女或者同胞兄弟姐妹关系的；

（五）本人与本案当事人之间存在其他利害关系，可能影响案件公正处理的。

第二条 审判人员具有下列情形之一的，当事人及其法定代理人有权要求回避，但应当提供相关证据材料：

（一）未经批准，私下会见本案一方当事人及其代理人、辩护人的；

（二）为本案当事人推荐、介绍代理人、辩护人，或者为律师、其他人员介绍办理该案件的；

（三）接受本案当事人及其委托的人的财物、其他利益，或者要求当事人及其委托的人报销费用的；

（四）接受本案当事人及其委托的人的宴请，或者参加由其支付费用的各项活动的；

（五）向本案当事人及其委托的人借款、借用交通工具、通讯工具或者其他物品，或者接受当事人及其委托的人在购买商品、装修住房以及其他方面给予的好处的。

第三条　凡在一个审判程序中参与过本案审判工作的审判人员,不得再参与该案其他程序的审判。

第四条　审判人员及法院其他工作人员离任二年内,担任诉讼代理人或者辩护人的,人民法院不予准许;审判人员及法院其他工作人员离任二年后,担任原任职法院审理案件的诉讼代理人或者辩护人,对方当事人认为可能影响公正审判而提出异议的,人民法院应当支持,不予准许本院离任人员担任诉讼代理人或者辩护人。但是作为当事人的近亲属或者监护人代理诉讼或者进行辩护的除外。

第五条　审判人员及法院其他工作人员的配偶、子女或者父母,担任其所在法院审理案件的诉讼代理人或者辩护人的,人民法院不予准许。

第六条　第二审人民法院发现或者根据当事人、诉讼代理人、辩护人的举报,认为第一审人民法院的审理有违反本规定第一条至第三条所列情形之一的,经核查属实,应当裁定撤销原判,发回原审人民法院重新审判。

第七条　当事人、诉讼代理人、辩护人认为审判人员有违反本规定行为的,可以向法院纪检、监察部门或者其他有关部门举报。受理举报的部门应当及时处理,并将有关意见反馈举报人。

第八条　审判人员明知具有本规定第一条至第三条规定情形之一,故意不依法自行回避或者对符合回避条件的申请故意不作出回避决定的,依照《人民法院审判纪律处分办法(试行)》的规定予以处分。

审判人员明知诉讼代理人、辩护人具有本规定第四条、第五条规定情形之一,故意不作出正确决定的,参照《人民法院审判纪律处分办法(试行)》第二十四条的规定予以处分。

第九条　本规定所称审判人员是指各级人民法院院长、副院长、审判委员会委员、庭长、副庭长、审判员、助理审判员。

本规定所称法院其他工作人员是指法院中占行政编制的工作人员。

人民陪审员、书记员、翻译人员、司法鉴定人员、勘验人员的回避问题,参照审判人员回避的有关内容执行。

执行员在执行过程中的回避问题,参照审判人员回避的有关内容执行。

附6:

最高人民法院关于人民法院合议庭工作的若干规定

法释〔2002〕25号

(2002年7月30日由最高人民法院审判委员会第1234次会议通过,自2002年8月17日起施行)

为了进一步规范合议庭的工作程序,充分发挥合议庭的职能作用,根据《中华人民共和国法院组织法》、《中华人民共和国刑事诉讼法》、《中华人民共和国民事诉讼法》、《中华人民共和国行政诉讼法》等法律的有关规定，结合人民法院审判工作实际，制定本规定。

第一条　人民法院实行合议制审判第一审案件，由法官或者由法官和人民陪审员组成合议庭进行；人民法院实行合议制审判第二审案件和其他应当组成合议庭审判的案件，由法官组成合议庭进行。

人民陪审员在人民法院执行职务期间，除不能担任审判长外，同法官有同等的权利义务。

第二条　合议庭的审判长由符合审判长任职条件的法官担任。

院长或者庭长参加合议庭审判案件的时候，自己担任审判长。

第三条　合议庭组成人员确定后，除因回避或者其他特殊情况，不能继续参加案件审理的外，不得在案件审理过程中更换。更换合议庭成员，应当报请院长或者庭长决定。合议庭成员的更换情况应当及时通知诉讼当事人。

第四条　合议庭的审判活动由审判长主持，全体成员平等参与案件的审理、评议、裁判，共同对案件认定事实和适用法律负责。

第五条　合议庭承担下列职责：

（一）根据当事人的申请或者案件的具体情况，可以作出财产保全、证据保全、先予执行等裁定；

（二）确定案件委托评估、委托鉴定等事项；

（三）依法开庭审理第一审、第二审和再审案件；

（四）评议案件；

（五）提请院长决定将案件提交审判委员会讨论决定；

（六）按照权限对案件及其有关程序性事项作出裁判或者提出裁判意见；

（七）制作裁判文书；

（八）执行审判委员会决定；

（九）办理有关审判的其他事项。

第六条　审判长履行下列职责：

（一）指导和安排审判辅助人员做好庭前调解、庭前准备及其他审判业务辅助性工作；

（二）确定案件审理方案、庭审提纲、协调合议庭成员的庭审分工以及做好其他必要的庭审准备工作；

（三）主持庭审活动；

（四）主持合议庭对案件进行评议；

（五）依照有关规定，提请院长决定将案件提交审判委员会讨论决定；

（六）制作裁判文书，审核合议庭其他成员制作的裁判文书；

（七）依照规定权限签发法律文书；

（八）根据院长或者庭长的建议主持合议庭对案件复议；

（九）对合议庭遵守案件审理期限制度的情况负责；

（十）办理有关审判的其他事项。

第七条　合议庭接受案件后，应当根据有关规定确定案件承办法官，或者由审判长指定案件承办法官。

第八条　在案件开庭审理过程中，合议庭成员必须认真履行法定职责，遵守《中华人民共和国法官职业道德基本准则》中有关司法礼仪的要求。

第九条　合议庭评议案件应当在庭审结束后五个工作日内进行。

第十条　合议庭评议案件时，先由承办法官对认定案件事实、证据是否确实、充分以及适用法律等发表意见，审判长最后发表意见；审判长作为承办法官的，由审判长最后发表意见。对案件的裁判结果进行评议时，由审判长最后发表意见。审判长应当根据评议情况总结合议庭评议的结论性意见。

合议庭成员进行评议的时候，应当认真负责，充分陈述意见，独立行使表决权，不得拒绝陈述意见或者仅作同意与否的简单表态。同意他人意见的，也应当提出事实根据和法律依据，进行分析论证。

合议庭成员对评议结果的表决，以口头表决的形式进行。

第十一条　合议庭进行评议的时候，如果意见分歧，应当按多数人的意见作出决定，但是少数人的意见应当写入笔录。

评议笔录由书记员制作，由合议庭的组成人员签名。

第十二条　合议庭应当依照规定的权限，及时对评议意见一致或者形成多数意见的案件直接作出判决或者裁定。但是对于下列案件，合议庭应当提请院长决定提交审判委员会讨论决定：

（一）拟判处死刑的；

（二）疑难、复杂、重大或者新类型的案件，合议庭认为有必要提交审判委员会讨论决定的；

（三）合议庭在适用法律方面有重大意见分歧的；

（四）合议庭认为需要提请审判委员会讨论决定的其他案件，或者本院审判委员会确定的应当由审判委员会讨论决定的案件。

第十三条　合议庭对审判委员会的决定有异议，可以提请院长决定提交审判委员会复议一次。

第十四条　合议庭一般应当在作出评议结论或者审判委员会作出决定后的五个工作日内制作出裁判文书。

第十五条　裁判文书一般由审判长或者承办法官制作。但是审判长或者承办法官的评议意见与合议庭评议结论或者审判委员会的决定有明显分歧的，也可以由其他合议庭成员制作裁判文书。

对制作的裁判文书，合议庭成员应当共同审核，确认无误后签名。

第十六条　院长、庭长可以对合议庭的评议意见和制作的裁判文书进行审核，但是不得改变合议庭的评议结论。

第十七条　院长、庭长在审核合议庭的评议意见和裁判文书过程中，对评议结论有异议的，可以建议合议庭复议，同时应当对要求复议的问题及理由提出书面意见。

合议庭复议后，庭长仍有异议的，可以将案件提请院长审核，院长可以提交审判委员会讨论决定。

第十八条　合议庭应当严格执行案件审理期限的有关规定。遇有特殊情况需要延长审理期限的，应当在审限届满前按规定的时限报请审批。

附7：

最高人民法院关于加强人民法院审判公开工作的若干意见

法发〔2007〕20号

为进一步落实宪法规定的公开审判原则，深入贯彻党的十六届六中全会提出的健全公开审判制度的要求，充分发挥人民法院在构建社会主义和谐社会中的职能作用，现就加强人民法院审判公开工作提出以下意见。

一、充分认识加强人民法院审判公开工作的重大意义

1. 加强审判公开工作是构建社会主义和谐社会的内在要求。审判公开是以公开审理案件为核心内容的、人民法院审判工作各重要环节的依法公开，是对宪法规定的公开审判原则的具体落实，是我国人民民主专政本质的重要体现，是在全社会实现公平和正义的重要保障。各级人民法院要充分认识到广大人民群众和全社会对不断增强审判工作公开性的高度关注和迫切需要，从发展社会主义民主政治、落实依法治国方略、构建社会主义和谐社会的高度，在各项审判和执行工作中依法充分落实审判公开。

2. 加强审判公开工作是建设公正、高效、权威的社会主义司法制度的迫切需要。深入贯彻落实《中共中央关于构建社会主义和谐社会若干重大问题的决定》，建设公正、高效、权威的社会主义司法制度，是当前和今后一个时期人民法院工作的重要目标。实现这一目标，必须加强审判公开。司法公正应当是"看

得见的公正"，司法高效应当是"能感受的高效"，司法权威应当是"被认同的权威"。各级人民法院要通过深化审判公开，充分保障当事人诉讼权利，积极接受当事人监督，主动接受人大及其常委会的工作监督，正确面对新闻媒体的舆论监督，建设公正、高效、权威的社会主义司法制度。

二、准确把握人民法院审判公开工作的基本原则

3. 依法公开。要严格履行法律规定的公开审判职责，切实保障当事人依法参与审判活动、知悉审判工作信息的权利。要严格执行法律规定的公开范围，在审判工作中严守国家秘密和审判工作秘密，依法保护当事人隐私和商业秘密。

4. 及时公开。法律规定了公开时限的，要严格遵守法律规定的时限，在法定时限内快速、完整地依法公开审判工作信息。法律没有规定公开时限的，要在合理时间内快速、完整地依法公开审判工作信息。

5. 全面公开。要按照法律规定，在案件审理过程中做到公开开庭，公开举证、质证，公开宣判；根据审判工作需要，公开与保护当事人权利有关的人民法院审判工作各重要环节的有效信息。

三、切实加强人民法院审判公开工作的基本要求

6. 人民法院应当以设置宣传栏或者公告牌、建立网站等方便查阅的形式，公布本院管辖的各类案件的立案条件、由当事人提交的法律文书的样式、诉讼费用的收费标准及缓、减、免交诉讼费的基本条件和程序、案件审理与执行工作流程等事项。

7. 对当事人起诉材料、手续不全的，要尽量做到一次性全面告知当事人应当提交的材料和手续，有条件的人民法院应当采用书面形式告知。能够当场补齐的，立案工作人员应当指导当事人当场补齐。

8. 对决定受理适用普通程序的案件，应当在案件受理通知书和应诉通知书中，告知当事人所适用的审判程序及有关的诉讼权利和义务。决定由适用简易程序转为适用普通程序的，应当在作出决定后及时将决定的内容及事实和法律根据告知当事人。

9. 当事人及其诉讼代理人请求人民法院调查取证的，应当提出书面申请。人民法院决定调查收集证据的，应当及时告知申请人及其他当事人。决定不调查收集证据的，应当制作书面通知，说明不调查收集证据的理由，并及时送达申请人。

10. 人民法院裁定采取财产保全措施或者先予执行的，应当在裁定书中写明采取财产保全措施或者先予执行所依据的事实和法律根据，及申请人提供担保的

种类、金额或者免予担保的事实和法律根据。人民法院决定不采取财产保全措施或者先予执行的，应当作出书面裁定，并在裁定书中写明有关事实和法律根据。

11. 人民法院必须严格执行《中华人民共和国刑事诉讼法》、《中华人民共和国民事诉讼法》、《中华人民共和国行政诉讼法》及相关司法解释关于公开审理的案件范围的规定，应当公开审理的，必须公开审理。当事人提出案件涉及个人隐私或者商业秘密的，人民法院应当综合当事人意见、社会一般理性认识等因素，必要时征询专家意见，在合理判断基础上作出决定。

12. 审理刑事二审案件，应当积极创造条件，逐步实现开庭审理；被告人一审被判处死刑的上诉案件和检察机关提出抗诉的案件，应当开庭审理。要逐步加大民事、行政二审案件开庭审理的力度。

13. 刑事二审案件不开庭审理的，人民法院应当在全面审查案卷材料和证据基础上讯问被告人，听取辩护人、代理人的意见，核实证据，查清事实；民事、行政二审案件不开庭审理的，人民法院应当全面审查案卷，充分听取当事人意见，核实证据，查清事实。

14. 要逐步提高当庭宣判比率，规范定期宣判、委托宣判。人民法院审理案件，能够当庭宣判的，应当当庭宣判。定期宣判、委托宣判的，应当在裁判文书签发或者收到委托函后及时进行，宣判前应当通知当事人和其他诉讼参与人。宣判时允许旁听，宣判后应当立即送达法律文书。

15. 依法公开审理的案件，我国公民可以持有效证件旁听，人民法院应当妥善安排好旁听工作。因审判场所、安全保卫等客观因素所限发放旁听证的，应当作出必要的说明和解释。

16. 对群众广泛关注、有较大社会影响或者有利于社会主义法治宣传教育的案件，可以有计划地通过相关组织安排群众旁听，邀请人大代表、政协委员旁听，增进广大群众、人大代表、政协委员了解法院审判工作，方便对审判工作的监督。

17. 申请执行人向人民法院提供被执行人财产线索的，人民法院应当在收到有关线索后尽快决定是否调查，决定不予调查的，应当告知申请执行人具体理由。人民法院根据申请执行人提供的线索或依职权调查被执行人财产状况的，应当在调查结束后及时将调查结果告知申请执行人。被执行人向人民法院申报财产的，人民法院应当在收到申报后及时将被执行人申报的财产状况告知申请执行人。

18. 人民法院应当公告选择评估、拍卖等中介机构的条件和程序，公开进行选定，并及时公告选定的中介机构名单。人民法院应当向当事人、利害关系人公开评估、拍卖、变卖的过程和结果；不能及时拍卖、变卖的，应当向当事人、利害关系人说明原因。

19. 对办案过程中涉及当事人或案外人重大权益的事项，法律没有规定办理程序的，各级人民法院应当根据实际情况，建立灵活、方便的听证机制，举行听证。对当事人、利害关系人提出的执行异议、变更或追加被执行人的请求、经调卷复查认为符合再审条件的申诉申请再审案件，人民法院应当举行听证。

20. 人民法院应当建立和公布案件办理情况查询机制，方便当事人及其委托代理人及时了解与当事人诉讼权利、义务相关的审判和执行信息。

21. 有条件的人民法院对于庭审活动和相关重要审判活动可以录音、录像，建立审判工作的声像档案，当事人可以按规定查阅和复制。

22. 各高级人民法院应当根据本辖区内的情况制定通过出版物、局域网、互联网等方式公布生效裁判文书的具体办法，逐步加大生效裁判文书公开的力度。

23. 通过电视、互联网等媒体对人民法院公开审理案件进行直播、转播的，由高级人民法院批准后进行。

四、规范审判公开工作，维护法律权威和司法形象

24. 人民法院公开审理案件，庭审活动应当在审判法庭进行。巡回审理案件，有固定审判场所的，庭审活动应当在该固定审判场所进行；尚无固定审判场所的，可根据实际条件选择适当的场所。

25. 人民法院裁判文书是人民法院公开审判活动、裁判理由、裁判依据和裁判结果的重要载体。裁判文书的制作应当符合最高人民法院颁布的裁判文书样式要求，包含裁判文书的必备要素，并按照繁简得当、易于理解的要求，清楚地反映裁判过程、事实、理由和裁判依据。

26. 人民法院工作人员实施公务活动，应当依据有关规定着装，并主动出示工作证。

27. 人民法院应当向社会公开审判、执行工作纪律规范，公开违法审判、违法执行的投诉办法，便于当事人及社会监督。

附8：

中华人民共和国人民法院法庭规则

法发〔1993〕40号

（1993年12月1日最高人民法院审判委员会第617次会议通过）

第一条 为维护法庭秩序，保障审判活动的正常进行，根据《中华人民共和

国人民法院组织法》和其他有关法律的规定，制定本规则。

第二条　人民法院开庭审理案件时，合议庭的审判长或者独任审判的审判员主持法庭的审判活动，指挥司法警察维持法庭秩序。

第三条　法庭正面应当悬挂国徽。

第四条　出庭的审判人员、书记员、公诉人或者抗诉人、司法警察应当按照规定着装；出庭的辩护人、诉讼代理人、证人、鉴定人、勘验人、翻译人员和其他诉讼参与人应当衣着整洁。

第五条　审判人员进入法庭和审判长或者独任审判员宣告法院判决时，全体人员应当起立。

第六条　审判人员应当严格按照法律规定的诉讼程序进行审判活动，保障诉讼参与人的诉讼权利。

第七条　诉讼参与人应当遵守法庭规则，维护法庭秩序，不得喧哗、吵闹；发言、陈述和辩论，须经审判长或者独任审判员许可。

第八条　公开审理的案件，公民可以旁听；根据法庭场所和参加旁听人数等情况，需要时，持人民法院发出的旁听证进入法庭。

下列人员不得旁听：

（一）未成年人（经法院批准的除外）；

（二）精神病人和醉酒的人；

（三）其他不宜旁听的人。

第九条　旁听人员必须遵守下列纪律：

（一）不得录音、录像和摄影；

（二）不得随意走动和进入审判区；

（三）不得发言、提问；

（四）不得鼓掌、喧哗、哄闹和实施其他妨害审判活动的行为。

第十条　新闻记者旁听应遵守本规则。未经审判长或者独任审判员许可，不得在庭审过程中录音、录像和摄影。

第十一条　对于违反法庭规则的人，审判长或者独任审判员可以口头警告、训诫，也可以没收录音、录像和摄影器材，责令退出法庭或者经院长批准予以罚款、拘留。

第十二条　对哄闹、冲击法庭、侮辱、诽谤、威胁、殴打审判人员等严重扰乱法庭秩序的人，依法追究刑事责任；情节较轻的，予以罚款、拘留。

第十三条　对违反法庭规则的人采取强制措施，由司法警察执行。

第十四条　外国人或者外国记者旁听，应当遵守本规则。

第十五条　本规则自一九九四年一月一日起施行，《中华人民共和国人民法院法庭规则（试行）》同时废止。

（三）文书格式

1.《民事判决书》（一审民事案件用）

××××人民法院
民事判决书

（××××）×民初字第××号

原告……（写明姓名或名称等基本情况）。

法定代表人（或代表人）……（写明姓名和职务）。

法定代理人（或指定代理人）……（写明姓名等基本情况）。

委托代理人……（写明姓名等基本情况）。

被告……（写明姓名或名称等基本情况）。

法定代表人（或代表人）……（写明姓名和职务）。

法定代理人（或指定代理人）……（写明姓名等基本情况）。

委托代理人……（写明姓名等基本情况）。

第三人……（写明姓名或名称等基本情况）。

法定代表人（或代表人）……（写明姓名和职务）。

法定代理人（或指定代理人）……（写明姓名等基本情况）。

委托代理人……（写明姓名等基本情况）。

……（写明当事人的姓名或名称和案由）一案，本院受理后，依法组成合议庭（或依法由审判员×××独任审判），公开（或不公开）开庭进行了审理。……（写明本案当事人及其诉讼代理人等）到庭参加诉讼。本案现已审理终结。

原告×××诉称，……（概述原告提出的具体诉讼请求和所根据的事实与理由）。

被告×××辩称，……（概述被告答辩的主要内容）。

第三人×××述称，……（概述第三人的主要意见）。

经审理查明，……（写明法院认定的事实和证据）。

本院认为，……（写明判决的理由）。依照……（写明判决所依据的法律条款项）的规定，判决如下：

……（写明判决结果）。

……（写明诉讼费用的负担）。

如不服本判决，可在判决书送达之日起十五日内，向本院递交上诉状，并按对方当事人的人数提出副本，上诉于×××人民法院。

　　　　　　　　　　　　　　　　　审判长　×××
　　　　　　　　　　　　　　　　　审判员　×××
　　　　　　　　　　　　　　　　　审判员　×××
　　　　　　　　　　　　　　　××××年××月××日
　　　　　　　　　　　　　　　　　　（院印）

本件与原本核对无异
　　　　　　　　　　　　　　　　　书记员　×××

2.《不公开审理申请书》

不公开审理申请书

××××人民法院：

　　你院受理的×××诉×××一案，我要求不公开审理，理由如下：……（写明不公开审理的理由和依据）。

　　为此，根据《中华人民共和国民事诉讼法》第一百二十条第二款的规定，特向你院提出不公开审理的申请，请予审查批准。

　　　　　　　　　　　　　　　　　申请人：×××
　　　　　　　　　　　　　　　××××年××月××日

3.《民事裁定书》（驳回起诉用）

××××人民法院
民事裁定书（驳回起诉用）

　　　　　　　　　　　　　　　（××××）×民初字第××号

　　原告……（写明姓名或名称等基本情况）。

　　被告……（写明姓名或名称等基本情况）。

　　（当事人及其他诉讼参加人的列项和基本情况的写法，与一审民事判决书样式相同。）

　　……（写明当事人姓名或名称和案由）一案，本院依法进行了审理，现已审理终结。

　　……（简述原告起诉的理由和诉讼请求）。

　　本院认为，……（写明驳回起诉的理由）。依照……（写明裁定所依据的法律条款项）的规定，裁定如下：

　　驳回×××的起诉。

　　……（写明诉讼费用的负担）。

　　如不服本裁定，可在裁定书送达之日起十日内，向本院递交上诉状，并按对方当事人的人数提出副本，上诉于××××人民法院。

            审判长　×××
            审判员　×××
            审判员　×××
          ××××年××月××日
             （院印）

本件与原本核对无异

            书记员　×××

4.《庭审笔录范本》

庭审笔录范本

  书记员：根据《中华人民共和国民事诉讼法》第一百二十三条第一款的规定，查明当事人及诉讼代理人到庭情况。

  原告：姓名、年龄、性别、籍贯、民族、单位、住址。

  委托代理人：姓名、年龄、性别、籍贯、民族、单位、住址。

  被告：姓名、年龄、性别、籍贯、民族、单位、住址。

  委托代理人：姓名、年龄、性别、籍贯、民族、单位、住址。

  第三人：姓名、性别、籍贯、民族、单位、住址。

  委托代理人：姓名、性别、籍贯、民族、单位、住址。

  书记员：根据《中华人民共和国民事诉讼法》第一百二十三条第一款的规定，宣布法庭纪律：

  一、审判法庭是人民法院审判案件的场所。人民法院开庭审判案件时，到庭的所有人员均应严格遵守法庭纪律，听从审判长（或者独任审判员）的指挥，维护法庭秩序。

  二、审判人员进入和退出法庭、审判长（或者独任审判员）宣告法院判决时，全体人员应当起立。

  三、诉讼参与人应当遵守法庭规则，维护法庭秩序，不得喧哗、吵闹；发言、陈述和辩论，须经审判长（或者独任审判员）许可。

  四、公开审理的案件，公民可以旁听；精神病人、醉酒的人、未经法院批准的未成年人和其他不宜旁听的人不得旁听。

  五、旁听人员不得录音、录像和摄影；不得随意走动和进入审判区；不得发言、提问；不得鼓掌、喧哗、哄闹和实施其他妨害审判活动的行为。

  六、新闻记者旁听应遵守法庭规则。未经审判长（或者独任审判员）许可，不得在庭审过程中录音、录像和摄影。

七、开庭审理期间，法庭内禁止使用通讯工具。已经带入法庭的通讯工具应当关闭。

八、对于违反法庭规则的人，审判长（或者独任审判员）可以口头警告、训诫，也可以没收录音、录像和摄影器材，责令退出法庭或者经院长批准予以罚款、拘留。

九、对哄闹、冲击法庭，侮辱、诽谤、威胁、殴打审判人员等严重扰乱法庭秩序的人，依法追究刑事责任；情节较轻的，予以罚款、拘留。

书记员：现在请大家检查一下，是否关闭通讯工具。

书记员：原、被告是否有证人出庭作证，如有请暂时退庭。

书记员：全体起立，请审判长、审判员（或人民陪审员）入庭就座。

书记员：报告审判长，法庭准备工作就绪，双方当事人及委托代理人均已到庭（有未到庭的向审判长报告具体情况），请审判长开庭。

审判长：根据《中华人民共和国民事诉讼法》第一百二十条的规定，×××人民法院民事审判庭依法公开审理原告×××诉被告×××（案由），现在开庭。

审判长：核对当事人身份。

审判长：双方当事人对对方出庭人员身份有无异议。

原告：

被告：

审判长：双方当事人及其诉讼代理人符合法律规定，可以参加本案诉讼。

（不公开开庭的宣布不公开开庭审理的理由）

审判长：根据《中华人民共和国民事诉讼法》第四十一条、四十二条的规定，本庭由审判员×××、×××、×××（或人民陪审员×××、×××）依法组成合议庭，由×××担任审判长，书记员×××担任记录。

审判长：根据《民事诉讼法》第四十五条、四十六条的规定，当事人有申请回避的权利。如果你们认为合议庭审判人员及书记员与本案有利害关系，可能影响本案公正审理的，可以申请回避，但必须提出事实和理由，并且要经过批准。

审判长：原告听清没有？是否申请回避？

原告：

审判长：被告听清没有？是否申请回避？

被告：

（对申请审判人员回避的，宣布休庭，请示院长，口头裁定不准许，予以驳回，记入笔录，继续开庭。对书记员、翻译员等提出回避申请的，由审判长决定。当事人对决定不服的，可以申请复议，但复议不影响继续开庭。准许回避申请的，由审判长宣布延期审理。）

审判长：在庭审过程中，当事人除享有申请回避的权利外，根据《中华人民共和国民事诉讼法》第五十条、五十二条的规定，还享有以下权利：委托代理人，提供证据，进行辩论，请求调解，申请执行；原告可以放弃、变更、增加诉讼请求，被告可以承认、反驳，并可以提起反驳；双方当事人可以自行和解。但在诉讼过程中，双方当事人必须依法行使诉讼权利，遵守诉讼秩序，主动履行发生法律效力的判决书、裁定书、调解书。对以上诉讼权利及诉讼义务，双方当事人是否听清？能否做到？

原告：

被告：

（如庭前已交代过，可以改为：庭前已告知双方当事人权利义务，对权利义务双方是否有不明白的？能否做到？）

审判长：现在开始法庭调查。

审判长：法庭调查的重点是双方有争议的事实。当事人提出主张，应当提供证据；反驳对方的主张，也应提供相应的证据或说明理由。应当提供证据而没有提供，对其主张本庭将不予支持。当事人举证时，应说明证据的名称、来源、证据的主要事实以及与本案的关系，并可以对证据陈述质辩意见。

审判长：先由原告陈述起诉的事实和理由或宣读起诉书。

原告：

审判长：代理人有无补充意见？

诉讼代理人：

审判长：被告针对原告的陈述进行口头答辩或宣读答辩状。提出反诉的，讲明具体请求和理由。

被告：

审判长：代理人有无补充意见？

诉讼代理人：

（如有第三人，第三人陈述或答辩。有独立请求权的第三人陈述诉讼请求和理由；无独立请求权的第三人针对原、被告的陈述提出承认或否认的答辩意见。）

审判长：根据庭前调查的情况，本案无争议的证据和事实有以下几方面：

无争议的证据有：

无争议的事实有：

审判长：以上证据及事实，当事人无争议，经合议庭评议本庭予以确认。这些证据，不在庭审质证范围，但可以作为支持自己主张的事实直接在辩论中适用。

审判长：对这些无争议的证据及事实，双方有无异议？

原告：

被告：

审判长：根据原告陈述的意见和被告的答辩，排除双方已认可的事实，将本案双方争执的焦点归纳为以下几方面：

(1) ……

(2) ……

(3) ……

审判长：对本庭归纳的几个关于事实方面的争执焦点，双方当事人是否认可，有无遗漏的？

原告：

被告：

（审判长：由于本案争议的事实较为集中，本次庭审采取调查与辩论相结合的方式进行，在举证、质证的同时，可以陈述意见或反驳对方主张。待争议事项审理完毕后，当事人及代理人可就案件性质、事实、责任划分、适用法律做综合发言。）

审判长：现在调查本案争议的事实。原告针对第一个焦点提出你的理由及举出相关证据。

原告：

审判长：被告对原告陈述的事实有什么质辩意见？

被告：

审判长：被告对原告陈述的理由有无异议？

调查第二个焦点

调查第三个焦点

……

审判长：上述事实问题双方已充分陈述了自己的意见和证据，法庭也注意到这些意见和证据，对以上这些问题待合议庭合议后予以确认。

（如能当庭确认的就当庭确认）

（原告或被告提出让证人出庭作证的申请，经审判长许可后，说明证人出庭作证要证明什么问题。）

审判长：证人向法庭报告姓名，并说明什么事情。

证人：

审判长：根据《中华人民共和国民事诉讼法》第七十条的规定，凡是知道案件情况的单位和个人都有出庭作证的义务，证人应根据法庭的要求就自己所知道的事实情况作出证明；提供虚假证言，应承担法律责任。证人能否保证所作出的证言的真实性，提供伪证愿负法律责任。

证人：

审判长：本案争执的事实已调查完毕。双方有无新的证据向法庭提供，或者就事实有无向对方发问的问题。

原告：

被告：

审判长：原告是否增加、变更或放弃诉讼请求？

原告：

审判长：被告是否提起反诉？

被告：

审判长：法庭调查结束。

审判长：根据《中华人民共和国民事诉讼法》第八十五条、八十八条的有关规定，法庭可以进行调解，即双方采取和解的方式协商解决。但调解需双方自愿，调解的内容不得违背法律规定，请表明各自的态度。

原告：

被告：

审判长：双方都不愿调解（或双方无法达成调解协议），现在进行法庭辩论。法庭辩论是双方当事人围绕本案争执的焦点发表自己的看法，陈述自己的观点，严禁讽刺、谩骂、侮辱对方。一方发言，对方不得打断，也不得抢发言。

（如质辩相结合的方式，就直接告述当事人或委托代理人发表最后陈述意见。）

原告：

原告代理人：

被告：

被告代理人：

原告：

审判长：被告做最后陈述。

原告：

审判长：被告做最后陈述。

被告：

审判长：现在休庭，合议庭对本案进行评议，15分钟后审判。

（或：现在休庭，待合议庭评议后，另定日期公开宣判。）

四、实验步骤

（1）开庭准备工作，传唤当事人、通知其他诉讼参与人出庭参加审理；
（2）发出开庭审理公告；
（3）查明当事人及其他诉讼参与人是否到庭，宣布法庭纪律；
（4）审判长宣布开庭，核对当事人，宣布案由，宣布审判人员、书记员名单，告知当事人有关诉讼权利义务，询问当事人是否申请回避，若宣布不公开审理的，说明理由；
（5）法庭调查；
（6）法庭辩论；
（7）案件评议和宣告判决；
（8）宣读法庭笔录或告知当事人和其他诉讼参与人阅读并签字确认，审判人员、书记员也应签字或盖章。

五、自主设计

2002年8月6日下午三时左右，文昌市东郊椰林风景名胜区管理委员会单位的门票售票员黄春梅到管委会办公室上缴自己售票款三千元，同时代符珠娘上缴售票款三千元，由于管委会会计庄义程不在办公室，出纳庄武收款后，用一张纸写下"收到符珠娘交来门票款叁仟元整。庄武。02.8.6日"和"收到黄春梅交来门票款叁仟元整，庄武。02.8.6日"的白条交给黄春梅，尔后，售票员郑夏丽交来门票款一千元，出纳庄武也收款打白条给郑夏丽。当天下午四时许，会计庄义程回到办公室，售票员符爱仙交来门票款一千元，在庄义程为符爱仙开收据时，庄武叫庄义程为符球娘、黄春梅、郑夏丽上缴的门票款开收据，庄义程开出符爱仙、符珠娘、黄春梅、郑夏丽分别为门票款一千元、三千元、三千元、一千元的收据，编号分别为：NO：0002351、NO：0002352、NO：0002353、NO：0002354的四张收据，日期都错写为："02年7月6日"。庄义程将以上四张收据交给庄武。庄武在收据上签上"武"字，就将符爱仙名下的NO：0002351号收据交给符爱仙，将符珠娘、黄春梅、郑夏丽名下的收据锁在抽屉里。2002年8月9日上午九时多，黄春梅、郑夏丽拿庄武写的白条到管委会的办公室叫会计庄义程换开正式条据，庄义程按白条上的缴款金额和日期，开具了NO：0002356、NO：0002357、NO：0002358号收据，在场的庄武在收据上签上"武"字，就收回白条撕掉，然后将NO：0002356、NO：0002357号收据交给黄春梅，将NO：0002358号收据交给郑夏丽。当时符珠娘也在场，黄春梅当即将 NO：0002356 号收据交给符珠娘。2002 年 8 月 12 日，庄武将 NO：0002353、NO：0002354 号收据交给黄春梅、郑夏丽，将 NO：0002352 号收据交给符珠娘。黄春梅、郑夏丽收到 NO：0002353、NO：0002354 号收据后，发现该收据是多开的条据，已将收据交回管委会核销。而符珠娘却不愿交回 NO：0002352 号收据核销，认为其持有的 NO：0002352 号收据是 2002 年 8 月 9 日上午九时十分左右其在管委会交给出纳庄武三千元，庄武当场给其出具这张收据，且当时只有她和庄武在场。于是文昌市东郊椰林风景名胜区管理委员会将符珠娘告上文昌市人民法院。

经查，2002 年 8 月 9 日上午九时至九时半左右，管委会的会计、出纳及其售票员等全体人员都在管委会开会，会计庄义程一直在场，按财务规定，出纳庄武不能开具正式收据，且收据上的笔迹是会计庄义程手迹，庄义程也承认确系自己笔迹。

相关证据：

1. 出纳庄武收款后，用一张纸写下"收到符珠娘交来门票款叁仟元整。庄武。02.8.6 日"和"收到黄春梅交来门票款叁仟元整，庄武。02.8.6 日"的白条。

2. 庄义程开出符爱仙、符珠娘、黄春梅、郑夏丽分别为门票款一千元、三千元、三千元、一千元的收据，编号分别为：NO：0002351、NO：0002352、NO：0002353、NO：0002354 的四张收据。

3. 庄义程按白条上的缴款金额和日期，开具的 NO：0002356、NO：0002357、NO：0002358 号收据。

4. 相关证人证言。

【问题】（1）受益人没有合法根据，取得了利益，造成他人损失，受益人是否应将该利益返还给受损失的人？

（2）根据案情设计一审庭审演练流程，保证审理程序的顺畅。

六、拓展思考

（1）一审庭审过程呈现出的特点。
（2）庭审过程中法官所处的位置及科学的中立关系。
（3）当事人及其他诉讼参与人的诉讼权利在庭审中如何充分实现？
（4）我国庭审过程与英美法系国家的庭审模式有何本质区别？
（5）法院最终如何依照证据认定案件事实？
（6）开庭审理对解决民事纠纷的意义。

实验六 简易程序

一、实验要求与目的

要求学生熟悉简易程序的相关规定及简易程序在我国民事诉讼实践中的特殊地位和意义,准确领会及正确适用简易程序。

(1) 明确简易程序与一审普通程序的关系;
(2) 掌握简易程序的适用范围;
(3) 独立完成简单民事案件依照简易程序的审理过程;
(4) 全面了解简易程序的特点及其在诉讼理论和实践上的发展趋势和动向;
(5) 熟悉简易程序和普通程序的转换条件及具体程序。

二、实验原理

简易程序,是基层法院及其派出法庭审理简单民事案件所适用的简便易行的诉讼程序。

(一) 简易程序与普通程序的关系

简易程序与普通程序都属于第一审诉讼程序,是在普通程序基础上的简化。但简易程序并不依附于普通程序,其本身具有完整地审结一个民事案件的功能。法院适用简易程序所作的判决,与适用普通程序所作的判决具有同等的效力。

简易程序与普通程序既有联系,又有区别。它们之间的联系表现在:普通程序是简易程序的基础,简易程序是普通程序的简化;简易程序未作规定的,适用普通程序的有关规定。它们之间的区别是多方面的,其主要区别表现为适用范围不同和程序的简繁要求不同。民事诉讼法设立简易程序,是为了合理解决民事案件的审判需要与诉讼成本之间的关系,避免简单民事案件的审理因承受复杂程序的制约而加大诉讼成本。因此,立法确立简易程序,一方面方便当事人进行诉讼,有利于减轻当事人的讼累,及时解决民事纠纷,促进社会秩序的稳定;另一方面,简易程序还可以节约司法资源,简化了诉讼程序,降低诉讼成本,提高法院的办案效率。

(二)简易程序的适用范围

简易程序的适用范围,是指哪些法院对哪些民事案件适用简易程序进行审理。根据《民事诉讼法》第一百四十二条的规定,简易程序的适用范围如下:

(1) 简易程序只适用于基层法院和它的派出法庭,中级以上的法院不能适用简易程序审理第一审民事案件。

(2) 简易程序只适用事实清楚、权利义务关系明确、争议不大的第一审简单民事案件。事实清楚、权利义务关系明确、争议不大,是构成简单民事案件的三个要件。根据最高人民法院的司法解释,适用简易程序审理的简单民事案件主要有:①结婚时间短,财产争议不大的离婚案件,或者当事人婚前就患有法律规定不能结婚的疾病的离婚案件;②权利义务关系明确,只是给付时间和金额有争议的赡养案件、抚养案件和抚育案件;③确认或者变更收养、抚养关系,双方争议不大的案件;④借贷关系明确、证据充分和金额不大的债务案件;⑤遗产和继承人范围明确,讼争遗产数额不大的继承案件;⑥事实清楚、责任明确、赔偿金额不大的损害赔偿案件;⑦事实清楚、情节简单、是非分明、争议焦点明确、讼争金额不大的其他案件。

(3) 不得适用简易程序的例外。根据最高人民法院有关的司法解释,有的民事案件无论简单与否,都不能适用简易程序。这些案件包括:起诉时被告下落不明的案件;由二审法院发回重审的案件;按照审判监督程序进行再审的案件。此外,按照普通程序审理的民事案件,在审理过程中无论是否发生情况变化,都不得改用简易程序。

(三)简易程序的特点

(1) 原告起诉简单民事案件,既可以书面起诉,也可以口头起诉。与普通程序所不同的是,采用口头方式起诉简单民事案件,不需要以书写诉状确有困难作为附加条件。对简单民事案件以何种方式起诉,由原告自己决定。口头起诉的,也应当符合起诉条件和具备完整的起诉内容。

(2) 双方当事人同时到基层法院或其派出法庭请求解决简单民事纠纷的,法院可以当即受理,并当即调解或当即审理。受理程序简便体现在两个方面:一是当即受理,立案快速;二是受理与调解或审理可以没有明显的阶段性,即受理的同时就可以试行调解或进行审理。但是,受理快速不等于不审查起诉,法院对简单民事案件的起诉仍然应当按照法定条件和法定起诉内容进行审查。对不符合起诉条件的处理,应适用普通程序的规定。此外,受理简单民事案件后,法院应当根据具体情况，决定是否当即调解或当即审理。

（3）法院对当事人和其他诉讼参与人可以采用简单易行的方式进行传唤和通知。简便的传唤方式主要表现在：①法院可以不采用传票和通知书的方式进行传唤和通知，而采用打电话、带口信等简便方式进行传唤；②法院如果采用传票和通知书的方式进行传唤和通知，可以不受法定送达方式的限制；③法院进行开庭传唤和通知，可以不受法定送达期间的限制。

（4）适用简易程序审理民事案件，适用独任审判制度，即由一名审判员进行审理。实行独任制，是简易程序的强制规范，也就是说，法院适用简易程序审理案件不能同时适用合议制度，只能实行独任审判。独任审判减少的只是审判人员，审理活动仍然由书记员担任记录。

（5）庭审程序简便。根据《民事诉讼法》第一百四十三条和第一百四十五条的规定以及最高人民法院的司法解释，简易程序在庭审程序方面的简便主要表现在三个方面：①开庭的准备程序可以适当裁减，如当即进行审理的，就可以省略开庭前的传唤、公告等准备程序。②开庭审理的顺序可以由审判员灵活掌握，可以不受普通程序关于法庭调查和法庭辩论顺序的限制。③开庭审理的环节及回答可以酌情裁减，如双方当事人之间的权利义务关系明确、事实清楚的，征得双方当事人同意后，可以不经法庭辩论而直接进行调解。

（6）法院适用简易程序审理案件，应当在立案之日起3个月内审结。该期间属于不变期间，不得延长。适用简易程序审理案件，如果不能在3个月内审结的，应当转为普通程序审理，改用合议庭审判，审结期限为6个月，从立案之次日起计算。

基层法院及其派出法庭适用简易程序审理简单民事案件时，除首先适用上述特别规定外，凡简易程序没有规定的，都应当适用普通程序的有关规定。

（四）简易程序与普通程序的转换

（1）基层人民法院适用第一审普通程序审理的民事案件，当事人各方自愿选择适用简易程序，经人民法院审查同意的，可以适用简易程序进行审理。人民法院不得违反当事人自愿原则，将普通程序转为简易程序。

（2）适用简易程序审理的案件，审理期限不得延长。在审理过程中，发现案情复杂，需要转为普通程序审理的，可以转为普通程序，由合议庭进行审理，并及时通知双方当事人。如果当事人就适用简易程序提出异议，人民法院认为异议成立的，或者人民法院在审理过程中发现不适宜适用简易程序的，应当将案件转入普通程序审理。

三、实验准备

（一）案件材料

苏冲球与罗小叶1995年11月相识并恋爱，1997年6月登记结婚，同年10月1日双方举行了结婚仪式。婚后，苏冲球与罗小叶一起共同生活了20天，于1998年1月罗小叶以夫妻感情破裂为由向人民法院提起诉讼，要求判决与被告苏冲球离婚，并依法分割夫妻共同财产。法院立案受理后，因被告下落不明，决定用普通程序审理，用公告方式送达了起诉状副本。在公告期内，被告苏冲球出现，并到庭应诉。被告辩称，夫妻感情没有破裂，不同意离婚。原告和被告均向法院提出尽快解决纠纷的请求。法院认为，本案原、被告结婚时间短，婚后双方共同生活才20天，而且财产争议不大，于是，决定使用简易程序审理。经过开庭审理后，依法判决准予原、被告离婚。

（二）法律依据

适用于民事简易程序的法律、规定和文件主要包括：《中华人民共和国民事诉讼法》、《最高人民法院关于适用〈中华人民共和国民事诉讼法〉若干问题的意见》、《最高人民法院经济纠纷案件适用简易程序开庭审理的若干规定》、《最高人民法院关于适用简易程序审理民事案件的若干规定》。

附1：

中华人民共和国民事诉讼法（节录）

（1991年4月9日第七届全国人民代表大会第四次会议通过 根据2007年10月28日第十届全国人民代表大会常务委员会第三十次会议《关于修改〈中华人民共和国民事诉讼法〉的决定》修正）

……

第十三章 简 易 程 序

第一百四十二条　基层人民法院和它派出的法庭审理事实清楚、权利义务关系明确、争议不大的简单的民事案件，适用本章规定。

第一百四十三条　对简单的民事案件，原告可以口头起诉。

当事人双方可以同时到基层人民法院或者它派出的法庭，请求解决纠纷。基层人民法院或者它派出的法庭可以当即审理，也可以另定日期审理。

第一百四十四条　基层人民法院和它派出的法庭审理简单的民事案件，可以用简便方式随时传唤当事人、证人。

第一百四十五条　简单的民事案件由审判员一人独任审理，并不受本法第一百二十二条、第一百二十四条、第一百二十七条规定的限制。

第一百四十六条　人民法院适用简易程序审理案件，应当在立案之日起三个月内审结。

……

附2：

最高人民法院关于适用《中华人民共和国民事诉讼法》若干问题的意见（节录）

法发〔1992〕22号

（1992年7月14日最高人民法院审判委员会第528次会议讨论通过）

……

十、简 易 程 序

168. 民事诉讼法第一百四十二条规定的简单民事案件中的"事实清楚"，是指当事人双方对争议的事实陈述基本一致，并能提供可靠的证据，无须人民法院调查收集证据即可判明事实、分清是非；"权利义务关系明确"，是指谁是责任的承担者，谁是权利的享有者，关系明确；"争议不大"，是指当事人对案件的是非、责任以及诉讼标的争执无原则分歧。

169. 起诉时被告下落不明的案件，不得适用简易程序审理。

170. 适用简易程序审理的案件，审理期限不得延长。在审理过程中，发现案情复杂，需要转为普通程序审理的，可以转为普通程序，由合议庭进行审理，并及时通知双方当事人。审理期限从立案的次日起计算。

171. 已经按照普通程序审理的案件，在审理过程中无论是否发生了情况变化，都不得改用简易程序审理。

172. 适用简易程序审理案件，人民法院应当将起诉内容，用口头或书面方式告知被告，用口头或者其他简便方式传唤当事人、证人，由审判员独任审判，书记员担任记录，不得自审自记。判决结案的，应当依照民事诉讼法第一百三十四条的规定公开宣判。

173. 人民法庭制作的判决书、裁定书、调解书，必须加盖基层人民法院印章，不得用人民法庭的印章代替基层人民法院的印章。

174. 发回重审和按照审判监督程序再审的案件，不得适用简易程序审理。

175. 适用简易程序审理案件，卷宗中应当具备以下材料：（1）诉状或者口头起诉笔录；（2）答辩状或者口头答辩笔录；（3）委托他人代理诉讼的要有授权委托书；（4）必要的证据；（5）询问当事人笔录；（6）审理（包括调解）笔录；（7）判决书、调解书、裁定书，或者调解协议；（8）送达和宣判笔录；（9）执行情况；（10）诉讼费收据。

……

附3：

最高人民法院经济纠纷案件适用简易程序开庭审理的若干规定

法发〔1993〕35号

（最高人民法院审判委员会第602次会议讨论通过）

1. 基层人民法院和它派出的法庭收到起诉状经审查立案后，认为事实清楚、权利义务关系明确、争议不大的简单的经济纠纷案件，可以适用简易程序进行审理。

2. 原、被告双方同时到庭请求解决纠纷的，可以当即审理，当即调解。

3. 原告到庭请求解决纠纷，被告在本地的，可以用书面、电话、请基层组织工作人员捎信等简便方式传唤另一方当事人到庭。被告口头答辩的，记入笔录，可以当即审理；被告要求书面答辩的，可以征求其所需答辩期限的意见，但最长不得超过15天。经询问双方当事人或者被告答辩后，发现双方争议较大，案情重大、复杂的，转入普通程序进行审理。

4. 经双方当事人陈述，权利义务关系明确、事实清楚，在征得双方当事人同意后，可以直接进行调解。调解达成协议，制作调解书发给当事人；即时履行完毕，当事人不要求发给调解书的，可将协议内容记入笔录，不制作调解书。双方当事人对案件事实无争议，只是在责任的承担上达不成协议的，开庭审理时可以在双方当事人对事实予以确认的基础上，直接进行法庭辩论。

5. 双方当事人对主要事实陈述不一致，或者庭前调解达不成协议的，可以当即开庭审理，也可以另定日期审理，并告知当事人开庭的时间、地点。

6. 开庭前，书记员查明当事人及其他诉讼参与人是否到庭。当事人或其他诉讼参与人没有到庭的，应将情况及时报告审判员，由审判员决定是否需要延期或者中止审理。决定延期或者中止审理的，应及时通知当事人和其他诉讼参与人。原告经传票传唤，无正当理由拒不到庭的，可以按撤诉处理。审判员决定如期审理的，书记员宣布当事人及其诉讼代理人入庭。

7. 开庭前书记员先宣布法庭纪律。

8. 书记员宣布全体起立，请审判员入庭。

9. 书记员向审判员报告当事人及其诉讼代理人的出庭情况，审判员核对当事人及其诉讼代理人的身份，并询问各方当事人对于对方出庭人员有无异议。

10. 当事人身份经审判员核对无误，且对对方出庭人员没有异议的，审判员宣布到庭的当事人及其诉讼代理人符合法律规定，可以参加本案诉讼。

11. 审判员宣布案由、开庭。

12. 审判员宣布审判员、书记员姓名，告知当事人有关的诉讼权利义务，询问各方当事人是否申请回避。

13. 原告简要陈述起诉的请求、事实和理由。

14. 被告针对原告起诉中陈述的事实提出承认或者否认的答辩。

15. 当事人对自己的主张有责任提供证据，各方当事人提供的证据，应经对方辨认、互相质证。

16. 证人出庭作证的，应查明证人身份，告知证人作证的义务以及作伪证应负的法律责任。证人作证后应征询双方当事人对证人证言的意见。经法庭许可，当事人及其诉讼代理人可以向证人发问。对确实不能出庭的证人提供的证言，当庭宣读后，也应征询双方当事人意见。

17. 当事人对争议的问题可以互相辩论。审判员对当事人在辩论中与本案无关的言辞应当及时制止。

18. 经法庭调查、辩论，事实基本清楚后，审判员按原告、被告的顺序询问双方当事人是否愿意调解。调解可以当庭进行，也可以休庭后进行。

19. 调解可先由各方当事人提出调解方案。当事人意见有分歧的，要讲明道理、分清责任，促使双方当事人自愿达成协议。审判员也可根据对方当事人的请求提出初步调解方案，征询各方当事人意见。

20. 经调解，双方当事人取得一致意见，根据协商的内容起草调解协议，由各方当事人签字或盖章。人民法院应当制作调解书发给当事人。

21. 调解达不成协议的，审判员可以当庭宣判。宣判时，审判员与当事人应当起立。宣判内容包括认定的事实、判决的理由、适用的法律依据、判决的结果、诉讼费用的负担、当事人的上诉权利、上诉期间和上诉的法院。

22. 书记员宣读庭审笔录或者告知当事人和其他诉讼参与人当庭或者在五日内阅读。

庭审笔录经宣读或阅读，记录无误的，当事人和其他诉讼参与人应当在笔录上签名或盖章；拒绝签名、盖章的，记明情况附卷；认为对自己的陈述记录有遗漏或者差错，申请补正的，允许在笔录后面或另页补正。

庭审笔录，由审判员和书记员签名。
23. 审判员宣布闭庭。
24. 书记员宣布全体起立，请审判员退庭。
25. 审判员退庭后，书记员宣布当事人和旁听人员等退庭。

附4：

最高人民法院关于适用简易程序审理民事案件的若干规定

（2003年7月4日最高人民法院审判委员会第1280次会议通过）

法释〔2003〕15号

为保障和方便当事人依法行使诉讼权利，保证人民法院公正、及时审理民事案件，根据《中华人民共和国民事诉讼法》的有关规定，结合民事审判经验和实际情况，制定本规定。

一、适用范围

第一条 基层人民法院根据《中华人民共和国民事诉讼法》第一百四十二条规定审理简单的民事案件，适用本规定，但有下列情形之一的案件除外：

（一）起诉时被告下落不明的；

（二）发回重审的；

（三）共同诉讼中一方或者双方当事人人数众多的；

（四）法律规定应当适用特别程序、审判监督程序、督促程序、公示催告程序和企业法人破产还债程序的；

（五）人民法院认为不宜适用简易程序进行审理的。

第二条 基层人民法院适用第一审普通程序审理的民事案件，当事人各方自愿选择适用简易程序，经人民法院审查同意的，可以适用简易程序进行审理。

人民法院不得违反当事人自愿原则，将普通程序转为简易程序。

第三条 当事人就适用简易程序提出异议，人民法院认为异议成立的，或者人民法院在审理过程中发现不宜适用简易程序的，应当将案件转入普通程序审理。

二、起诉与答辩

第四条 原告本人不能书写起诉状，委托他人代写起诉状确有困难的，可以口头起诉。

原告口头起诉的，人民法院应当将当事人的基本情况、联系方式、诉讼请求、事实及理由予以准确记录，将相关证据予以登记。人民法院应当将上述记录和登记的内容向原告当面宣读，原告认为无误后应当签名或者捺印。

第五条　当事人应当在起诉或者答辩时向人民法院提供自己准确的送达地址、收件人、电话号码等其他联系方式，并签名或者捺印确认。

送达地址应当写明受送达人住所地的邮政编码和详细地址；受送达人是有固定职业的自然人的，其从业的场所可以视为送达地址。

第六条　原告起诉后，人民法院可以采取捎口信、电话、传真、电子邮件等简便方式随时传唤双方当事人、证人。

第七条　双方当事人到庭后，被告同意口头答辩的，人民法院可以当即开庭审理；被告要求书面答辩的，人民法院应当将提交答辩状的期限和开庭的具体日期告知各方当事人，并向当事人说明逾期举证以及拒不到庭的法律后果，由各方当事人在笔录和开庭传票的送达回证上签名或者捺印。

第八条　人民法院按照原告提供的被告的送达地址或者其他联系方式无法通知被告应诉的，应当按以下情况分别处理：

（一）原告提供了被告准确的送达地址，但人民法院无法向被告直接送达或者留置送达应诉通知书的，应当将案件转入普通程序审理；

（二）原告不能提供被告准确的送达地址，人民法院经查证后仍不能确定被告送达地址的，可以被告不明确为由裁定驳回原告起诉。

第九条　被告到庭后拒绝提供自己的送达地址和联系方式的，人民法院应当告知其拒不提供送达地址的后果；经人民法院告知后被告仍然拒不提供的，按下列方式处理：

（一）被告是自然人的，以其户籍登记中的住所地或者经常居住地为送达地址；

（二）被告是法人或者其他组织的，应当以其工商登记或者其他依法登记、备案中的住所地为送达地址。

人民法院应当将上述告知的内容记入笔录。

第十条　因当事人自己提供的送达地址不准确、送达地址变更未及时告知人民法院，或者当事人拒不提供自己的送达地址而导致诉讼文书未能被当事人实际接收的，按下列方式处理：

（一）邮寄送达的，以邮件回执上注明的退回之日视为送达之日；

（二）直接送达的，送达人当场在送达回证上记明情况之日视为送达之日。

上述内容，人民法院应当在原告起诉和被告答辩时以书面或者口头方式告知当事人。

第十一条　受送达的自然人以及他的同住成年家属拒绝签收诉讼文书的，或者法人、其他组织负责收件的人拒绝签收诉讼文书的，送达人应当依据《中华人民共和国民事诉讼法》第七十九条的规定邀请有关基层组织或者所在单位的代表到场见证，被邀请的人不愿到场见证的，送达人应当在送达回证上记明拒收事由、时间和地点以及被邀请人不愿到场见证的情形，将诉讼文书留在受送达人的住所或者从业场所，即视为送达。

受送达人的同住成年家属或者法人、其他组织负责收件的人是同一案件中另一方当事人的，不适用前款规定。

三、审理前的准备

第十二条　适用简易程序审理的民事案件，当事人及其诉讼代理人申请人民法院调查收集证据和申请证人出庭作证，应当在举证期限届满前提出，但其提出申请的期限不受《最高人民法院关于民事诉讼证据的若干规定》第十九条第一款、第五十四条第一款的限制。

第十三条　当事人一方或者双方就适用简易程序提出异议后，人民法院应当进行审查，并按下列情形分别处理：

（一）异议成立的，应当将案件转入普通程序审理，并将合议庭的组成人员及相关事项以书面形式通知双方当事人；

（二）异议不成立的，口头告知双方当事人，并将上述内容记入笔录。转入普通程序审理的民事案件的审理期限自人民法院立案的次日起开始计算。

第十四条　下列民事案件，人民法院在开庭审理时应当先行调解：

（一）婚姻家庭纠纷和继承纠纷；

（二）劳务合同纠纷；

（三）交通事故和工伤事故引起的权利义务关系较为明确的损害赔偿纠纷；

（四）宅基地和相邻关系纠纷；

（五）合伙协议纠纷；

（六）诉讼标的额较小的纠纷。

但是根据案件的性质和当事人的实际情况不能调解或者显然没有调解必要的除外。

第十五条　调解达成协议并经审判人员审核后，双方当事人同意该调解协议经双方签名或者捺印生效的，该调解协议自双方签名或者捺印之日起发生法律效力。当事人要求摘录或者复制该调解协议的，应予准许。

调解协议符合前款规定的，人民法院应当另行制作民事调解书。调解协议生效后一方拒不履行的，另一方可以持民事调解书申请强制执行。

第十六条　人民法院可以当庭告知当事人到人民法院领取民事调解书的具体

日期，也可以在当事人达成调解协议的次日起十日内将民事调解书发送给当事人。

第十七条　当事人以民事调解书与调解协议的原意不一致为由提出异议，人民法院审查后认为异议成立的，应当根据调解协议裁定补正民事调解书的相关内容。

四、开庭审理

第十八条　以捎口信、电话、传真、电子邮件等形式发送的开庭通知，未经当事人确认或者没有其他证据足以证明当事人已经收到的，人民法院不得将其作为按撤诉处理和缺席判决的根据。

第十九条　开庭前已经书面或者口头告知当事人诉讼权利义务，或者当事人各方均委托律师代理诉讼的，审判人员除告知当事人申请回避的权利外，可以不再告知当事人其他的诉讼权利义务。

第二十条　对没有委托律师代理诉讼的当事人，审判人员应当对回避、自认、举证责任等相关内容向其作必要的解释或者说明，并在庭审过程中适当提示当事人正确行使诉讼权利、履行诉讼义务，指导当事人进行正常的诉讼活动。

第二十一条　开庭时，审判人员可以根据当事人的诉讼请求和答辩意见归纳出争议焦点，经当事人确认后，由当事人围绕争议焦点举证、质证和辩论。

当事人对案件事实无争议的，审判人员可以在听取当事人就适用法律方面的辩论意见后径行判决、裁定。

第二十二条　当事人双方同时到基层人民法院请求解决简单的民事纠纷，但未协商举证期限，或者被告一方经简便方式传唤到庭的，当事人在开庭审理时要求当庭举证的，应予准许；当事人当庭举证有困难的，举证的期限由当事人协商决定，但最长不得超过十五日；协商不成的，由人民法院决定。

第二十三条　适用简易程序审理的民事案件，应当一次开庭审结，但人民法院认为确有必要再次开庭的除外。

第二十四条　书记员应当将适用简易程序审理民事案件的全部活动记入笔录。对于下列事项，应当详细记载：

（一）审判人员关于当事人诉讼权利义务的告知、争议焦点的概括、证据的认定和裁判的宣告等重大事项；

（二）当事人申请回避、自认、撤诉、和解等重大事项；

（三）当事人当庭陈述的与其诉讼权利直接相关的其他事项。

第二十五条　庭审结束时，审判人员可以根据案件的审理情况对争议焦点和当事人各方举证、质证和辩论的情况进行简要总结，并就是否同意调解征询当事人的意见。

第二十六条　审判人员在审理过程中发现案情复杂需要转为普通程序的，应当在审限届满前及时作出决定，并书面通知当事人。

五、宣判与送达

第二十七条　适用简易程序审理的民事案件，除人民法院认为不宜当庭宣判的以外，应当当庭宣判。

第二十八条　当庭宣判的案件，除当事人当庭要求邮寄送达的以外，人民法院应当告知当事人或者诉讼代理人领取裁判文书的期间和地点以及逾期不领取的法律后果。上述情况，应当记入笔录。

人民法院已经告知当事人领取裁判文书的期间和地点的，当事人在指定期间内领取裁判文书之日即为送达之日；当事人在指定期间内未领取的，指定领取裁判文书期间届满之日即为送达之日，当事人的上诉期从人民法院指定领取裁判文书期间届满之日的次日起开始计算。

第二十九条　当事人因交通不便或者其他原因要求邮寄送达裁判文书的，人民法院可以按照当事人自己提供的送达地址邮寄送达。

人民法院根据当事人自己提供的送达地址邮寄送达的，邮件回执上注明收到或者退回之日即为送达之日，当事人的上诉期从邮件回执上注明收到或者退回之日的次日起开始计算。

第三十条　原告经传票传唤，无正当理由拒不到庭或者未经法庭许可中途退庭的，可以按撤诉处理；被告经传票传唤，无正当理由拒不到庭或者未经法庭许可中途退庭的，人民法院可以根据原告的诉讼请求及双方已经提交给法庭的证据材料缺席判决。

按撤诉处理或者缺席判决的，人民法院可以按照当事人自己提供的送达地址将裁判文书送达给未到庭的当事人。

第三十一条　定期宣判的案件，定期宣判之日即为送达之日，当事人的上诉期自定期宣判的次日起开始计算。当事人在定期宣判的日期无正当理由未到庭的，不影响该裁判上诉期间的计算。

当事人确有正当理由不能到庭，并在定期宣判前已经告知人民法院的，人民法院可以按照当事人自己提供的送达地址将裁判文书送达给未到庭的当事人。

第三十二条　适用简易程序审理的民事案件，有下列情形之一的，人民法院在制作裁判文书时对认定事实或者判决理由部分可以适当简化：

（一）当事人达成调解协议并需要制作民事调解书的；

（二）一方当事人在诉讼过程中明确表示承认对方全部诉讼请求或者部分诉讼请求的；

（三）当事人对案件事实没有争议或者争议不大的；

（四）涉及个人隐私或者商业秘密的案件，当事人一方要求简化裁判文书中的相关内容，人民法院认为理由正当的；

（五）当事人双方一致同意简化裁判文书的。

六、其 他

第三十三条 本院已经公布的司法解释与本规定不一致的，以本规定为准。

第三十四条 本规定自2003年12月1日起施行。2003年12月1日以后受理的民事案件，适用本规定。

（三）文书格式

（与普通程序的文书格式相似）

四、实验步骤

（1）全面熟悉案件材料，判断其是否属于简易程序的适用范围；

（2）熟悉简易程序的特点，根据其要求，完成相关起诉受理、文书送达与传唤等程序操作；

（3）撰写相关诉讼文书；

（4）独立完成简易程序的庭审工作流程；

（5）正确判断简易程序与普通程序间的转换方式及条件。

五、自主设计

材 料 一

陈文梅从集市上以1 000元的价格，买来一辆胶轮大车。三天后，又以1 500元的价格卖给个体运输户张文生。一天，张文生在给化工厂送砖块的途中，被李庄村干部李玉柱截住。李玉柱问张文生："你的大车是谁的？"张文生说："是我买的。"张文生将砖运到化工厂，大车被李玉柱扣住，说："这车是我村1个月前丢失的大车。"因而，双方发生纠纷，李玉柱于是向人民法院提起诉讼，要求张文生归还大车。张文生说："这大车是1个月前，我以1 500元的价格从陈文梅处买来的，你们可以查证。"

【问题】本案能否用简易程序审理？

材料 二

2008年7月16日晚，在延庆县广播电视中心工作的段某及其亲属到原告餐馆就餐。用餐完毕后，段某的孩子到服务台要求开具发票，服务员收款后开具机打发票一张，该发票上税务登记号、收款单位与金额打印重叠在一起。一会儿，小孩又来到服务台以"发票不清楚为由"要求重开。服务员表示发票的奖区刮开后就不能再重开，段某交涉此事未果。

当时，段某给县广播电视中心打电话，两名记者来到餐馆，就此事采访了与段某一同就餐的崔先生和餐馆经理。经理承认开具的发票不清楚，并说："不清楚可以重换一张，但奖区刮了之后就退不回去了，许多人上这儿来消费都是为了刮奖"。后记者就发票的规范管理和消费者的权利以及经营者的义务采访了延庆县地税局税务人员，并且确认餐馆出具的发票属于废票。

后广播电视中心将采访结果进行了编辑，并在"生活全方位"栏目、报道。节目最后作了如下评论："这件事看起来好像是一时疏忽造成的，其实是经营者心里没有消费者的问题。经营者赚钱天经地义，而消费者更需要尊重，一分钱看的比车轮还要大，消费者没有得到应有的尊重，最终会影响到企业的效益。"餐馆认为节目播出的一些画面与评论和事实不符，认为段某和广播电视中心的行为损害了自身名誉并造成经济损失。2008年8月6日，该餐饮公司将段某及广播电视中心诉至法院，要求二被告停止侵害、消除影响、恢复名誉、赔礼道歉、赔偿经济损失1万元。

法院认为，此案系因新闻报道引起的名誉权纠纷。新闻单位报道是否构成侵权，主要从其报道是否违背基本事实，是否使用侮辱、诽谤等可能导致他人名誉受损的表述方式等方面来判断。此案中，县广播电视中心针对原告给消费者开具不规范的发票一事以及"开发票就是为了兑奖"这种说法进行了采访并录制成电视节目，整个画面基本反映的是崔先生的当场口述、原告经理对这起事件的看法以及延庆县地税局的工作人员对发票相关知识的解答。整个报道基本做到了客观全面，不存在侮辱、诽谤性的言辞。在节目最后评论中有一句"一分钱看的比车轮还要大"，言辞上虽有一定的夸张，但节目的本意并非对原告进行贬损，而是对经营者给予一定的提醒：消费者索要发票是法律赋予的权利，是对国家税收的保护。综上所述，广播电视中心不存在侵害原告名誉之行为。段某既是广播电视中心的职员，也是普通公民，对生活中出现的问题有权利向媒体提供新闻材料，且其提供的材料是客观存在的事实，亦不存在侵权行为。

【问题】（1）本案能否用简易程序审理？
（2）根据本案案情撰写相应诉讼文书。
（3）熟悉案件庭审流程，制作庭审笔录。

六、拓展思考

（1）正确识别简易程序与普通程序的适用界限；
（2）简易程序的价值理念与普通程序的差异；
（3）简易程序的进一步改革与完善方向；
（4）熟悉简易程序的庭审特点，熟悉相关程序运行状况。

实验七 财产保全

一、实验要求与目的

要求明确财产保全、先予执行的概念、特点及种类，准确把握财产保全、先予执行的适用条件及适用目的，熟悉财产保全、先予执行相关文书的撰写及具体程序的实际运作。
（1）了解财产保全、先予执行的种类及适用范围；
（2）判断财产保全、先予执行措施采取的必要性及目的；
（3）熟练操作财产保全、先予执行的程序过程；
（4）掌握相关诉讼文书的撰写。

二、实验原理

（一）财产保全

财产保全，是指法院在诉讼开始前或者诉讼过程中，为保证将来的判决得到有效执行，根据当事人或利害关系人的申请，或依职权对当事人争议的财产或与本案有关的财产所依法采取强制性保护措施的制度。确立财产保全制度的目的，是为了切实保证法院将来的判决生效以后能够得到有效的执行，实现胜诉一方当事人的合法权益，并以此维护法院生效判决的权威性。

1. 财产保全的适用条件

财产保全的适用条件，是指法院实施财产保全措施所必须符合的特定要求，包括实质条件和程序条件两个方面。财产保全的种类不同，适用的条件也有所不同。

根据《民事诉讼法》第九十三条的规定，法院实施诉前财产保全应当符合以下条件：（1）利害关系人与他人之间争议法律关系所涉及的财产必须处于情况紧急的状态，如不立即采取保全措施将可能使利害关系人的合法权益遭受无法弥补的损害；（2）必须由利害关系人向财产所在地法院提出保全申请；（3）申请人应当提供担保。

根据《民事诉讼法》第九十二条的规定，诉讼财产保全一般应当符合以下条件：（1）具有法律规定的事由。民事诉讼法规定可以进行财产保全的事由是：第一，可能因当事人一方的行为，使判决不能执行或者难以执行的案件，如一方当事人有转移、挥霍、隐匿、毁损处于其占有、管理之下的争议财产或与本案有关的财产的行为等；第二，可能由于其他原因，使判决不能执行或者难以执行的案件。所谓其他原因，是指当事人上述行为以外的各种人为或自然的因素，主要是因客观原因使争议标的物的价值减少或丧失，如不宜长期保存的物品可能变质、腐烂等。（2）原则上应当由当事人向法院提出保全申请。虽然民事诉讼法没有将当事人提出保全申请作为诉讼财产保全的必要条件，但是，基于当事人比法院更了解争议财产或有关财产的状态，以及当事人对财产保全的自由意志，诉讼财产保全原则上应当以当事人向法院提出申请为条件，只有在特殊情况下，法院才能依职权主动进行财产保全。（3）申请人应当根据法院的要求提供担保。申请人提供担保并不是诉讼财产保全的必要条件，是否需要提供担保，由法院决定。法院决定申请人需要提供担保的，申请人就应当提供担保，申请人不提供担保的，法院将驳回申请，不予进行财产保全。

2. 财产保全的范围和措施

财产保全的范围，是指财产保全措施能够及于的财产范围。其包括两方面的含义：一是财产保全措施所能及于的财产价值的范围，即对在多大价值范围内的财产能够实施保全措施；二是财产保全措施所能及于的财产对象的范围，即对哪些财产能够实施财产保全措施。根据《民事诉讼法》第九十四条第一款的规定，财产保全仅限于申请人请求的范围或与本案有关的财物。所谓请求的范围，是指所保全的财产在对象或其价值上与当事人或利害关系人的请求相当。原则上，申请人明确指明的保全的财产对象的，法院应当对该财产实施保全措施；申请人明确了保全财产价值数额的，法院应当在该数额范围内实施保全措施。所谓与本案有关的财物，包括三类财物：一是本案的标的物；二是可供将来执行法院判决的财物；三是利害关系人请求予以保全的财物。

根据《民事诉讼法》第九十四条和最高人民法院的司法解释，财产保全措施主要有如下几种：查封、扣押、冻结、变卖、限制实现到期债权、限制收取到期收益等等。

3. 财产保全的程序

财产保全实行以当事人申请为主、法院依职权主动采取为辅的原则，因此，一般情况下，财产保全都是由当事人或利害关系人的申请引起的。当事人或利害关系人申请财产保全的，原则上应当采用书面形式。财产保全申请书应当写明申请人和被申请人、财产保全的理由、财产保全的对象或价值，并提供有关财产的线索。

诉前财产保全的申请人必须提供担保，不提供担保的，法院一律驳回申请。诉讼财产的申请人是否提供担保，由法院根据具体情况决定。法院责令申请人提供担保的，申请人应当提供担保，否则，法院可以依法驳回申请。根据司法解释，申请人提供担保的数额应相当于其请求保全财产价值的数额。

法院接受财产保全申请后，对诉前财产保全，必须在48小时内作出裁定；对诉讼财产保全，情况紧急的，也必须在48小时内作出裁定。对于其他情况下的财产保全申请，法院也应当及时审查并作出裁定。法院对财产保全申请经过审查，认为不符合条件的，应当裁定驳回申请；认为申请符合条件的，应当裁定实施财产保全。关于财产保全的裁定，法院一般宜采用书面形式。

当事人不服法院财产保全裁定的，不得上诉，但可以申请复议一次，复议期间不停止裁定的执行。对当事人不服裁定的复议申请，法院应当及时审查。裁定正确的，法院应当通知驳回当事人的申请；裁定不当的，法院应当撤销原裁定，作出新的裁定。

财产保全裁定一经作出，即发生法律效力。法院裁定采取保全措施的，应当立即开始执行，有关单位有义务协助法院执行。财产保全裁定的效力期限，一般维持到生效的法律文书执行时为止。

对于当事人不服一审判决提出上诉的案件，在二审法院接到报送的案件前，当事人有转移、隐匿、出卖或者毁损财产等行为，必须采取财产保全措施的，由一审法院依当事人申请或依职权采取。一审法院制作的财产保全裁定，应及时报送二审法院。

4. 保全措施的解除

法院裁定采取财产保全措施后，在财产保全期限内，除作出保全裁定的法院和其上级法院有权决定解除保全措施以外，任何单位都不得解除保全措施。在诉讼过程中，需要解除保全措施的，法院应及时作出裁定，解除保全措施。

根据《民事诉讼法》的规定和有关司法解释，引起财产保全措施解除的原因主要有：（1）采取诉前财产保全措施后，利害关系人在15日内未起诉的；（2）被申请人向法院提供担保的；（3）申请人在财产保全期间撤回申请，法院予以同意的；（4）法院确认被申请人申请复议意见有理，而撤销保全裁定的；（5）被申请人依法履行了法院判决的义务，财产保全已没有存在必要的。

对被申请人的银行存款予以冻结，一次冻结如果超过6个月，而当事人没有继续要求财产保全并且法院没有裁定继续采取保全措施的，原冻结措施自动解除。

根据《民事诉讼法》第九十六条的规定，因申请错误造成被申请人损失的，由申请人予以赔偿。但是，如果因法院实施保全措施错误而造成损失的，应由法院依法予以赔偿。

（二）先予执行

先予执行，是指法院在受理案件后、判决生效之前，为解决当事人一方生活或生产经营的急迫需要，根据其申请，依法裁定对方当事人向其预先履行一定民事义务，并立即付诸执行的制度。其设立宗旨就在于解决当事人一方生活或生产经营上的燃眉之急，以保证民事诉讼活动的顺利进行。

根据《民事诉讼法》第九十七条的规定，先予执行制度适用的案件范围是：

1. 追索赡养费、扶养费、抚育费、抚恤金、医疗费用的；
2. 追索劳动报酬的；
3. 因情况紧急需要先予执行的。根据最高法院的司法解释，"情况紧急"所指的情形包括：（1）需要立即停止侵害、排除妨碍的；（2）需要立即制止某项行为的；（3）需要立即返还用于购置生产原料、生产工具货款的；（4）追索恢复生产、经营急需的保险理赔费的。

根据《民事诉讼法》第九十八条第一款的规定，法院裁定先予执行的，应同时符合下列四个条件：

1. 申请人向法院提出了先予执行的申请。先予执行只能由当事人向法院申请，因为只有当事人最清楚自己是否具有要求对方当事人先予给付的需要，所以，法律规定先予执行必须由当事人申请，法院不能依职权主动进行。
2. 当事人之间权利义务关系明确。法院对申请先予执行的案件，只有在案件基本事实清楚，当事人之间权利义务关系明确，被申请人负有给付、返还或者赔偿义务的情况下，才能采取先予执行措施。
3. 有先予执行的迫切需要。生活或生产经营上的迫切需要，是确立先予执行制度的客观基础和前提，因此，只有在先予执行的财产为申请人生产、生活所急需，不先予执行将严重影响其生活或者生产经营或者将给申请人造成利益损害的情况下，才能采取先予执行措施。

4. 被申请人有履行的能力。先予执行的裁定一经作出，就产生立即执行的效力，如果被申请人没有履行能力，先予执行的裁定就无法执行，先予执行的目的就不能实现，所以，被申请人具有履行能力是先予执行的必要条件。

先予执行裁定的内容应当限于当事人申请的范围或诉讼请求的范围，并以当事人的生活、生产经营的急需为限。先予执行的裁定送达后即发生法律效力。义务人应当依裁定履行义务，拒不履行义务的，法院可以根据权利人的申请或依职权决定采取执行措施，进行强制执行。

三、实验准备

（一）案件材料

甲市万通家具厂与甲市展示艺术会社于1996年5月10日签订了租赁合同，双方在合同约定：万通家具厂承租展示艺术会社的场地销售家具等商品。展示艺术会社除在家具厂销售过程中向其提供销售发票及代缴税款外，每年向其收取租金50万元，分两次支付。半年后，万通家具厂向艺术会社交付了25万元租金，而艺术会社要求其交付全部租金，并且扣留了万通家具厂尚未出售的各种家具。万通家具厂于1996年12月20日起诉到人民法院，要求展示艺术会社立即返还扣押物，并赔偿损失。在诉讼中，原告万通家具厂于同年12月28日提出了财产保全申请，人民法院依法裁定予以保全。在法院采取保全措施之后，原告万通家具厂于1997年1月6日又以家具价格浮动而影响其销售利润和资金周转困难为由，向法院申请先予执行。人民法院对先予执行审查后，作出了先予执行裁定。被告展示艺术会社分别于1997年1月3日和9日，就人民法院作出的财产保全和先予执行裁定提出了复议申请。受诉人民法院在复议期间，中止了裁定的执行。

（二）法律依据

适用于财产保全和先予执行制度的法律、规定和文件主要包括：《中华人民共和国民事诉讼法》、《最高人民法院关于适用〈中华人民共和国民事诉讼法〉若干问题的意见》、《最高人民法院关于对案外人的财产能否进行保全问题的批复》、《最高人民法院关于人民法院发现本院作出的诉前保全裁定和在执行程序中作出的裁定确有错误以及人民检察院对人民法院作出的诉前保全裁定提出抗诉人民法院应当如何处理的批复》、《最高人民法院关于诉前财产保全几个问题的批复》。

附1:

中华人民共和国民事诉讼法（节录）

(1991年4月9日第七届全国人民代表大会第四次会议通过 根据2007年10月28日第十届全国人民代表大会常务委员会第三十次会议《关于修改〈中华人民共和国民事诉讼法〉的决定》修正)

……

第九章 财产保全和先予执行

第九十二条 人民法院对于可能因当事人一方的行为或者其他原因，使判决不能执行或者难以执行的案件，可以根据对方当事人的申请，作出财产保全的裁定；当事人没有提出申请的，人民法院在必要时也可以裁定采取财产保全措施。

人民法院采取财产保全措施，可以责令申请人提供担保；申请人不提供担保的，驳回申请。

人民法院接受申请后，对情况紧急的，必须在四十八小时内作出裁定；裁定采取财产保全措施的，应当立即开始执行。

第九十三条 利害关系人因情况紧急，不立即申请财产保全将会使其合法权益受到难以弥补的损害的，可以在起诉前向人民法院申请采取财产保全措施。申请人应当提供担保，不提供担保的，驳回申请。

人民法院接受申请后，必须在四十八小时内作出裁定；裁定采取财产保全措施的，应当立即开始执行。

申请人在人民法院采取保全措施后十五日内不起诉的，人民法院应当解除财产保全。

第九十四条 财产保全限于请求的范围，或者与本案有关的财物。

财产保全采取查封、扣押、冻结或者法律规定的其他方法。

人民法院冻结财产后，应当立即通知被冻结财产的人。

财产已被查封、冻结的，不得重复查封、冻结。

第九十五条 被申请人提供担保的，人民法院应当解除财产保全。

第九十六条 申请有错误的，申请人应当赔偿被申请人因财产保全所遭受的损失。

第九十七条 人民法院对下列案件，根据当事人的申请，可以裁定先予执行：

（一）追索赡养费、扶养费、抚育费、抚恤金、医疗费用的；

（二）追索劳动报酬的；

（三）因情况紧急需要先予执行的。

第九十八条 人民法院裁定先予执行的，应当符合下列条件：

（一）当事人之间权利义务关系明确，不先予执行将严重影响申请人的生活或者生产经营的；

（二）被申请人有履行能力。

人民法院可以责令申请人提供担保，申请人不提供担保的，驳回申请。申请人败诉的，应当赔偿被申请人因先予执行遭受的财产损失。

第九十九条 当事人对财产保全或者先予执行的裁定不服的，可以申请复议一次。复议期间不停止裁定的执行。

附2：

最高人民法院关于适用《中华人民共和国民事诉讼法》若干问题的意见（节录）

法发〔92〕22号

（1992年7月14日最高人民法院审判委员会第528次会议讨论通过）

……

六、财产保全和先予执行

98. 人民法院依照《民事诉讼法》第九十二条、第九十三条规定，在采取诉前财产保全和诉讼财产保全时责令申请人提供担保的，提供担保的数额应相当于请求保全的数额。

99. 人民法院对季节性商品、鲜活、易腐烂变质以及其他不宜长期保存的物品采取保全措施时，可以责令当事人及时处理，由人民法院保存价款；必要时，人民法院可予以变卖，保存价款。

100. 人民法院在财产保全中采取查封、扣押财产措施时，应当妥善保管被查封、扣押的财产。当事人、负责保管的有关单位或个人以及人民法院都不得使用该项财产。

101. 人民法院对不动产和特定的动产（如车辆、船舶等）进行财产保全，可以采用扣押有关财产权证照并通知有关产权登记部门不予办理该项财产的转移手续的财产保全措施；必要时，也可以查封或扣押该项财产。

102. 人民法院对抵押物、留置物可以采取财产保全措施，但抵押权人、留置权人有优先受偿权。

103. 对当事人不服一审判决提出上诉的案件，在第二审人民法院接到报送的案件之前，当事人有转移、隐匿、出卖或者毁损财产等行为，必须采取财产保全措施的，由第一审人民法院依当事人申请或依职权采取。第一审人民法院制作的财产保全的裁定，应及时报送第二审人民法院。

104. 人民法院对债务人到期应得的收益，可以采取财产保全措施，限制其支取，通知有关单位协助执行。

105. 债务人的财产不能满足保全请求，但对第三人有到期债权的，人民法院可以依债权人的申请裁定该第三人不得对本案债务人清偿。该第三人要求偿付的，由人民法院提存财物或价款。

106. 民事诉讼法规定的先予执行，人民法院应当在受理案件后终审判决作出前采取。先予执行应当限于当事人诉讼请求的范围，并以当事人的生活、生产经营的急需为限。

107. 《民事诉讼法》第九十七条第（三）项规定的紧急情况，包括：
（1）需要立即停止侵害、排除妨碍的；
（2）需要立即制止某项行为的；
（3）需要立即返还用于购置生产原料、生产工具货款的；
（4）追索恢复生产、经营急需的保险理赔费的。

108. 人民法院裁定采取财产保全措施后，除作出保全裁定的人民法院自行解除和其上级人民法院决定解除外，在财产保全期限内，任何单位都不得解除保全措施。

109. 诉讼中的财产保全裁定的效力一般应维持到生效的法律文书执行时止。在诉讼过程中，需要解除保全措施的，人民法院应及时作出裁定，解除保全措施。

110. 对当事人不服财产保全、先予执行裁定提出的复议申请，人民法院应及时审查。裁定正确的，通知驳回当事人的申请；裁定不当的，作出新的裁定变更或者撤销原裁定。

111. 人民法院先予执行后，依发生法律效力的判决，申请人应当返还因先予执行所取得的利益的，适用民事诉讼法第二百一十条的规定。

……

附3：

最高人民法院关于对案外人的财产能否进行保全问题的批复

法释〔1998〕10号

(1998年4月2日最高人民法院审判委员会第970次会议通过，自1998年5月26日起施行)

湖北省高级人民法院：

你院鄂高法〔1996〕191号《关于对案外人的财产能否进行诉讼财产保全的请示》收悉。经研究，答复如下：

最高人民法院法发〔1994〕29号《关于在经济审判工作中严格执行〈中华人民共和国民事诉讼法〉的若干规定》第十四条的规定与最高人民法院法发〔1992〕22号《关于适用〈中华人民共和国民事诉讼法〉若干问题的意见》第一百零五条的规定精神是一致的，均应当严格执行。

对于债务人的财产不能满足保全请求，但对案外人有到期债权的，人民法院可以依债权人的申请裁定该案外人不得对债务人清偿。该案外人对其到期债务没有异议并要求偿付的，由人民法院提存财物或价款。但是，人民法院不应对其财产采取保全措施。

此复。

附4：

最高人民法院关于人民法院发现本院作出的诉前保全裁定和在执行程序中作出的裁定确有错误以及人民检察院对人民法院作出的诉前保全裁定提出抗诉人民法院应当如何处理的批复

法释〔1998〕17号

(1998年7月21日最高人民法院审判委员会第1005次会议通过，自1998年8月5日起施行)

山东省高级人民法院：

你院鲁高法函〔1998〕57号《关于人民法院在执行程序中作出的裁定如发现确有错误应按何种程序纠正的请示》和鲁高法函〔1998〕58号《关于人民法院发现本院作出的诉前保全裁定确有错误或者人民检察院对人民法院作出的诉前保全裁定提出抗诉人民法院应如何处理的请示》收悉。经研究，答复如下：

一、人民法院院长对本院已经发生法律效力的诉前保全裁定和在执行程序中作出的裁定，发现确有错误，认为需要撤销的，应当提交审判委员会讨论决定后，裁定撤销原裁定。

二、人民检察院对人民法院作出的诉前保全裁定提出抗诉，没有法律依据，人民法院应当通知其不予受理。

附5：

最高人民法院关于诉前财产保全几个问题的批复

法释〔1998〕29号

(1998年11月19日最高人民法院审判委员会第1030次会议通过，自1998年12月5日起施行)

湖北省高级人民法院：

你院鄂高法〔1998〕63号《关于采取诉前财产保全几个问题的请示》收悉。经研究，答复如下：

一、人民法院受理当事人诉前财产保全申请后，应当按照诉前财产保全标的金额并参照《中华人民共和国民事诉讼法》关于级别管辖和专属管辖的规定，决定采取诉前财产保全措施。

二、采取财产保全措施的人民法院受理申请人的起诉后，发现所受理的案件不属于本院管辖的，应当将案件和财产保全申请费一并移送有管辖权的人民法院。

案件移送后，诉前财产保全裁定继续有效。

因执行诉前财产保全裁定而实际支出的费用，应由受诉人民法院在申请费中返还给作出诉前财产保全的人民法院。

此复。

(三) 文书格式

1. 《财产保全申请书》

财产保全申请书

申请人：×××（写明姓名、性别、年龄、民族、籍贯、职业或者工作单位和职务、住址）

被申请人：×××（写明姓名、性别、年龄、民族、籍贯、职业或者工作单位和职务、住址）

请求事项：

请求人民法院对被申请人的下列财产进行诉讼保全：

1. ……

2. 写明财产的位置、数量、金额等情况。

事实和理由：申请人与被申请人××××××纠纷一案，已向你院提起诉讼，……（写明请求保全的原因）。

本申请人提供如下担保：

1. ……

2. ……

特此申请。

此致

×××人民法院

申请人：×××（签字或者盖章）

××××年××月××日

2.《财产保全裁定复议申请书》

财产保全裁定复议申请书

申请人：×××（写明姓名、性别、年龄、民族、籍贯、职业或者工作单位和职务、住址）

被申请人：×××（写明姓名、性别、年龄、民族、籍贯、职业或者工作单位和职务、住址）

申请人收到贵院（××××）×民×字第××号《民事裁定书》。对该裁定书冻结申请人银行存款××××万元的裁定不服，依法申请复议，事实和理由如下：……

根据以上事实，申请人根据《民事诉讼法》第九十六条、第九十七条的规定，申请人民法院对（××××）×民×字第××号《民事裁定书》进行复议，作出变更裁定，解除已被提走的××万元货物存款的冻结，并要求被申请人承担由于申请错误造成申请人的经济损失。

此致

××××人民法院

申请人：×××（盖章）

××××年××月××日

3.《诉讼财产保全担保书》

诉讼财产保全担保书

担保人：（写明姓名或名称等基本情况）

被担保人：（写明姓名或名称等基本情况）

担保人愿做被担保人的担保人，为被担保人向你院提出的诉讼财产保全申请做如下担保：

一、担保人负担采取诉讼财产保全措施所需全部费用；

二、如被担保人诉讼财产保全申请错误，担保人愿赔偿被申请人因财产保全所遭受的全部损失。

三、将担保人定期（存折，现金××万元）交你院作抵押，可从中支付一、二项所需费用。

此致

××××人民法院

担保人：×××（签字或盖章）
××××年××月××日

4.《先予执行申请书》

先予执行申请书

申请人：×××（写明姓名、性别、年龄、民族、籍贯、职业或者工作单位和职务、住址）

被申请人：×××（写明姓名、性别、年龄、民族、籍贯、职业或者工作单位和职务、住址）

请求事项：

（请求人民法院责令被申请人先行给付的内容）

1. ……

2. ……（写明给付数量、金额等）

事实及理由：

1. 写明申请人与被申请人之间确定的民事法律关系；

2. 申请人先前已向人民法院提起要求被申请人给付之诉；

3. 申请人确实存在困难，如不先予执行，将给申请人生活带来很大困难，甚至无法维持生活和经营；

4. 被申请人有一定的履行能力。

特此申请。

此致

××××人民法院

申请人：×××（签字或者盖章）
××××年××月××日

5.《民事裁定书》（诉前财产保全用）

××××人民法院
民事裁定书

（××××）×民保字第××号

申请人……（写明姓名或名称等基本情况）。

被申请人……（写明姓名或名称等基本情况）。

申请人×××因……（写明申请诉前财产保全的原因），于××××年××月××日向本院提出申请，要求对被申请人……（写明申请采取财产保全措施的具体内容）。申请人已向本院提供……（写明担保的财产名称、数量或数额等）担保。

经审查，本院认为，……（写明采取财产保全的理由）。依照……（写明裁定所依据的法律条款项）的规定，裁定如下：

……（写明对被申请人的财产采取查封、扣押、冻结或者法律规定的其他保全措施的内容）。

申请人应当在裁定书送达之日起十五日内向本院起诉，逾期不起诉的，本院将解除财产保全。

本裁定送达后立即执行。

如不服本裁定，可以向本院申请复议一次。复议期间不停止裁定的执行。

审判员　×××
××××年××月××日
（院印）

本件与原本核对无异

书记员　×××

6.《民事裁定书》（诉讼财产保全用）

××××人民法院
民事裁定书

（××××）×民初字第××号

原告……（写明姓名或名称等基本情况）。

被告……（写明姓名或名称等基本情况）。

（当事人及其他诉讼参加人的列项和基本情况的写法，与一审民事判决书相同。）

本院在审理……（写明当事人的姓名或名称和案由）一案中，×告×××于××××年××月××日向本院提出财产保全的申请，要求……（概括写明申请人的具体请求内容），并已提供担保（未提供担保的不写此句）。（法院依职权采取财产保全的，把"×告×××……"一段删去，改为写明需要采取财产保全的事实根据。）

本院认为，×告×××的申请符合法律规定〔法院依职权采取的，改为："本院为了……（写明需要采取财产保全的理由）"〕。依照……（写明裁定所依据的法律条款项）的规定，裁定如下：

……（写明采取财产保全的具体内容）。

本裁定书送达后立即执行。

如不服本裁定，可以向本院申请复议一次。复议期间不停止裁定的执行。

审判长　×××
审判员　×××
审判员　×××
××××年××月××日
（院印）

本件与原本核对无异

书记员　×××

7.《民事裁定书》（解除财产保全用）

××××人民法院
民事裁定书

（××××）×民×字第××号

原告（或申请人）……（写明姓名或名称等基本情况）。

被告（或被申请人）……（写明姓名或名称等基本情况）。

本院于××××年××月××日作出（××××）×民×字第××号财产保全的裁定，现因……（写明解除财产保全的理由）。依照……（写明裁定所依据的法律条款项）的规定，裁定如下：

解除对×××的……（写明财产的名称、数量或数额等）的查封（或扣押、冻结等）。

审判长　×××
审判员　×××
审判员　×××
××××年××月××日
（院印）

本件与原本核对无异

书记员　×××

8.《民事裁定书》（先予执行用）

××××人民法院
民事裁定书

（××××）×民初字第××号

原告……（写明姓名或名称等基本情况）。

被告……（写明姓名或名称等基本情况）。

（当事人及其他诉讼参加人的列项和基本情况的写法，与一审民事判决书样式相同。）

本院在审理……（写明当事人的姓名或名称和案由）一案中，×告×××于××××年××月××日向本院提出先予执行的申请，要求……（概括写明请求的具体内容），并已提供担保（未提供担保的不写此句）。

本院认为，……（写明决定先予执行的理由）。依照……（写明裁定所依据的法律条款项）的规定，裁定如下：

……（写明先予执行的内容及其时间和方式）。

本裁定书送达后立即执行。

如不服本裁定，可以向本院申请复议一次。复议期间不停止裁定的执行。

审判长　×××
审判员　×××
审判员　×××
××××年××月××日
（院印）

本件与原本核对无异

书记员　×××

四、实验步骤

（1）熟悉案件事实材料，撰写财产保全或先予执行申请书；

（2）对申请书进行审查，判断其是否符合财产保全或先予执行的条件，责令申请人提供担保；

（3）作出财产保全或先予执行的裁定；

（4）撰写复议申请书；

（5）制作解除财产保全的裁定书。

五、自主设计

长沙市某农工商贸易公司和北京市某干鲜果批发部在石家庄召开的业务洽谈会上,经双方协商一致签订了购销广西早期蜜橘合同。合同约定,长沙市农工商贸易公司于1996年8月底前供给北京市干鲜水果批发部广西早期蜜橘3 000件,每件50斤(每筐装50斤橘子),每斤单价为1.05元,共计货款15.75万元;所供蜜橘每斤不小于5个头(每斤橘子不能超过5个),并且每件橘子腐烂程度不能超过5个橘子;收货后10日内将全部货款及运费付给农工商贸易公司。同年7月26日,农工商贸易公司按合同约定将3 000件蜜橘运至北京西直门火车站。北京市干鲜水果批发部在卸车时发现靠近车门的几十件橘子还可以,每件没有几个烂橘,但在车厢里边的橘子,每件里面有许多烂橘子,甚至有的烂掉7、8斤左右。为此,水果批发部把3 000件橘子运回仓库后,马上给长沙农工商贸易公司拍了两封加急电报,要求其速派人来就商谈烂橘子处理问题。但是,农工商贸易公司收到电报后,却置之不理,于同年8月10日给水果批发部拍了一个电报:请速汇款。在这种情况下,又因天气太热,怕橘子放的时间越长、烂掉越多,水果批发部就组织人力把烂橘子从每件里挑出来,以每斤0.9元的价格将3 000件橘子全部处理了。1996年9月初,农工商贸易公司向法院提起诉讼,要求干鲜水果批发部立即给付货款和运费。同时向法院提出了财产保全申请,要求法院冻结被告的银行存款30万元,并提供了相应担保财产。法院根据原告的申请,冻结了被告银行存款30万元。一审法院经过审理认为,原告首先违约,在被告及时拍电报要求原告来处理问题时,原告不作任何答复,主要责任在原告方。被告为避免损失扩大,及时采取措施把橘子处理掉。是完全正确的,但卖掉后橘子的实际所得货款应给付原告,由于存款被冻结被告遭受到了一定经济损失。

【问题】(1)本案是否具备财产保全的适用条件?
(2)根据你的判断撰写相关的诉讼文书。
(3)完成财产保全制度具体运行流程的演练。

六、拓展思考

1. 财产保全制度与先予执行制度的价值基础是什么?
2. 诉前财产保全或诉讼财产保全的适用条件有何区别?
3. 财产保全的适用范围如何把握?
4. 先予执行出现错误该如何补救?

实验八　诉讼中的特殊情况

一、实验要求与目的

要求能够区分申请撤诉与按照撤诉处理的不同，准确把握缺席判决的适用条件及效力，正确辨别延期审理、诉讼中止与诉讼终结的适用情形。
(1) 掌握撤诉的种类及适用要求；
(2) 正确了解缺席判决的存在价值及实践意义；
(3) 熟悉延期审理、诉讼中止与诉讼终结等特殊情形的操作流程；
(4) 撰写相应的诉讼文书。

二、实验原理

（一）撤诉

撤诉又称诉的撤回，是指诉方当事人撤回其已被法院受理的诉的行为。撤诉包括两种，即申请撤诉和按撤诉处理。

诉方当事人申请撤诉，应当符合以下条件：(1) 必须以书面或口头方式向法院提出撤诉的申请；(2) 意思表示必须真实；(3) 目的必须正当合法；(4) 必须在法定期间内提出，即应当在法院受理之后至法院宣告判决之前提出。

人民法院在以下几种情况下可按照撤诉处理：(1) 诉方当事人经传票传唤，无正当理由拒不到庭的行为；(2) 诉方当事人未经法庭许可中途退庭的行为；(3) 诉方当事人应当预交而未预交案件受理费，经通知仍不预交，又不提出缓交申请的。按撤诉处理的裁定生效后，产生与申请撤诉相同的法律后果。

法院对当事人的撤诉申请应当进行审查，认为不符合撤诉条件的，应当裁定驳回申请，诉讼继续进行；申请符合撤诉条件的，法院应当裁定准许撤诉。准许撤诉的裁定生效后，产生一定的法律后果：(1) 撤回之诉的诉讼程序即告结束，该民事诉讼法律关系归于消灭。但是，如果同一诉讼程序存在几个合并审理的独立之诉的，其中任何一个诉被撤回，原则上不影响其他诉的诉讼继续进行。(2) 诉讼时效重新计算。(3) 撤诉视同未起诉，当事人日后可以再行起诉。

（二）缺席判决

缺席判决，是指法院在某一方当事人无正当理由拒不到庭或者未经法庭许可中途退庭的情况下，对案件依法进行审理后所作出的判决。缺席判决制度适用于以下几种情形：（1）原告或有独立请求权第三人申请撤诉未获准许，经法院传票传唤，无正当理由拒不到庭的；（2）原告或有独立请求权第三人经法院传票传唤，无正当理由拒不到庭的或未经法院许可中途退庭的，依法不能按撤诉处理的；（3）被告或其法定诉讼代理人经法院传票传唤，无正当理由拒不到庭或未经法院许可中途退庭的；（4）被告反诉的，原告经法院传票传唤，无正当理由拒不到庭或未经法院许可中途退庭的。

法院适用缺席判决制度时，仍应当按照法定程序进行审理，判决仍然要以事实为根据，以法律为准绳，做到客观公正。第一审缺席判决宣告后，缺席的当事人同样享有上诉权。双方当事人逾期均不上诉的，缺席判决生效，并与对席判决具有同等的法律效力。

（三）延期审理

延期审理，是指由于出现法律规定的特殊情况，使开庭审理无法开始或无法继续进行，从而推延审理期日的制度。开庭审理期日一经确定，法院、当事人和其他诉讼当事人都应当严格遵守；法庭审理一旦开始，庭审活动就应当依法进行，法院不得任意推延庭审期日。但是，如果出现了法律规定的特殊情况，使开庭审理无法如期开始或无法继续进行时，法院就得推迟开庭审理的日期。

根据《民事诉讼法》第一百三十二条的规定，延期审理适用于以下情形：

1. 必须到庭的当事人和其他诉讼参与人有正当理由没有到庭的。如果未到庭的当事人或其他诉讼参与人不属于必须到庭的情况，或者必须到庭的当事人和其他诉讼参与人无正当理由不到庭的，法院不必裁定延期审理，而是分别情况按撤诉处理或缺席判决或拘传。

2. 当事人临时提出回避申请的。当事人在开庭时提出回避申请，如果不能当即决定的，因开庭审理无法继续而应当延期审理。

3. 需要通知新的证人到庭，调取新的证据，重新鉴定、勘验或者需要补充调查。所有这些情形都使开庭审理难以或无法继续进行，因此只能延期审理。

4. 其他应当延期的情形。

法院决定延期审理的，应当作出裁定，当即宣告后即发生法律效力。延期裁定生效后，诉讼呈继续进行状态。

（四）诉讼中止

诉讼中止，是指在民事诉讼过程中，因出现法定事由而使本案诉讼活动难以继续或无法继续进行，法院据此裁定暂时停止诉讼程序的制度。

根据《民事诉讼法》第一百三十六条的规定，具有下列情形之一的，法院应当裁定诉讼中止：（1）一方当事人死亡，需要等待继承人表明是否参加诉讼的；（2）一方当事人丧失诉讼行为能力，尚未确定法定代理人的；（3）作为一方当事人的法人或其他组织终止，尚未确定权利义务承受人的；（4）一方当事人因不可抗拒的事由，不能参加诉讼的；（5）本案必须以另一案的审理结果为依据，而另一案尚未审结的；（6）其他应当中止诉讼的情形。

对于诉讼中出现的法定诉讼中止的事由，法院关于诉讼中止的裁定一经宣布，立即发生法律效力。引起诉讼中止的原因消除后，法院应当及时恢复诉讼。自法院通知或准许当事人继续进行诉讼时起，中止诉讼的裁定即失去效力。诉讼程序恢复后，诉讼继续进行，原来的诉讼活动有效。

（五）诉讼终结

诉讼终结，是指在诉讼过程中，因一方当事人死亡，致使诉讼程序的进行成为不可能或者没有必要时，由法院裁定结束诉讼程序的制度。

诉讼终结与诉讼中止不同，两者的区别主要有：（1）诉讼终结是结束本案诉讼程序，而诉讼中止是本案诉讼程序的暂时停止，当中止的原因消除后，诉讼程序将恢复进行。(2) 其次，诉讼终结的原因比较单一，仅仅是一方当事人的死亡，而诉讼中止的原因则复杂得多，既有法定情形，又有弹性适用的情况。（3）诉讼终结的裁定是法院审结案件的一种方式，而诉讼中止的裁定属于中间裁定，案件的审结依赖于以后的判决或裁定。

根据《民事诉讼法》第一百三十七条的规定，具有下列情形之一时，法院应当裁定终结诉讼：（1）原告死亡，没有继承人，或者继承人放弃诉讼权利的；（2）被告死亡，没有遗产，也没有应当承担义务的人的；（3）离婚案件一方当事人死亡的；（4）追索赡养费、扶养费、抚育费以及解除收养关系案件的一方当事人死亡的。

诉讼中出现法定的终结事由时，法院应当裁定诉讼终结。由于诉讼终结实际上是一种结案方式，因此，诉讼终结的裁定应当采用书面形式。诉讼终结裁定一经作出，立即发生法律效力，当事人既不能上诉，也不能申请复议。诉讼终结的裁定生效后，产生相应的法律后果：（1）结束诉讼程序，诉讼法律关系消灭；（2）法院对案件的实体问题不能作出任何处理；（3）当事人日后不得再次提起同一诉讼。诉讼终结的裁定确有错误的,应当按照审判监督程序提起再审。经过法院再审,诉讼终结的裁定被依法撤销的,原诉讼程序应予恢复。

三、实验准备

(一) 案件材料

1995年1月20日,杨中明与张晓兰虚报年龄,在A县三桥乡人民政府办理了结婚手续,同年10月30日,张晓兰生育一女,取名杨玉红。1996年11月2日,原告张晓兰以感情不和为由起诉至A县人民法院,请求与被告杨中明离婚,法院立案后,三桥乡人民政府在普查婚姻登记情况时,发现杨中明与张晓兰结婚时均未达到法定年龄,有欺骗婚姻登记机关的行为,即根据《婚姻登记管理条例》第25条之规定,于1996年12月21日撤销了杨中明与张晓兰的结婚登记,宣布其婚姻关系无效。12月22日,在双方父母及村民委员会干部主持下,杨中明与张晓兰就子女抚养、财产分割达成了协议:1.女儿杨玉红由杨中明抚养,张晓兰不负担子女抚养费;2.双方个人财产归各自所有,杨中明付给张晓兰经济帮助费500元。现已履行完毕。针对此案,在程序上如何处理,有三种不同意见:一种意见认为,法院应裁定终结诉讼。理由是原告起诉目的是为了解除婚姻关系并分割财产,原、被告之间的婚姻关系已经被婚姻登记机关确认无效并解除;双方就子女抚养、财产分割已达成协议,在继续诉讼已失去实体、程序意义,故应裁定终结诉讼。另一种意见认为,法院应当继续审理,依法作出判决。理由是,虚报年龄骗取结婚证是一种违法民事行为,法院应依法确认当事人婚姻关系无效,以体现法律威严,并用判决形势认可婚姻登记机关撤销当事人婚姻登记的效力,认可当事人就财产、子女抚养达成的协议,最后一种意见认为,应当动员原告撤诉。

(二) 法律依据

适用于车速。缺席判决等制度的法律、规定和文件主要包括:《中华人民共和国民事诉讼法》、《最高人民法院关于适用〈中华人民共和国民事诉讼法〉若干问题的意见》。

附1：

中华人民共和国民事诉讼法（节录）

（1991年4月9日第七届全国人民代表大会第四次会议通过 根据2007年10月28日第十届全国人民代表大会常务委员会第三十次会议《关于修改〈中华人民共和国民事诉讼法〉的决定》修正）

……

第一百二十九条 原告经传票传唤，无正当理由拒不到庭的，或者未经法庭许可中途退庭的，可以按撤诉处理；被告反诉的，可以缺席判决。

第一百三十条 被告经传票传唤，无正当理由拒不到庭的，或者未经法庭许可中途退庭的，可以缺席判决。

第一百三十一条 宣判前，原告申请撤诉的，是否准许，由人民法院裁定。

人民法院裁定不准许撤诉的，原告经传票传唤，无正当理由拒不到庭的，可以缺席判决。

第一百三十二条 有下列情形之一的，可以延期开庭审理：

（一）必须到庭的当事人和其他诉讼参与人有正当理由没有到庭的；

（二）当事人临时提出回避申请的；

（三）需要通知新的证人到庭，调取新的证据，重新鉴定、勘验，或者需要补充调查的；

（四）其他应当延期的情形。

……

第一百三十六条 有下列情形之一的，中止诉讼：

（一）一方当事人死亡，需要等待继承人表明是否参加诉讼的；

（二）一方当事人丧失诉讼行为能力，尚未确定法定代理人的；

（三）作为一方当事人的法人或者其他组织终止，尚未确定权利义务承受人的；

（四）一方当事人因不可抗拒的事由，不能参加诉讼的；

（五）本案必须以另一案的审理结果为依据，而另一案尚未审结的；

（六）其他应当中止诉讼的情形。

中止诉讼的原因消除后，恢复诉讼。

第一百三十七条 有下列情形之一的，终结诉讼：

（一）原告死亡，没有继承人，或者继承人放弃诉讼权利的；

（二）被告死亡，没有遗产，也没有应当承担义务的人的；

（三）离婚案件一方当事人死亡的；

（四）追索赡养费、扶养费、抚育费以及解除收养关系案件的一方当事人死亡的。

附2：

最高人民法院关于适用《中华人民共和国民事诉讼法》若干问题的意见（节录）

法发〔92〕22号

（1992年7月14日最高人民法院审判委员会第528次会议讨论通过）

……

143. 原告应当预交而未预交案件受理费，人民法院应当通知其预交，通知后仍不预交或者申请减、缓、免未获人民法院批准而仍不预交的，裁定按自动撤诉处理。

……

158. 无民事行为能力的当事人的法定代理人，经传票传唤无正当理由拒不到庭的，如属原告方，可以比照民事诉讼法第一百二十九条的规定，按撤诉处理；如属被告方，可以比照民事诉讼法第一百三十条的规定，缺席判决。

159. 有独立请求权的第三人经人民法院传票传唤，无正当理由拒不到庭的，或者未经法庭许可中途退庭的，可以对该第三人比照民事诉讼法第一百二十九条的规定，按撤诉处理。

160. 有独立请求权的第三人参加诉讼后，原告申请撤诉，人民法院在准许原告撤诉后，有独立请求权的第三人作为另案原告，原案原告、被告作为另案被告，诉讼另行进行。

161. 当事人申请撤诉或者依法可以按撤诉处理的案件，如果当事人有违反法律的行为需要依法处理的，人民法院可以不准撤诉或者不按撤诉处理。

162. 无独立请求权的第三人经人民法院传票传唤，无正当理由拒不到庭，或者未经法庭许可中途退庭的，不影响案件的审理。人民法院判决承担民事责任的无独立请求权的第三人，有权提起上诉。

……

167. 裁定中止诉讼的原因消除，恢复诉讼程序时，不必撤销原裁定，从人民法院通知或准许当事人双方继续进行诉讼时起，中止诉讼的裁定即失去效力。

……

（三）文书格式

1.《撤诉申请书》

撤诉申请书

申请人：（写明姓名或名称等基本情况）。

被申请人：（写明姓名或名称等基本情况）。

原起诉（或上诉）案由：

申请人于××××年××月××日向你院起诉（或上诉）……一案。现因被申请人……（原因），现决定撤回起诉（或上诉）。

此致

××××人民法院

申请人：×××
××××年××月××日

2.《民事裁定书》（按撤诉处理用）

××××人民法院
民事裁定书

（××××）×民初字第××号

原告……（写明姓名或名称等基本情况）。

被告……（写明姓名或名称等基本情况）。

（当事人和其他诉讼参加人的列项和基本情况的写法，与一审民事判决书样式相同。）

本院在审理……（写明当事人的姓名或名称和案由）一案中，因……（写明原告不预交诉讼费；或者经传票传唤，无正当理由拒不到庭；或者到庭后未经法庭许可而中途退庭等情况）。依照……（写明裁定所依据的法律条款项）的规定，裁定如下：

本案按撤诉处理。

本案受理费××元，由原告×××负担。

审判长　×××
审判员　×××
审判员　×××
××××年××月××日
（院印）

本件与原本核对无异

书记员　×××

3.《民事裁定书》(中止或终结诉讼用)

××××人民法院
民事裁定书

(××××)×民初字第××号

原告……(写明姓名或名称等基本情况)。

被告……(写明姓名或名称等基本情况)。

(当事人及其他诉讼参加人的列项和基本情况的写法,与一审民事判决书样式相同。如果当事人已经死亡,其基本情况只写姓名、性别和死亡年月日。)

本院在审理……(写明当事人姓名或名称和案由)一案中,……(写明中止或终结的事实根据)。依照……(写明裁定所依据的法律条款项)的规定,裁定如下:

……〔写明裁定结果。分两种情况:

第一,中止诉讼的,写:

"本案中止诉讼。"

第二,终结诉讼的,写:

"本案终结诉讼。

……(写明诉讼费用的负担)。"〕

审判长 ×××
审判员 ×××
审判员 ×××
××××年××月××日
(院印)

本件与原本核对无异

书记员 ×××

4.《民事裁定书》(准许或不准撤诉用)

××××人民法院
民事裁定书

(××××)×民初字第××号

原告……(写明姓名或名称等基本情况)。

被告……(写明姓名或名称等基本情况)。

(当事人及其他诉讼参加人的列项和基本情况的写法,与一审民事判决书样式相同。)

本院在审理……(写明当事人姓名或名称和案由)一案中,原告×××于×

×××年××月××日向本院提出撤诉申请。

　　本院认为,……(写明准许或不准撤诉的理由)。依照……(写明裁定所依据的法律条款项)的规定,裁定如下:

　　……〔写明裁定结果。分两种情况:

　　第一,准许撤诉的,写:

　　"准许原告×××撤回起诉。

　　……(写明诉讼费用的负担)。"

　　第二,不准撤诉的,写:

　　"不准原告×××撤回起诉,本案继续审理。"〕

审判长　×××

审判员　×××

审判员　×××

××××年××月××日

(院印)

本件与原本核对无异

书记员　×××

5. 《民事裁定书》(准许或不准撤回上诉用)

××××人民法院

民事裁定书

(××××)×民终字第××号

　　上诉人(原审××)……(写明姓名或名称等基本情况)。

　　被上诉人(原审××)……(写明姓名或名称等基本情况)。

　　(当事人及其他诉讼参加人的列项和基本情况的写法,与二审维持原判或者改判用的民事判决书样式相同。)

　　上诉人×××因……(写明案由)一案,不服××××人民法院(×××)×民初字第××号民事判决(或裁定),向本院提起上诉。本院在审理本案过程中,上诉人×××又以……(简述申请撤回上诉的理由),于××××年××月××日申请撤回上诉。

　　本院经审查认为,……(简述准许撤回上诉或者不准撤回上诉的理由)。依照……(写明裁定所依据的法律条款项)的规定,裁定如下:

　　……〔写明裁定结果。分两种情况:

　　第一,准许撤回上诉,写:

　　"准许上诉人×××撤回上诉,双方均按原审判决执行。

……（写明诉讼费用的负担）。"

第二，不准撤回上诉的，写：

"不准上诉人×××撤回上诉，本案继续审理。"〕

本裁定为终审裁定（不准撤回上诉的，此句不写）。

审判长　×××

审判员　×××

审判员　×××

××××年××月××日

（院印）

本件与原本核对无异

书记员　×××

四、实验步骤

（1）熟悉案件事实材料，判断在该案件中可能出现的特殊情况；
（2）根据你的判断，设定相应的程序并完成；
（3）进一步领会特殊情况的适用情形与适用条件；
（4）制作规范的撤诉申请书、民事裁定书等诉讼文书。

五、自主设计

材　料　一

1975年某市体委的游泳教练李方与某化肥厂的王美丽相识恋爱。不久，李方被极"左"路线分子诬陷有政治问题而被关押审查。王美丽没有因此而疏远李方，反而时常在看守不注意给李方送饭、送衣，多方安慰。后来，李方被释放，安排在市游泳馆工作，王美丽利用李方工作的便利条件，常常带女友免票出入游泳馆，曾被人查出过两次，李方很难堪，劝阻她，但王美丽不听劝阻。1977年，王美丽提出要求与李方登记结婚。李方觉得王美丽急躁、任性，不太适合自己，但因为有过一段患难之交，不好拒绝就答应了。婚后不久，王美丽因违章操作被厂方责令检讨。王美丽硬要其丈夫与厂方交涉要求厂方收回成命。因李方不肯，王美丽又哭又闹，摔砸东西。李方遂送她去市精神病医院检查，医生诊断她有精神分裂症。经入院治疗1年，王美丽精神状态明显好转，回厂继续上班。后来，李方调入市体工队当游泳教练，工作繁忙，时常很晚回家，引起王美丽怀疑，王美丽经常跟踪李方，闯入训练场地，扰乱队员训练。此后，王美丽多次被送进市精神病医院治疗，均无效。1996年5月，李方向法院提起诉讼，要求与王美丽离婚。诉讼中,法院指定王美丽的父亲王明华作为其法定代理人参加诉讼。王明华在咨询邻居有关离婚的法律问题时,邻居们告诉他肯定会判离。王明华认为,自己和老伴年龄都大了,一旦女儿离婚,势必要回家来,自己和老伴难以承受这种生活负担,于是同老伴商量,决定采取躲避态度,不愿做女儿的法定代理人出庭,审判员找王明华谈话,王明华一口拒绝。法院依法传票传唤后,王明华仍拒不到庭。

【问题】本案应传王明华到庭,还是缺席判决?

材 料 二

程龙平与赵国中结婚后生一女孩赵艳。1997年9月,程龙平以感情不和,向法院起诉要求与赵国中离婚。法院在第一次开庭审理时,原告程龙平表示坚决要求离婚,被告赵国中表示同意,对女儿赵艳的抚养问题,原告提出,要求女儿赵艳随自己生活,但被告应每月付给赵艳抚养费1 000元,被告只同意给300元,原告程龙平还提出,自己下岗摆摊所借10 000元借款,被告应承担5 000元。被告认为原告向其娘家借钱是事实,但绝对没有借这么多。第二次开庭时,被告经传票传唤未到庭。后多次电话、传呼与被告联系未果。法院向被告处送达传票时,邻居均告知不知被告下落。审理本案的审判人员吴某告知原告程龙平:现被告不应诉,我们没有办法通知他到庭;另外,你与被告对子女赵艳的抚养问题、所借债务问题等,在第一次开庭中均没有达成一致意见。在这种情况下,我们不能判决,你最好申请撤回起诉算了。

【问题】(1) 你认为审判员向原告表示的意见是否正确?
(2) 本案应如何处理?

六、拓展思考

(1) 领会当事人的处分权与法院审判权的相互制约关系;
(2) 适用缺席判决时应注意把握的各种因素;
(3) 诉讼中止与诉讼终结的区别及有待完善的地方。

实验九 法院调解的适用

一、实验要求与目的

要求学生正确认识法院调解与诉讼外调解的本质区别与法律效力的差异,明确法院调解的适用范围、适用条件,掌握法院调解的时机和具体流程、方式、方法。
(1) 深入领会法院调解的实质意义;
(2) 明确把握法院调解的自愿、合法原则的实现与落实;
(3) 与判决相比,法院调解的优势何在;
(4) 熟悉调解的技巧与操作流程;
(5) 撰写民事调解协议、民事调解书并完成送达。

二、实验原理

法院调解,是指法院和当事人在进行调解时应当共同遵循的行为准则。根据《民事诉讼法》第八十五条和第八十八条的规定,法院调解应当遵循当事人自愿原则、查清事实与分清是非原则和合法原则。法院以调解方式解决民事纠纷时,无论是调解活动的进行,还是调解协议的达成,都必须以双方当事人自愿为前提,当事人的意志在调解中起主导作用。法院对民事案件进行调解,应当在案件事实清楚、是非责任分明的基础上进行。法院对民事案件进行调解,必须依法进行,无论是调解的过程、调解协议的达成,还是调解协议的内容,都必须符合法律的有关规定,不得违反法律的规定。

(一) 法院调解的程序

法院调解的程序,是指调整法院和当事人调解活动的行为规范。在国外,调解程序和审判程序一般是相互独立的,调解程序是法院处理案件的一个独立阶段,有的甚至完全从诉讼程序中分离出来,成为与审判程序并立的独立程序。我国民事诉讼法是将法院调解程序融于审理程序之中,即调解过程与案件的审理过程是合为一体的,并没有独立的调解程序。

1. 调解的开始,既可以由当事人提出申请而启动,也可以由法院依职权主动提出建议,在征得双方当事人同意后开始调解。当事人委托了诉讼代理人的,诉讼代理人申请调解、同意调解，都必须有委托人的特别授权。法院的调解在审判员的主持下进行，实行合议制的案件，既可以由合议庭的审判人员共同主持，也可以由合议庭中的一个审判员主持。法院进行调解，可以根据案件的需要，邀请有关单位和个人进行协助。被邀请的单位和个人，应当协助法院进行有关的调解活动。法院调解应当在双方当事人的参加下进行，当事人特别授权委托诉讼代理人代为进行调解的，可以由诉讼代理人代为进行。但离婚案件原则上应由当事人自己参加调解，当事人确有困难无法出庭的，应就离与不离的态度出具书面意见。

2. 调解开始后，审判人员应当听取当事人关于案件事实和理由的陈述，需要出示有关证据，应当组织出示证据材料和质证，需要证人出庭作证的，还应当听取证人的陈述。在查明的事实、分清是非的基础上，审判人员应当针对争议的焦点问题，对当事人进行法制宣传教育工作，做好疏导工作。然后，由双方当事人就如何解决纠纷自行协商，协商可在法庭内进行，也可以在法庭外进行，但审判人员和协助调解的人员应当参加。调解协议一般由双方当事人协商约定，必要时，也可由审判人员提出意见或方案供当事人参考，但不能将自己的意见或建议强加于当事人一方或双方。

3. 当事人之间达成调解协议的，审判人员应当对协议的内容进行审查，如果调解协议的内容有违反法律规定之处的，审判人员可以让当事人重新协商，予以更正。对于无独立请求权第三人参加诉讼的案件，法院调解时，如果当事人之间的调解协议涉及无独立请求权第三人承担义务的，应当征得无独立请求权第三人的同意。否则，对无独立请求权第三人不发生法律效力，而且，涉及第三人承担义务部分的调解协议无效。当事人之间达成的调解协议符合法律规定的，法院应当准许，调解程序即可结束。

4. 法院调解的结束分为两种情况：一是因当事人之间未能达成调解协议而结束；二是因双方当事人已经达成调解协议而结束。经过法院调解，双方当事人未能达成协议，或虽已达成协议，但协议内容不合法，当事人又不愿修改以及在调解书送达前一方反悔的，法院应当及时结束调解程序，对案件继续进行审理并尽快作出判决。经过法院调解，双方当事人达成调解协议，经过法院审查协议内容合法的，应予以批准，并要求双方当事人在调解协议上签字。对于当事人的调解协议，审判人员应当根据法律的规定和案件的具体情况决定是否制作调解书。需要制作调解书的，审判人员应当制作调解书并送达双方当事人。对不需要制作调解书的，应将协议内容记入笔录，并由双方当事人、审判人员和书记员签名盖章，从而结束案件的审理程序。

（二）调解协议的形式

调解协议的形式有调解书和调解笔录两种。法院经过调解，当事人双方自愿达成调解协议的，一般应制作调解书，以明确当事人之间的权利义务关系，但对于特殊的案件也可以不制作调解书，而采用笔录的形式。

1. 调解书，是指由人民法院制作的，记载双方当事人达成的调解协议内容的法律文书。调解书与调解协议既有联系又有区别：调解协议是当事人双方的意思表示，是诉讼文书的一种；调解书则是以调解协议为根据，并对其进行确认的司法文书。调解书既是对双方当事人协商结果的记载，也是对人民法院批准当事人调解协议的证明。根据《民事诉讼法》第八十九条第一、二款的规定，当事人调解达成协议，法院应当制作调解书。可见，对调解协议制作调解书是原则，因而调解书是调解协议的基本形式。

2. 调解笔录，是指法院按法定的要求，制作的记录当事人之间调解协议内容并直接具有法律效力的专门笔录。调解笔录只适用于法律允许可以不制作调解书的案件，因此，调解笔录是调解协议的特殊形式。

根据《民事诉讼法》第九十条的规定，不需要制作调解书的案件是：（1）调解和好的离婚案件；（2）调解维持收养关系的案件；（3）能够即时履行的案件；（4）其他不需要制作调解书的案件。对于不需要制作调解书的调解协议，应当记入笔录，由双方当事人、审判人员、书记员签名或盖章。

（三）调解协议的生效

1. 调解协议生效的时间。根据《民事诉讼法》第八十九条和第九十条的规定，调解协议的形式不同，发生法律效力的时间也不同。

对于不需要制作调解书的案件，双方当事人达成调解协议的，书记员应当将双方当事人协议的内容记入笔录，由双方当事人、审判人员、书记员在调解协议上签名或盖章后，调解协议即具有法律效力。如果签名或盖章的时间不一致的，应当以最后一个人签名或盖章的时间为准。

制作调解书的调解协议，则必须由双方当事人签收后才能发生法律效力。也就是说，凡是需要制作调解书的案件，法院必须将调解书送达双方当事人，并经双方当事人（包括第三人）签收后，才能发生法律效力。当事人是否签收调解书，是该调解书生效与否的标志。法院送达调解书应当采用直接送达的方式，而不适用留置送达。在调解书送达之前当事人一方或双方反悔的，或者调解书送达时当事人拒绝签收的，应视为调解不成立，调解协议不发生法律效力。对此，法院应当根据案件的具体情况决定继续进行审理或者依法进行判决。

2. 调解协议的效力。调解协议的效力，是指调解协议所具有的法律上的约束力，亦即所产生的法律效果。法院调解是法院审理民事案件、结束民事诉讼程序的一种结案方式，调解协议生效后，与法院的生效判决具有同等的法律效力。其效力的内容具体表现在以下几个方面：（1）结束诉讼程序。调解协议和法院判决一样，都是正常结束民事诉讼程序的方式。凡经调解结案的，诉讼程序即告结束，法院不得再就同一案件进行审理和另行作出判决。（2）确定当事人之间的权利义务关系。调解协议生效后，即表明当事人之间已经就实体上的权利义务关系依调解协议的内容予以确定，当事人在诉讼中关于被诉法律关系的争议因得到解决而归于消灭，双方当事人不得以同一事实和理由再行向法院提起诉讼。（3）不得提起上诉。调解协议是双方当事人自愿协商所达成的，不存在对调解协议不服的问题，因而也就无所谓提起上诉的问题。所以，法律不允许当事人对调解协议提起上诉。（4）强制执行的效力。具有给付内容的调解协议生效后，同发生既判力的裁判一样，当事人必须履行，负有义务的一方当事人不履行调解协议中确定的义务时，另一方当事人可以向法院申请执行，由法院依法进行强制执行。

三、实验准备

（一）案件材料

原告周兰英，被告李小玉系邻居。1997年5月30日，原告周兰英在自来水管旁洗衣服，被告李小玉前去接水，不慎将水溅到原告身上。为此，双方发生吵骂，进而相互揪在一起殴打。被告用手打原告的后背及面部，将原告打倒在地，造成其左身外伤性耳膜穿孔和右眼下脸面肿，原告为治病休息了25天，医疗费用等共计860元。双方因赔偿费用问题经多次协商，未能取得一致意见。故周兰英起诉到人民法院，要求被告李小玉赔偿医疗费、营养费、亲属护理费共计1 200元。被告李小玉认为，原告的伤虽是其打伤所致，但引起此纠纷的发生双方均有责任，故只同意赔偿500元人民币。

法院立案受理后，开庭进行了审理。在法庭辩论结束后，征求双方的调解意见时，原告不同意调解，要求法院依法判决被告赔偿损失。被告方同意法院主持调解。承办该案的审判人员考虑到双方是邻居，朝夕相处，低头不见抬头见，为避免矛盾激化，加强邻居之间的和睦友好，决定主持双方进行调解。在调解过程中，原告方坚持要求被告赔偿1 200元，被告方却只同意赔偿500元。双方各持己见，互不相让。审判人员说："原告要求赔偿数额过高，被告同意赔偿的数额又过低，我看由被告赔偿原告经济损失850元，我是取你们所说数额的平均数。"

对此，原告和被告均不同意，于是审判人员把原告叫到一间办公室单独做工作，审判人员对原告说："被告的母亲是区委干部，而且人家请了律师，你老太太说得过人家吗？而且判决说不定还给不了你 850 元呢，因为你也动手打了被告，只不过她的伤比你轻点，现在被告也不要求你赔，我看你接受我的建议对你今后也有好处。"原告周兰英听了这番话后，心里仍不太愿意。但嘴上还是表示："我听法院的，审判人员说怎么赔就怎么赔吧！"然后，审判员又把被告单独叫到一边做工作。审判员对被告李小玉说："你同意赔偿的数额实在太低，原告是 60 多岁老太太，你 30 岁，身强力壮，打伤原告致其休息 25 天，责任都在你身上。我建议你赔偿 850 元是比较少的数额，我们判决肯定会高于 850 元的赔偿额。我同你的母亲还是比较熟的，我看你还是接受我的建议。"听到这些话以后，被告还是内心不太同意，但仍向审判员表示："既然如此，我就同意赔偿 850 元。"于是在审判人员双方做工作的情况下，原、被告双方达成了赔偿协议：被告李小玉赔偿原告周兰英经济损失 850 元；诉讼费用 50 元各负担一半，本调解书生效后 5 日内履行。法院审判员告知第二天上午到法院领调解书，但庭审当日达成协议后，要求原、告被告双方在送达回证上签下了姓名。第二天上午，原告到法院找到审判人员表示赔偿太少，不同意昨天的调解。审判人员把制作好的调解书递给原告，并说："调解书现在送给你，你已经签字了，调解书已经发生法律效力，不得反悔。"

（二）法律依据

适用于法院调解的法律、规定和文件主要包括：《中华人民共和国民事诉讼法》、《最高人民法院关于适用〈中华人民共和国民事诉讼法〉若干问题的意见》、《最高人民法院关于人民法院民事调解工作若干问题的规定》、《最高人民法院关于当事人持台湾地区有关法院民事调解书或者有关机构出具或确认的调解协议书向人民法院申请认可人民法院应否受理的批复》。

附1：

中华人民共和国民事诉讼法（节录）

（1991 年 4 月 9 日第七届全国人民代表大会第四次会议通过　根据 2007 年 10 月 28 日第十届全国人民代表大会常务委员会第三十次会议《关于修改〈中华人民共和国民事诉讼法〉的决定》修正）

第八章　调　解

第八十五条　人民法院审理民事案件，根据当事人自愿的原则，在事实清楚的基础上，分清是非，进行调解。

第八十六条 人民法院进行调解，可以由审判员一人主持，也可以由合议庭主持，并尽可能就地进行。

人民法院进行调解，可以用简便方式通知当事人、证人到庭。

第八十七条 人民法院进行调解，可以邀请有关单位和个人协助。被邀请的单位和个人，应当协助人民法院进行调解。

第八十八条 调解达成协议，必须双方自愿，不得强迫。调解协议的内容不得违反法律规定。

第八十九条 调解达成协议，人民法院应当制作调解书。调解书应当写明诉讼请求、案件的事实和调解结果。

调解书由审判人员、书记员署名，加盖人民法院印章，送达双方当事人。

调解书经双方当事人签收后，即具有法律效力。

第九十条 下列案件调解达成协议，人民法院可以不制作调解书：

（一）调解和好的离婚案件；

（二）调解维持收养关系的案件；

（三）能够即时履行的案件；

（四）其他不需要制作调解书的案件。

对不需要制作调解书的协议，应当记入笔录，由双方当事人、审判人员、书记员签名或者盖章后，即具有法律效力。

第九十一条 调解未达成协议或者调解书送达前一方反悔的，人民法院应当及时判决。

附2：

最高人民法院关于适用《中华人民共和国民事诉讼法》若干问题的意见（节录）

法发〔92〕22号

（1992年7月14日最高人民法院审判委员会第528次会议讨论通过）

……

91. 人民法院受理案件后，经审查，认为法律关系明确、事实清楚，在征得当事人双方同意后，可以进行调解。

92. 人民法院审理民事案件，应当根据自愿和合法的原则进行调解。当事人一方或双方坚持不愿调解的，人民法院应当及时判决。

人民法院审理离婚案件，应当进行调解，但不应久调不决。

93. 人民法院调解案件时，当事人不能出庭的，经其特别授权，可由其委托代理人参加调解，达成的调解协议，可由委托代理人签名。

离婚案件当事人确因特殊情况无法出庭参加调解的，除本人不能表达意志的以外，应当出具书面意见。

94. 无民事行为能力人的离婚案件，由其法定代理人进行诉讼。法定代理人与对方达成协议要求发给判决书的，可根据协议内容制作判决书。

95. 当事人一方拒绝签收调解书的，调解书不发生法律效力，人民法院要及时通知对方当事人。

96. 调解书不能当庭送达双方当事人的，应以后收到调解书的当事人签收的日期为调解书生效日期。

97. 无独立请求权的第三人参加诉讼的案件，人民法院调解时需要确定无独立请求权的第三人承担义务的，应经第三人的同意，调解书应当同时送达第三人。第三人在调解书送达前反悔的，人民法院应当及时判决。

......

附3：

最高人民法院关于人民法院民事调解工作若干问题的规定

法释〔2004〕12号

（2004年8月18日最高人民法院审判委员会第1321次会议通过）

为了保证人民法院正确调解民事案件，及时解决纠纷，保障和方便当事人依法行使诉讼权利，节约司法资源，根据《中华人民共和国民事诉讼法》等法律的规定，结合人民法院调解工作的经验和实际情况，制定本规定。

第一条　人民法院对受理的第一审、第二审和再审民事案件，可以在答辩期满后裁判作出前进行调解。在征得当事人各方同意后，人民法院可以在答辩期满前进行调解。

第二条　对于有可能通过调解解决的民事案件，人民法院应当调解。但适用特别程序、督促程序、公示催告程序、破产还债程序的案件，婚姻关系、身份关系确认案件以及其他依案件性质不能进行调解的民事案件，人民法院不予调解。

第三条　根据民事诉讼法第八十七条的规定，人民法院可以邀请与当事人有特定关系或者与案件有一定联系的企业事业单位、社会团体或者其他组织，和具有专门知识、特定社会经验、与当事人有特定关系并有利于促成调解的个人协助调解工作。

经各方当事人同意，人民法院可以委托前款规定的单位或者个人对案件进行调解，达成调解协议后，人民法院应当依法予以确认。

第四条　当事人在诉讼过程中自行达成和解协议的，人民法院可以根据当事人的申请依法确认和解协议制作调解书。双方当事人申请庭外和解的期间，不计入审限。

当事人在和解过程中申请人民法院对和解活动进行协调的，人民法院可以委派审判辅助人员或者邀请、委托有关单位和个人从事协调活动。

第五条　人民法院应当在调解前告知当事人主持调解人员和书记员姓名以及是否申请回避等有关诉讼权利和诉讼义务。

第六条　在答辩期满前人民法院对案件进行调解，适用普通程序的案件在当事人同意调解之日起15天内，适用简易程序的案件在当事人同意调解之日起7天内未达成调解协议的，经各方当事人同意，可以继续调解。延长的调解期间不计入审限。

第七条　当事人申请不公开进行调解的，人民法院应当准许。

调解时当事人各方应当同时在场，根据需要也可以对当事人分别作调解工作。

第八条　当事人可以自行提出调解方案，主持调解的人员也可以提出调解方案供当事人协商时参考。

第九条　调解协议内容超出诉讼请求的，人民法院可以准许。

第十条　人民法院对于调解协议约定一方不履行协议应当承担民事责任的，应予准许。

调解协议约定一方不履行协议，另一方可以请求人民法院对案件作出裁判的条款，人民法院不予准许。

第十一条　调解协议约定一方提供担保或者案外人同意为当事人提供担保的，人民法院应当准许。

案外人提供担保的，人民法院制作调解书应当列明担保人，并将调解书送交担保人。担保人不签收调解书的，不影响调解书生效。

当事人或者案外人提供的担保符合担保法规定的条件时生效。

第十二条　调解协议具有下列情形之一的，人民法院不予确认：

（一）侵害国家利益、社会公共利益的；

（二）侵害案外人利益的；

（三）违背当事人真实意思的；

（四）违反法律、行政法规禁止性规定的。

第十三条　根据民事诉讼法第九十条第一款第（四）项规定，当事人各方同意在调解协议上签名或者盖章后生效,经人民法院审查确认后,应当记入笔录或者将协议附卷,并由当事人、审判人员、书记员签名或者盖章后即具有法律效力。当事人请求制作调解书的,人民法院应当制作调解书送交当事人。当事人拒收调解书的,不影响调解协议的效力。一方不履行调解协议的,另一方可以持调解书向人民法院申请执行。

第十四条 当事人不能对诉讼费用如何承担达成协议的,不影响调解协议的效力。人民法院可以直接决定当事人承担诉讼费用的比例,并将决定记入调解书。

第十五条 对调解书的内容既不享有权利又不承担义务的当事人不签收调解书的,不影响调解书的效力。

第十六条 当事人以民事调解书与调解协议的原意不一致为由提出异议,人民法院审查后认为异议成立的,应当根据调解协议裁定补正民事调解书的相关内容。

第十七条 当事人就部分诉讼请求达成调解协议的,人民法院可以就此先行确认并制作调解书。

当事人就主要诉讼请求达成调解协议,请求人民法院对未达成协议的诉讼请求提出处理意见并表示接受该处理结果的,人民法院的处理意见是调解协议的一部分内容,制作调解书的记入调解书。

第十八条 当事人自行和解或者经调解达成协议后,请求人民法院按照和解协议或者调解协议的内容制作判决书的,人民法院不予支持。

第十九条 调解书确定的担保条款条件或者承担民事责任的条件成就时,当事人申请执行的,人民法院应当依法执行。

不履行调解协议的当事人按照前款规定承担了调解书确定的民事责任后,对方当事人又要求其承担民事诉讼法第二百三十二条规定的迟延履行责任的,人民法院不予支持。

第二十条 调解书约定给付特定标的物的,调解协议达成前该物上已经存在的第三人的物权和优先权不受影响。第三人在执行过程中对执行标的物提出异议的,应当按照民事诉讼法第二百零八条规定处理。

第二十一条 人民法院对刑事附带民事诉讼案件进行调解,依照本规定执行。

第二十二条 本规定实施前人民法院已经受理的案件,在本规定施行后尚未审结的,依照本规定执行。

第二十三条 本规定实施前最高人民法院的有关司法解释与本规定不一致的,适用本规定。

第二十四条 本规定自 2004 年 11 月 1 日起实施。

附4：

最高人民法院关于当事人持台湾地区有关法院民事调解书或者有关机构出具或确认的调解协议书向人民法院申请认可人民法院应否受理的批复

法释〔1999〕10号

(1999年4月9日最高人民法院审判委员会第1053次会议通过，自1999年5月12日起施行)

四川省高级人民法院：

你院关于当事人持台湾地区有关法院民事调解书或者有关机构出具或确认的调解协议书向人民法院申请认可，人民法院应否受理的请示收悉。经研究，答复如下：

台湾地区有关法院出具的民事调解书，是在法院主持下双方当事人达成的协议，应视为与法院民事判决书具有同等效力。当事人向人民法院申请认可的，人民法院应比照我院《关于人民法院认可台湾地区有关法院民事判决的规定》予以受理。但对台湾地区有关机构（包括民间调解机构）出具或确认的调解协议书，当事人向人民法院申请认可的，人民法院不应予以受理。

此复

1999年4月27日

（三）文书格式

1.《民事调解书》（一审民事案件用）

××××人民法院
民事调解书

（××××）×民初字第××号

原告……（写明姓名或名称等基本情况）。

被告……（写明姓名或名称等基本情况）。

第三人……（写明姓名或名称等基本情况）。

（当事人及其他诉讼参加人的列项和基本情况的写法，与一审民事判决书样式相同。）

案由：……

……（写明当事人的诉讼请求和案件的事实）。

本案在审理过程中，经本院主持调解，双方当事人自愿达成如下协议：

……（写明协议的内容）。

……（写明诉讼费用的负担）。

上述协议，符合有关法律规定，本院予以确认。

本调解书经双方当事人签收后，即具有法律效力。

审判长　×××

审判员　×××

审判员　×××

××××年××月××日

（院印）

本件与原本核对无异

书记员　×××

2.《民事调解书》（二审民事案件用）

××××人民法院
民事调解书

（××××）×民终字第××号

上诉人（原审××）……（写明姓名或名称等基本情况）。

被上诉人（原审××）……（写明姓名或名称等基本情况）。

第三人……（写明姓名或名称等基本情况）。

（当事人及其他诉讼参加人的列项和基本情况的写法，与二审维持原判或者改判用的民事判决书样式相同。）

案由：……

上诉人×××不服××××人民法院（××××）×民初字第××号民事判决，向本院提起上诉，请求……（写明上诉请求）。

……（写明案件的事实）。

本案在审理过程中，经本院主持调解，双方当事人自愿达成如下协议：

……（写明协议内容）。

……（写明诉讼费用的负担）。

上述协议，符合有关法律规定，本院予以确认。

本调解书经双方当事人签收后，即具有法律效力。

审判长　×××

审判员　×××

审判员　×××

××××年××月××日

（院印）

本件与原本核对无异

               书记员 ×××

3.《民事调解书》（再审民事案件用）

××××人民法院
民事调解书

            （××××）×民再字第××号

原审原告（或原审上诉人）……（写明姓名或名称等基本情况）。

原审被告（或原审被上诉人）……（写明姓名或名称等基本情况）。

原审第三人……（写明姓名或名称等基本情况）。

（当事人及其他诉讼参加人的列项和基本情况的写法，与本院决定再审的案件用的民事判决书样式相同。）

案由：……

……（写明原审当事人的姓名或名称和案由）一案，本院（或××××人民法院）于××××年××月××日作出（××××）×民×字第××号民事判决（或调解协议），已经发生法律效力。××××年××月××日本院作出裁定，决定本案由本院提起再审（或进行提审）。（或"××××年××月××日××××人民法院指令本院对本案进行再审。"）

……（简要写明当事人的请求和案件的事实）。

本案在审理过程中，经本院主持调解，双方当事人自愿达成如下协议：

……（写明协议的内容）。

……（写明除免交的案件受理费外的其他诉讼费用的负担。没有的，此项不写）。

上述协议，符合有关法律规定，本院予以确认。

本调解书经双方当事人签收后，即具有法律效力。

              审判长 ×××
              审判员 ×××
              审判员 ×××
              ××××年××月××日
              （院印）

本件与原本核对无异

               书记员 ×××

四、实验步骤

(1) 熟悉案件事实材料，鉴别本案中的法院调解适用有何不当；
(2) 正确分析案件，判断有无实施法院调解的必要性；
(3) 运用正确的方式方法完成法院调解过程；
(4) 分析自愿与合法原则的贯彻落实情况；
(5) 撰写民事调解书及调解笔录；
(6) 完成民事调解书的送达工作。

五、自主设计

杨大红和申万刚系夫妻。1996年5月经人介绍相识恋爱。1997年12月25日自愿登记结婚，婚后夫妻感情尚好。1999年1月，因申万刚与其单位女同事关系暧昧，夫妻时常为此发生争吵。同年同月，杨大红向法院提起诉讼，要求判决离婚。被告申万刚认为，他们夫妻感情没有破裂，表示愿意改正过去的不良行为，坚持不同意离婚。一审法院立案后，依法开庭审理，作出一审判决：准予原告杨大红和被告申万刚离婚。接到一审判决，申万刚表示不服，依法提出上诉。二审法院在审理此案时，依法进行了调解。经过二审法院法官多方耐心细致地做劝说工作，被上诉人杨大红承认他们仍有一定的感情，表示同意与上诉人申万刚继续共同生活，放弃离婚打算。在二审法院调解下，双方和好。办理该案的二审法院审判员告诉双方当事人说："你们和好了，案件就此了结，因为和好的离婚案件，不用制作调解书。现在把结婚证退还给你们。"

【问题】二审法院审判人员的说法是否正确？

六、拓展思考

(1) 自愿与合法原则如何在法院调解过程中充分实现。
(2) 法院调解与法院审判权行使的关系。
(3) 法官在法院调解中扮演何种角色？与其固有的裁判者身份是否不同？
(4) 法院调解与审判应在何种科学体系设置下共存？

第二部分　第二审程序

实验一　上诉的提起与受理

一、实验要求与目的

通过实验要求学生掌握上诉与起诉的不同，熟悉第二审程序的提起途径与方式，了解并能熟练掌握上诉的提起受理的流程操作。
（1）掌握第一审程序与第二审程序的关系；
（2）理解上诉的概念及提起条件；
（3）熟悉二审案件的受理环节；
（4）规范撰写相应的民事上诉状等法律文书。

二、实验原理

第二审程序，是指民事诉讼当事人不服地方各级法院尚未发生法律效力的第一审判决和裁定，在法定期限内向上一级法院提起上诉，上一级法院对案件进行重新审理所适用的程序。第二审程序又称上诉审程序，同时，由于我国民事诉讼实行两审终审制，第二审程序又称为终审程序。

（一）第二审程序与第一审程序的关系

我国设置第二审程序的目的在于，一方面，上级法院通过上诉案件的审理，及时发现下级法院审判中存在的问题，对下级法院的审判工作进行有效的监督和检查，维护正确的第一审裁判，纠正错误的第一审裁判，加强审判监督，使一审法官审慎认真地履行自己的职责，保证法院正确行使审判权，维护国家法制的统一。另一方面，当事人通过行使上诉权发动第二审程序，对第一审裁判认定事实及适用法律的错误提出意见，请求上级法院对第一审裁判是否正确进行审查，并可再次向法院陈述自己的请求，从而进一步维护自己的合法权益。

第二审程序与第一审程序之间的联系表现为：第二审程序与第一审程序同属于审理民事诉讼案件的审判程序，并共同构成了我国完整的两审终审制度；第一审程序是第二审程序的前提和基础，只有第一审程序的结束，才可能产生第二审程序；第二审程序是第一审程序的继续和发展。

第二审程序与第一审程序属于两个不同审级的审判程序，它们之间的区别主要表现在以下几个方面：

1. 审级不同

第一审程序是案件在法院进行第一次审理时所适用的程序，各级法院都可以适用第一审程序；第二审程序则是终审程序，是案件在第二审法院审理时所适用的程序，并且，只有中级以上的法院在审理上诉案件时才能适用该程序。

2. 程序发生的原因不同

第一审程序的发生，是基于当事人的起诉权和法院的管辖权的结合；第二审程序的发生，是基于当事人的上诉权和第二审法院审判上的监督权。

3. 审理的对象和任务不同

第一审程序中，法院应当以原告的起诉状和被告的答辩状为基础，对当事人争议的事实进行审理，以查明案件事实，正确适用法律，确认当事人之间的民事权利义务关系。第二审程序中，法院应当以第一审裁判为基础，原则上只对当事人上诉请求的有关事实和适用法律进行审查，因此，第二审程序除确认当事人之间的民事权利义务关系外，还要监督和检查下级法院的审判工作。

4. 审理方式不同

适用第一审程序审理案件，法院必须经过开庭审理才能作出判决；适用第二审程序审理上诉案件，法院可以开庭审理，也可以对某些上诉案件不经开庭审理径行判决。

5. 审结的期限不同

第一审普通程序的审结期限为6个月，有特殊情况经批准可以延长；而第一审简易程序的审结期限为3个月。适用第二审程序审理案件，对不服判决的上诉案件的审结期限为3个月，对不服裁定的上诉案件的审结期限为30日。

6. 裁判的效力不同

地方各级法院依第一审程序作出的第一审判决和准许上诉的裁定，在法定的上诉期限内不发生法律效力；第二审法院依第二审程序作出的判决和裁定，一经宣告，立即发生法律效力，是终审的判决和裁定。

（二）上诉的概念与条件

1. 上诉与起诉的区别

上诉，是指当事人不服第一审未生效的判决和裁定，在法定期限内声明不服，要求上一级法院进行审理，以求撤销原判决、裁定的诉讼行为。上诉权是当事人的一项十分重要的诉讼权利，对于第一审法院所作的第一审裁判，除法律另有规定的以外，当事人都有权在法定期限内向上一级法院提起上诉。

上诉和起诉虽然都是当事人请求法院通过行使审判权以解决民事纠纷的诉讼行为，但二者存在着较大的区别，其主要表现在：（1）起诉的发生是因为当事人之间存在民事权益争议，一方当事人请求法院通过审判予以司法保护，解决与对方当事人的民事纠纷；而上诉的发生是因为当事人不服第一审法院所作的未生效的判决和裁定，请求上一级法院重新审理，通过撤销原判决或裁定达到正确解决纠纷的目的。（2）起诉只能由民事纠纷的一方当事人提起，即民事纠纷只能由其中的一方主体作为原告，而上诉可以由一审中的双方当事人提起，即纠纷的两方主体都可以成为上诉人。（3）起诉应当向有管辖权的法院提出，须符合法定的起诉条件，所引起的是第一审程序；而上诉应当向作出第一审裁判法院的上一级法院提出，须符合法定的上诉条件，所引起的是第二审程序。

2. 上诉的条件

当事人必须依法提起上诉，符合法律规定的条件，否则，上诉不具有引起第二审程序发生的效力。根据民事诉讼法的规定，当事人提起上诉应具备以下条件：

（1）上诉人与被上诉人必须适格。上诉人，是指依法提起上诉的当事人；被上诉人，是指与上诉人的上诉主张具有对立性利害关系的当事人。上诉人与被上诉人必须是第一审判决和裁定所指向的当事人，包括原告、被告、共同诉讼人、有独立请求权第三人、经第一审法院判决承担民事责任的无独立请求权第三人。无行为能力当事人的上诉权由其法定诉讼代理人行使，委托代理人代为提起上诉，必须经当事人的特别授权。双方当事人和第三人都提起上诉的，均为上诉人。

（2）提起上诉的判决、裁定，必须是依法可以上诉的判决和裁定。只有法律赋予上诉权的第一审判决、裁定，当事人才有上诉的可能性。根据民事诉讼法的规定，可以上诉的判决和裁定是：地方各级法院适用第一审程序审理民事诉讼案件所作出的第一审判决，包括适用普通程序、简易程序和海事审判程序所作出的第一审判决；不予受理、驳回起诉和对管辖权异议的裁定；第二审法院发回原审法院重审后作出的判决;由第一审法院适用普通程序进行再审所作的判决。

根据民事诉讼法的规定,不得上诉的民事裁判有:最高人民法院作出的判决和裁定;第二审法院作出的判决和裁定;适用特别程序、督促程序、公示催告程序审理所作的判决和裁定;《民事诉讼法》第一百四十条第四项至第十一项所列之裁定。

(3) 必须在法定期限内提出上诉。当事人提起上诉,必须在法律规定的期限内进行,逾期不提出上诉的,当事人就丧失了上诉权。法律规定上诉期间的目的,在于促使当事人及时行使上诉权,防止诉讼久拖不决,以保障法院及时审结民事案件,维护裁判的稳定性和严肃性。根据《民事诉讼法》第一百四十七条的规定,当事人不服地方法院第一审判决的上诉期限为15日,不服第一审裁定的上诉期限为10日。上诉期间届满,当事人没有提出上诉的,第一审裁判即发生法律效力。

上诉期间的计算,应当从第一审判决书、裁定书送达当事人后的第二日起算。各方当事人收到判决书、裁定书的时间不相同的,从各自收到判决书、裁定书的第二日起算,只有当最后收到判决书、裁定书的当事人的上诉期限届满,无人提出上诉的,判决书、裁定书才发生法律效力。

(4) 必须提交上诉状。上诉状是上诉人请求第二审法院变更或撤销第一审裁判的诉讼文书。提交上诉状是当事人提起上诉的形式要件,这与起诉是不同的。当事人起诉时,原则上应当提交书面起诉状,但是书写起诉状确有困难的,也可以口头提起诉讼。上诉是一种重要的诉讼行为,并将产生一定的法律后果,采用上诉状形式能明确上诉人请求的范围,便于上一级法院明确审理的对象和范围。

根据《民事诉讼法》第一百四十八条的规定,当事人提起上诉,必须向法院提交上诉状,当事人口头提出上诉的,不能视为上诉。上诉状应当写明当事人的姓名,法人的名称及其法定代表人的姓名或者其他组织的名称及其主要负责人的姓名,原审法院的名称、案件编号和案由,上诉的请求和理由,其中,上诉的请求和理由是上诉状的主要内容。上诉请求是上诉人通过上诉所要达到的目的,上诉的理由则是进一步说明第一审判决、裁定在认定事实和适用法律上的不当或错误以及提出事实和理由。

当事人提出上诉只有同时具备以上四个条件,上诉才能成立,才能引起第二审程序的发生。当事人上诉后,将直接阻碍第一审裁判的生效,并产生案件由第一审法院移至第二审法院审理的效力。

（三）上诉的提起与受理

根据《民事诉讼法》的规定，当事人提起上诉，原则上应当通过原审法院提交上诉状，并按照对方当事人的人数提出副本。这样既便于当事人提出上诉，又便于原审法院对上诉条件和上诉状内容进行审查，如有欠缺，可以及时通知当事人补正。如果当事人直接向第二审法院提出上诉的，第二审法院应当接受，并在5日内将上诉状移交原审法院。原审法院收到当事人提交或上一级法院移交的上诉状后，应当在5日内将上诉状副本送交对方当事人，对方当事人收到上诉状副本后，应当在15日内提交答辩状。法院应当在收到答辩状之日起5日内将答辩状副本送达上诉人。被上诉人在法定期限内不提交答辩状的，不影响第二审法院的审理。原审法院收到上诉状、答辩状后，应当在5日内连同全部案卷和证据，报送第二审法院。

第二审法院收到原审法院报送的上诉材料和案卷后，应当对上诉进行审查：上诉符合法定条件的，予以受理；上诉不符合条件的，应当裁定驳回上诉。双方当事人都上诉的，二审法院应当分别进行审查，其中不符合条件的上诉被驳回后，不影响其他当事人上诉的成立。如果上诉被驳回，又没有其他当事人上诉的，原审判决或裁定即发生法律效力。

在一审宣判后，如果原审法院发现该判决有错误，而当事人在上诉期内提出上诉的，原审法院可以提出原判决有错误的意见，报送第二审法院，由第二审法院按照第二审程序审理；当事人不上诉的，按照审判监督程序处理。

三、实验准备

（一）案件材料

刘兰与王远中经人介绍相识并恋爱，于1996年4月双方自愿登记结婚，婚后感情尚可，并生有一子王龙兵。1998年1月，王远中开始参与赌博，刘兰多次耐心规劝无效。双方在家里时常发生争吵、打架。1998年12月刘兰以王远中赌博成性，劝阻无效，致使夫妻感情破裂为由，向某区人民法院提起诉讼，要求判决与王远中离婚。某区人民法院立案受理后，经过开庭审理认为，刘兰与王远中婚前感情基础较好，结婚以后夫妻感情也不错，王远中参与赌博的行为虽一定程度影响了夫妻感情，但感情并未彻底破裂，尚有和好可能。于是，责令王远中改掉赌博恶习，判决驳回原告刘兰的离婚请求。刘兰不服一审判决，向市中级人民法院依法提出上诉，王远中不同意离婚，向刘兰真诚表示他坚决改掉赌博恶习，今后决不参加赌博，并写了书面保证书。同时，他还请刘兰的父母及亲朋好友劝说刘兰，不要离婚，在这种情况下，刘兰向中级人民法院申请撤回上诉。但是，撤回上诉没几天，王远中旧病复发，又参与赌博。由于上诉期15天未超过，刘兰又向市中级人民法院提出上诉。

（二）法律依据

适用于上诉的法律、规定和文件主要包括：《中华人民共和国民事诉讼法》、《最高人民法院关于适用〈中华人民共和国民事诉讼法〉若干问题的意见》。

附1：

中华人民共和国民事诉讼法（节录）

（1991年4月9日第七届全国人民代表大会第四次会议通过 根据2007年10月28日第十届全国人民代表大会常务委员会第三十次会议《关于修改〈中华人民共和国民事诉讼法〉的决定》修正）

……

第十四章 第二审程序

第一百四十七条 当事人不服地方人民法院第一审判决的，有权在判决书送达之日起十五日内向上一级人民法院提起上诉。

当事人不服地方人民法院第一审裁定的，有权在裁定书送达之日起十日内向上一级人民法院提起上诉。

第一百四十八条 上诉应当递交上诉状。上诉状的内容，应当包括当事人的姓名，法人的名称及其法定代表人的姓名或者其他组织的名称及其主要负责人的姓名；原审人民法院名称、案件的编号和案由；上诉的请求和理由。

第一百四十九条 上诉状应当通过原审人民法院提出，并按照对方当事人或者代表人的人数提出副本。

当事人直接向第二审人民法院上诉的，第二审人民法院应当在五日内将上诉状移交原审人民法院。

第一百五十条 原审人民法院收到上诉状，应当在五日内将上诉状副本送达对方当事人，对方当事人在收到之日起十五日内提出答辩状。人民法院应当在收到答辩状之日起五日内将副本送达上诉人。对方当事人不提出答辩状的，不影响人民法院审理。

原审人民法院收到上诉状、答辩状，应当在五日内连同全部案卷和证据，报送第二审人民法院。

……

附2：

最高人民法院关于适用《中华人民共和国民事诉讼法》若干问题的意见（节录）

法发〔92〕22号

(1992年7月14日最高人民法院审判委员会第528次会议讨论通过)

……

十一、第二审程序

176. 双方当事人和第三人都提出上诉的，均为上诉人。

177. 必要共同诉讼人中的一人或者部分人提出上诉的，按下列情况处理：

(1) 该上诉是对与对方当事人之间权利义务分担有意见，不涉及其他共同诉讼人利益的，对方当事人为被上诉人，未上诉的同一方当事人依原审诉讼地位列明；

(2) 该上诉仅对共同诉讼人之间权利义务分担有意见，不涉及对方当事人利益的，未上诉的同一方当事人为被上诉人，对方当事人依原审诉讼地位列明；

(3) 该上诉对双方当事人之间以及共同诉讼人之间权利义务承担有意见的，未提出上诉的其他当事人均为被上诉人。

178. 一审宣判时或判决书、裁定书送达时，当事人口头表示上诉的，人民法院应告知其必须在法定上诉期间内提出上诉状。未在法定上诉期间内递交上诉状的，视为未提出上诉。

179. 无民事行为能力人、限制民事行为能力人的法定代理人，可以代理当事人提起上诉。

……

（三）文书格式

1.《民事上诉状》（法人或其他组织用）

民事上诉状

上诉人（原审×告）：名称：_____ 住所：_____ 电话：_____

法定代表人：名称：_____　　职务：_____
委托代理人：姓名：_____　性别：_____　年龄：_____
　　　　　　民族：____　职务：_____　工作单位：_____
　　　　　　住所：_____　电话：_____
上诉人因_____一案，不服_____法院于____年____月____日____字第____号判决，现提出上诉。
　　上诉请求：_____
_____。
　　上诉理由：_____
_____。
　　此致
_____人民法院

　　　　　　　　　　　　　　　上诉人：_____（盖章）
　　　　　　　　　　　　　　　法定代表人：_____（签章）
　　　　　　　　　　　　　　　　　____年____月____日

附：1. 本上诉状副本____份。
　　2. 有关证明材料____件。

2.《民事上诉状》（公民提出上诉用）

民事上诉状

上诉人（原审×告）：姓名：_____　性别：_____　年龄：_____
　　　　　　　　　民族：____　职务：_____　工作单位：_____
　　　　　　　　　住所：_____　电话：_____
被上诉人（原审×告）：姓名：_____　性别：_____　年龄：_____
　　　　　　　　　　民族：____　职务：_____　工作单位：_____
　　　　　　　　　　住所：_____　电话：_____
上诉人因××××一案，不服××××人民法院××××年××月××日（×）字第×××号，现提出上诉。
　　上诉请求：……。
　　上诉理由：……。
　　此致
×××人民法院

　　　　　　　　　　　　　　　　　　上诉人：×××
　　　　　　　　　　　　　　　　××××年××月××日

附：本上诉状副本××份。
注：本诉状格式亦可适用于经济案件中公民提起上诉。

3. 《上诉答辩状》（法人或其他组织用）

上诉答辩状

答辩人：名称：_____ 地址：_____ 电话：_____

法定代表人：姓名：_____ 职务：_____

委托代理人：姓名：_____ 性别：_____ 年龄：_____

民族：_____ 职务：_____ 工作单位：_____

住址：_____ 电话：_____

答辩人因_____一案，对上诉人_____不服_____人民法院____字第____号判决，提出答辩状。

答辩的理由和根据：_____
_____。

此致

_____人民法院

答辩人：_____（盖章）
法定代表人：_____（签章）
____年____月____日

附：答辩状副本____份。
注：答辩的理由和根据应着重陈述对上诉书中有关问题的意见，并列据有关证据和法律依据。

四、实验步骤

(1) 掌握上诉的提起条件与受理程序；
(2) 熟悉案件事实材料，分析判断该案上诉是否具备条件；
(3) 根据分析撰写相应的诉讼文书；
(4) 根据程序的推进，完成具体的操作流程。

五、自主设计

原告王建、王成明与被告王兰平系是同胞兄妹关系。母亲早逝，父亲死后遗有私人房屋两间，为王兰平一人占有。原告王建、王成明均要求继承该遗产房，遭王兰平拒绝,于是,二原告起诉到法院,要求分割遗产。一审法院审理后判决原告王建和王成明各继承一间房屋,同时判令二原告各付给被告3 000元。王成明不服一审判决,以自己尽赡养义务多为由提起上诉,要求由王建给付4 000元,其本人只给付2 000元。

【问题】(1) 二审如何确定上述当事人的地位?
(2) 根据本案撰写民事上诉状及民事答辩状。

六、拓展思考

(1) 第一审程序与第二审程序的设立宗旨有何差异?
(2) 深入领会上诉与起诉的区别。
(3) 上诉的提起与受理环节的程序流程呈现何种明显的特点?
(4) 我国审级制度的完善与发展趋势是什么?

实验二　二审审理范围及裁判方式

一、实验要求与目的

通过实验要求学生熟悉终审程序的设置理念与价值目标,熟练运用第二审程序的运行特点及操作流程,掌握相关文书撰写的技巧。

(1) 熟悉第二审程序的特点;
(2) 掌握二审案件的审理范围及审理方式;
(3) 了解二审案件的庭审特点;
(4) 熟悉第二审法院对上诉案件的裁判方式;
(5) 完成具体的程序流程,制作相应的诉讼文书。

二、实验原理

(一) 上诉案件的审理范围

根据《民事诉讼法》第一百五十一条的规定,第二审法院审理上诉案件,应当对上诉人上诉请求的有关事实和适用法律进行审查。因此,第二审法院审理上诉案件，既要对与上诉请求有关的事实进行审查，又要对与上诉请求有关的适用法律问题进行审查，即我国民事诉讼的第二审既是事实审，又是法律审。同时，第二审法院审理的事实问题和法律问题，应当限定在上诉人的上诉请求范围以内，即要受上诉请求范围的限制。第二审法院应当围绕当事人上诉请求的范围进行审理，对于上诉人没有提出的一审裁判中的事实问题和法律问题不予审查。对于被上诉人在答辩中要求变更或者补充第一审判决内容的，第二审法院也可不予审查。限定上诉案件的审理范围，目的在于使第二审法院的审判行为建立在当事人上诉行为的基础之上，使其更符合处分原则的要求，有利于加快诉讼程序，提高诉讼效率。但是，如果第一审判决违反法律禁止性规定、侵害社会公共利益或他人合法权益的，第二审法院的审理范围则不受当事人上诉请求的限制，必须依法撤销原判，予以纠正。这一例外，是第二审程序审判监督功能的体现，是对国家对当事人处分行为的正当干预，既是必要的，也是合理的。

上诉案件审理范围涉及的另一个问题，就是能否在第二审程序中提出新的证据材料。根据举证时限制度的要求，证据材料应当在第一审中提出，当事人原则上不得在第二审程序中提出新的证据材料。但是，在两种情况下是例外：（1）当事人在第一审庭审结束后新发现的证据材料；（2）当事人在第一审举证期限届满前申请第一审法院调查取证未获得准许，第二审法院经审查认为应当准许，并依当事人的申请所调取的证据材料。对这两种情况下的新证据材料，应当准许当事人在二审中提出。这两种例外情况，也适用于基于诉讼权利承担而参加二审诉讼的新当事人。

在二审程序中，原审原告增加独立的诉讼请求或原审被告提出反诉的，第二审法院可以根据当事人自愿的原则就新增加的诉讼请求或反诉进行调解，调解不成的，告知当事人另行起诉。法院依照第二审程序审理的案件，经审查认为依法不应由法院受理的，可以由第二审法院直接裁定撤销原判，驳回起诉。

（二）上诉案件的审判组织形式

根据《民事诉讼法》第一百五十二条的规定，第二审法院审理上诉案件，应当由审判员依法组成合议庭进行审理，陪审员不能参加二审的合议庭。因为第二审法院审理上诉案件，既要对当事人之间的权利义务关系予以认定，又要检查和监督第一审法院的判决、裁定在认定事实和适用法律上是否有错误，因而上诉案件对审判能力和审判水平有更高的要求。所以，第二审法院审理上诉案件时，在审判组织的形式上就应当由审判员组成合议庭进行。

（三）上诉案件的审理方式

法院按照第二审程序审理上诉案件的方式有两种：开庭审理和径行裁判。第二审法院审理上诉案件，以开庭审理为原则。即应当传唤双方当事人和其他诉讼参与人到庭，进行法庭调查和法庭辩论，并在此基础上进行合议庭评议和宣判。径行裁判，是指第二审法院不同时传唤和通知当事人和其他诉讼参与人到庭参加法庭调查、法庭辩论，而是在经过阅卷和调查后，直接对上诉案件作出裁判。根据民事诉讼法的规定，第二审法院在经过阅卷调查，询问当事人，对事实核对清楚后，合议庭认为不需开庭审理的，可以径行裁判。径行裁判可以简化诉讼程序，降低诉讼成本，提高诉讼效率，但不能任意扩大其适用范围。根据有关的司法解释，径行判决仅适用于以下案件：

（1）一审就不予受理、驳回起诉和管辖权异议作出裁定的案件；
（2）当事人提出的上诉请求明显不能成立的案件；
（3）原审裁判认定事实清楚，但适用法律有错误的案件；
（4）原判决违反法定程序，可能影响案件正确判决，需要发回重审的案件。

应当注意的是，我国民事诉讼法规定的径行裁判与一些西方国家民事诉讼法规定的"书面审理"是不同的。所谓书面审理，是指不开庭，不调查，不询问当事人、证人，只通过审查一审案卷材料即可作出判决的审理方式。而我国民事诉讼法规定的可径行判决的案件，审判人员不仅要审查案卷材料，而且必须进行调查，亲自听取当事人的陈述，并询问当事人。

（四）上诉案件的和解与调解

在第二审程序中，当事人之间可以进行和解，如果达成和解协议的，第二审法院可以根据当事人的请求，对双方达成的和解协议进行审查并制作调解书送达当事人，并视为调解结案。当事人因和解而申请撤回上诉，经审查符合撤诉条件的，二审法院应予准许，但上诉撤回后，第一审判决即发生法律效力。

第二审法院审理上诉案件，可以根据自愿、合法原则主持双方当事人进行调解。调解达成协议的，应当制作调解书，由审判人员、书记员署名，并加盖人民法院印章。调解书一经送达双方当事人签收，即与终审判决具有同等的法律效力，原审法院的判决、裁定即视为撤销。

（五）上诉案件的裁判

1. 对不服第一审判决上诉案件的裁判

第二审法院对上诉案件审理终结，经合议庭评议，对于不能达成调解协议的案件，应当根据《民事诉讼法》第一百五十三条的规定和有关的司法解释，分不同情况作出判决和裁定：

（1）驳回上诉，维持原判。第二审法院对上诉案件经过审理，认为原判决认定事实清楚，证据确实充分，适用法律恰当，应当依法判决驳回当事人的上诉，维持原判。维持原判意味着对原审法院判决正确性与合法性的肯定，表明对当事人上诉的请求和理由的不予支持。

（2）依法改判。第二审法院对上诉案件经过审理，对两种情形可依法予以改判：①原判决认定事实清楚，证据充分，但适用法律错误的，应在确认一审判决对事实认定的同时，依法作出新的判决；②原判决认定事实错误，或者认定事实不清，证据不足的，可以在查清事实后予以改判。改判是第二审法院以判决形式对原判决的修正，其既可以依法部分改判，也可以依法全部改判。

（3）撤销原判，发回重审。第二审法院对上诉案件经过审理，认为有以下情形之一的，应裁定撤销原判，发回原第一审判法院重新审理：①原判决认定事实错误，或者原判决认定事实不清，证据不足的；②原判决违反法定程序，可能影响案件正确判决的；③对当事人在一审中已经提出的诉讼请求，原审法院未作出审理、判决的，第二审法院在审理上诉案件时对此一并进行调解，调解不成的；④必须参加诉讼的当事人在一审中未参加诉讼，在二审中参加诉讼，第二审法院根据当事人自愿原则进行调解，但调解不成的；⑤一审判决不准离婚的案件，当事人上诉后，第二审法院认为应当判决离婚，并根据当事人自愿原则，与子女抚养、财产问题一并调解，但调解不成的；⑥在第一审中没有参加诉讼的第三人，在二审中申请参加诉讼并由第二审法院准许，但经调解不能达成协议的。

第二审法院对原判决认定事实错误或者原判决认定事实不清，证据不足而裁定发回原审法院重审的，对同一案件只能发回重审一次。原审法院重审后，第二审法院认为原判决认定事实仍有错误，或者原判决认定事实不清、证据不足的，应当查清事实后依法改判。

2. 对不服第一审裁定上诉案件的裁定

根据《民事诉讼法》第一百五十四条的规定，第二审法院对当事人不服第一审法院裁定的上诉案件，一律用裁定作出处理。原裁定认定事实清楚，适用法律正确的，应当裁定驳回上诉，维持原裁定；原裁定认定事实不清，证据不足或适用法律错误的，应当裁定撤销原裁定，重新作出正确的裁定。第二审法院认为第一审法院作出的不予受理、驳回起诉的裁定有错误的，应当在撤销原裁定的同时，指令第一审法院立案受理或者进行审理；认为第一审法院作出的对管辖权异议的裁定有错误的，应撤销原裁定，并指令第一审法院审理或将案件移送给有管辖权的法院。第二审法院所作出的判决和裁定是终审的判决和裁定，一经宣告，立即发生法律效力。第二审法院制作的调解书一经送达双方当事人，与终审的判决具有同等法律效力。

三、实验准备

（一）案件材料

吴祖得以性格不合，经常发生纠纷，夫妻感情破裂为由提起诉讼，要求判决与被告王春芳离婚。A市郊区法院经审理查明：王春芳与吴祖得于1997年8月28日登记结婚，双方结婚一年后，生有一女孩。小女孩出生2个月后，吴祖得即以感情破裂为由向法院起诉离婚。被告王春芳在答辩状中表示不同意离婚，开始开庭审理，见吴祖得离婚决心非常坚决，于是向法庭表示同意离婚，但要多分家庭财产。A市郊区法院认为，王春芳及其女儿生活较困难，在分割财产应当给予照顾。现原、被告都同意离婚。于是，郊区法院判决：准予原告吴祖得与被告王春芳离婚，小孩随王春芳生活；财产归王春芳所有；吴祖得承担3 000元债务，并且每个月给付小孩抚养费50元。吴祖得不服一审判决，以共同财产分割不公正、不合法为由提起上诉。对本案的处理有三种意见：第一种意见认为，一审判决离婚是错误的，女方在分娩不满1年内，男方不得提出离婚，法院依法不应支持男方提出的离婚请求，应当判决撤销原判，驳回原告吴祖得的离婚请求；第二种意见认为，二审法院只能对上诉人提出的上诉请求的有关事实和法律进行审查，受上诉请求范围的限制，上诉人吴祖得仅就财产分割提出上诉，只能就夫妻财产的分割问题进行裁判；第三种意见认为，根据我国《婚姻法》第二十七条的规定，女方分娩不到1年，男方根本不具有离婚诉讼的诉权，故应裁定撤销原判，驳回吴祖得的起诉。

（二）法律依据

适用于二审审理范围及裁判方式的法律、规定和文件主要包括：《中华人民共和国民事诉讼法》、《最高人民法院关于适用〈中华人民共和国民事诉讼法〉若干问题的意见》。

附1：

中华人民共和国民事诉讼法（节录）

（1991年4月9日第七届全国人民代表大会第四次会议通过 根据2007年10月28日第十届全国人民代表大会常务委员会第三十次会议

《关于修改〈中华人民共和国民事诉讼法〉的决定》修正）

……

第一百五十一条　第二审人民法院应当对上诉请求的有关事实和适用法律进行审查。

第一百五十二条　第二审人民法院对上诉案件，应当组成合议庭，开庭审理。经过阅卷和调查，询问当事人，在事实核对清楚后，合议庭认为不需要开庭审理的，也可以径行判决、裁定。

第二审人民法院审理上诉案件，可以在本院进行，也可以到案件发生地或者原审人民法院所在地进行。

第一百五十三条　第二审人民法院对上诉案件，经过审理，按照下列情形，分别处理：

（一）原判决认定事实清楚，适用法律正确的，判决驳回上诉，维持原判决；

（二）原判决适用法律错误的，依法改判；

（三）原判决认定事实错误，或者原判决认定事实不清，证据不足，裁定撤销原判决，发回原审人民法院重审，或者查清事实后改判；

（四）原判决违反法定程序，可能影响案件正确判决的，裁定撤销原判决，发回原审人民法院重审。

当事人对重审案件的判决、裁定，可以上诉。

第一百五十四条　第二审人民法院对不服第一审人民法院裁定的上诉案件的处理，一律使用裁定。

第一百五十五条　第二审人民法院审理上诉案件，可以进行调解。调解达成协议，应当制作调解书，由审判人员、书记员署名，加盖人民法院印章。调解书送达后，原审人民法院的判决即视为撤销。

第一百五十六条　第二审人民法院判决宣告前，上诉人申请撤回上诉的，是否准许，由第二审人民法院裁定。

第一百五十七条　第二审人民法院审理上诉案件，除依照本章规定外，适用第一审普通程序。

第一百五十八条　第二审人民法院的判决、裁定，是终审的判决、裁定。

第一百五十九条　人民法院审理对判决的上诉案件，应当在第二审立案之日起三个月内审结。有特殊情况需要延长的，由本院院长批准。

人民法院审理对裁定的上诉案件，应当在第二审立案之日起三十日内作出终审裁定。

……

附2：

最高人民法院关于适用《中华人民共和国民事诉讼法》若干问题的意见（节录）

法发〔92〕22号

(1992年7月14日最高人民法院审判委员会第528次会议讨论通过)

……

180. 第二审人民法院依照民事诉讼法第一百五十一条的规定，对上诉人上诉请求的有关事实和适用法律进行审查时，如果发现在上诉请求以外原判确有错误的，也应予以纠正。

181. 第二审人民法院发现第一审人民法院有下列违反法定程序的情形之一，可能影响案件正确判决的，应依照民事诉讼法第一百五十三条第一款第（四）项的规定，裁定撤销原判，发回原审人民法院重审：
（1）审理本案的审判人员、书记员应当回避未回避的；
（2）未经开庭审理而作出判决的；
（3）适用普通程序审理的案件当事人未经传票传唤而缺席判决的；
（4）其他严重违反法定程序的。

182. 对当事人在一审中已经提出的诉讼请求，原审人民法院未作审理、判决的，第二审人民法院可以根据当事人自愿的原则进行调解，调解不成的，发回重审。

183. 必须参加诉讼的当事人在一审中未参加诉讼，第二审人民法院可以根据当事人自愿的原则予以调解，调解不成的，发回重审。发回重审的裁定书不列应当追加的当事人。

184. 在第二审程序中，原审原告增加独立的诉讼请求或原审被告提出反诉的，第二审人民法院可以根据当事人自愿的原则就新增加的诉讼请求或反诉进行调解，调解不成的，告知当事人另行起诉。

185. 一审判决不准离婚的案件，上诉后，第二审人民法院认为应当判决离婚的，可以根据当事人自愿的原则，与子女抚养、财产问题一并调解，调解不成的，发回重审。

186. 人民法院依照第二审程序审理的案件，认为依法不应由人民法院受理的，可以由第二审人民法院直接裁定撤销原判，驳回起诉。

187. 第二审人民法院查明第一审人民法院作出的不予受理裁定有错误的，应在撤销原裁定的同时，指令第一审人民法院立案受理；查明第一审人民法院作出的驳回起诉裁定有错误的，应在撤销原裁定的同时，指令第一审人民法院进行审理。

188. 第二审人民法院对下列上诉案件，可以依照民事诉讼法第一百五十二条的规定进行判决、裁定：

（1）一审就不予受理、驳回起诉和管辖权异议作出裁定的案件；

（2）当事人提出的上诉请求明显不能成立的案件；

（3）原审裁判认定事实清楚，但适用法律错误的案件；

（4）原判决违反法定程序，可能影响案件正确判决，需要发回重审的案件。

189. 在第二审程序中，作为当事人的法人或者其他组织分立的，人民法院可以直接将分立后的法人或者其他组织列为共同诉讼人；合并的，将合并后的法人或者其他组织列为当事人。不必将案件发还原审人民法院重审。

190. 在第二审程序中，当事人申请撤回上诉，人民法院经审查认为一审判决确有错误，或者双方当事人串通损害国家和集体利益、社会公共利益及他人合法权益的，不应准许。

191. 当事人在二审中达成和解协议的，人民法院可以根据当事人的请求，对双方达成的和解协议进行审查并制作调解书送达当事人；因和解而申请撤诉，经审查符合撤诉条件的，人民法院应予准许。

192. 第二审人民法院宣告判决可以自行宣判，也可以委托原审人民法院或者当事人所在地人民法院代行宣判。

……

（三）文书格式

1.《民事裁定书》（对原审驳回起诉的上诉案件用）

××××人民法院
民事裁定书

（××××）×民终字第××号

上诉人（原审××）……（写明姓名或名称等基本情况）。

被上诉人（原审××）……（写明姓名或名称等基本情况）。

（当事人及其他诉讼参加人的列项和基本情况的写法，与二审维持原判或者改判用的民事判决书样式相同。）

上诉人×××因……（写明案由）一案，不服××××人民法院（××××）×民初字第××号驳回起诉的民事裁定，向本院提起上诉。本院依法组成合议庭，公开（或不公开）开庭审理了本案。……（写明到庭的当事人和诉讼代理人等）到庭参加诉讼。（未开庭的，写："本院依法组成合议庭审理了本案。"）

……（概述原审裁定的主要内容和上诉人的上诉请求与理由、被上诉人的答辩等。）

本院经审理认为，……（简要叙述二审驳回上诉或者撤销原裁定的事实和理由。着重对原审裁定是否正确，上诉是否有理，进行分析论证）。依照……（写明裁定所依据的法律条款项）的规定，裁定如下：

……〔写明裁定结果。分两种情况：

第一，维持原裁定的，写：

"驳回上诉，维持原裁定。

……（写明诉讼费用的负担）。"

第二，撤销原裁定的，写：

"一、撤销××××人民法院（××××）×民初字第××号民事裁定；

二、指令××××人民法院对本案进行审理。"〕

本裁定为终审裁定（指令进行审理的，此句不写）。

审判长　×××

审判员　×××

审判员　×××

××××年××月××日

（院印）

本件与原本核对无异

书记员　×××

2.《民事裁定书》（对原审不予受理的上诉案件用）

××××人民法院
民事裁定书

（××××）×民×字第××号

上诉人……（写明姓名或名称等基本情况）。

上诉人×××不服××××人民法院（××××）×民×字第××号不予受理起诉的民事裁定，向本院提起上诉。上诉人×××称，……（概述上诉请求与理由）。

本院经审查认为，……（简要写明驳回上诉或者撤销原裁定的理由）。依照……（写明裁定所依据的法律条款项）的规定，裁定如下：

……〔写明裁定结果。分两种情况：

第一，维持原裁定的，写：

"驳回上诉，维持原裁定。"

第二，撤销原裁定的，写：

"一、撤销××××人民法院（××××）×民×字第××号民事裁定；

二、本案由××××人民法院立案受理。"〕

……（写明诉讼费用的负担）。

本裁定为终审裁定。

              审判长　×××
              审判员　×××
              审判员　×××
            ×××年××月××日
               （院印）

本件与原本核对无异

              书记员　×××

3.《民事裁定书》（二审发回重审用）

       ××××人民法院
        民事裁定书

            （××××）×民终字第××号

  上诉人（原审××）……（写明姓名或名称等基本情况）。

  被上诉人（原审××）……（写明姓名或名称等基本情况）。

  （当事人及其他诉讼参加人的列项和基本情况的写法，与二审维持原判或者改判用的民事判决书样式相同。）

  上诉人×××因……（写明案由）一案，不服××××人民法院（××××）×民初字第××号民事判决，向本院提起上诉。本院依法组成合议庭，公开（或不公开）开庭审理了本案。……（写明到庭的当事人、诉讼代理人等）到庭参加诉讼。

  （未开庭的，写"本院依法组成合议庭审理了本案。"）

  本院认为，……（概括写明发回重审的理由。如原判决认定事实错误或事实不清，证据不足，或者违反法定程序可能影响案件正确判决等）。依照……（写明裁定所依据的法律条款项）的规定，裁定如下：

  一、撤销××××人民法院（××××）×民初字第××号民事判决；

  二、发回××××人民法院重审。

              审判长　×××
              审判员　×××
              审判员　×××
            ××××年××月××日
               （院印）

本件与原本核对无异

书记员　×××

4.《民事调解书》（二审民事案件用）

××××人民法院
民事调解书

（××××）×民终字第××号

上诉人（原审××）……（写明姓名或名称等基本情况）。

被上诉人（原审××）……（写明姓名或名称等基本情况）。

第三人……（写明姓名或名称等基本情况）。

（当事人及其他诉讼参加人的列项和基本情况的写法，与二审维持原判或者改判用的民事判决书样式相同。）

案由：……

上诉人×××不服××××人民法院（××××）×民初字第××号民事判决，向本院提起上诉，请求……（写明上诉请求）。

……（写明案件的事实）。

本案在审理过程中，经本院主持调解，双方当事人自愿达成如下协议：

……（写明协议内容）。

……（写明诉讼费用的负担）。

上述协议，符合有关法律规定，本院予以确认。

本调解书经双方当事人签收后，即具有法律效力。

审判长　×××
审判员　×××
审判员　×××
××××年××月××日
（院印）

本件与原本核对无异

书记员　×××

5.《民事判决书》（二审维持原判或者改判用）

××××人民法院
民事判决书

（××××）×民终字第××号

上诉人（原审××告）……（写明姓名或名称等基本情况）。

被上诉人（原审××告）……（写明姓名或名称等基本情况）。

第三人……（写明姓名或名称等基本情况）。

（当事人及其他诉讼参加人的列项和基本情况的写法，除双方当事人的称谓外，与一审民事判决书样式相同。）

上诉人×××因……（写明案由）一案，不服××××人民法院（××××）×民初字第××号民事判决，向本院提起上诉。本院依法组成合议庭，公开（或不公开）开庭审理了本案。……（写明当事人及其诉讼代理人等）到庭参加诉讼。本案现已审理终结。（未开庭的，写："本院依法组成合议庭审理了本案，现已审理终结。"）

……（概括写明原审认定的事实和判决结果，简述上诉人提起上诉的请求和主要理由，被上诉人的主要答辩，以及第三人的意见。）

经审理查明，……（写明二审认定的事实和证据）。

本院认为，……（根据二审查明的事实，针对上诉请求和理由，就原审判决认定事实和适用法律是否正确，上诉理由能否成立，上诉请求是否应予支持，以及被上诉人的答辩是否有理等，进行有分析的评论，阐明维持原判或者改判的理由）。依照……（写明判决所依据的法律条款项）的规定，判决如下：

……〔写明判决结果。分四种情况：

第一，维持原判的，写：

"驳回上诉，维持原判。"

第二，全部改判的，写：

"一、撤销××××人民法院（××××）×民初字第××号民事判决；

二、……（写明改判的内容，内容多的可分项书写）。"

第三，部分改判的，写：

"一、维持××××人民法院（××××）×民初字第××号民事判决的第×项，即……（写明维持的具体内容）；

二、撤销××××人民法院（××××）×民初字第××号民事判决的第×项，即……（写明撤销的具体内容）；

三、……（写明部分改判的内容，内容多的可分项书写）。"

第四，维持原判，又有加判内容的，写：

"一、维持××××人民法院（××××）×民初字第××号民事判决；

二、……（写明加判的内容）。"〕

……（写明诉讼费用的负担）。

本判决为终审判决。

审判长 ×××
审判员 ×××
审判员 ×××
××××年××月××日
（院印）

本件与原本核对无异

书记员 ×××

四、实验步骤

（1）熟悉第二审程序与第一审程序在案件审理上各自呈现出的特征；
（2）全面熟悉案件材料，把握二审程序的审理范围与方式及其立法宗旨；
（3）分析判断该案应采用何种裁判方式；
（4）根据你的判断撰写相应的诉讼文书；
（5）完成相应的程序操作流程。

五、自主设计

1997年10月8日，甲县玉龙乡新庄村何家大院住户何江龙与何小兵因琐事发生争吵，并发生抓扯。在双方抓扯过程中，邻居孙正义的岳父出面劝解，遭到何江龙的辱骂，孙正义见状，顺手拿起一根大棒向何江龙打去，击中其后背。事后，何江龙以何小兵打伤自己为由，向甲县法院提起诉讼，请求判令被告何小兵赔偿其医疗费及误工费等1 000元。甲县法院受理后，开庭进行了审理，在庭审中，孙正义出庭作证，认为是他自己不慎把原告何江龙打伤，不是被告何小兵动手打的。但何江龙仍坚持要求法院判决其赔偿损失。合议庭认为原告所受伤害并非本案被告所为，而是孙正义打伤，不应支持原告的诉讼请求。于是，作出一审判决：驳回原告何江龙的诉讼请求。何江龙不服一审判决，认为没有公正保护其合法权益，法院认定事实不清，向中级法院提出上诉。中级法院受理上诉后，依法组成合议庭，对一审材料审查后，并作出二审裁定：撤销一审法院的判决；驳回原告何江龙的起诉。

【问题】（1）第一审和第二审法院裁判哪个正确？
（2）第二审法院未开庭直接裁定撤销一审判决是否合法？

六、拓展思考

（1）二审法院对上诉案件的审查范围之规定有何特殊意义？
（2）二审法院与一审法院对案件的审理方式有何差异？原因何在？
（3）二审法院与一审法院在审判权的行使特点上有何不同侧重？
（4）二审法院对上诉案件的裁判结果有哪几种方式，如何准确选择适用？
（5）第二审程序有哪些亟待改革与完善的地方？

第三部分 民事审判监督程序

实验一 审判监督程序的提起途径

一、实验要求与目的

通过实验要求学生能正确区分审判监督程序与通常程序的不同、熟悉再审程序的提起途径,掌握再审程序启动的流程操作。
(1) 了解引起再审程序的方式及条件;
(2) 了解再审程序与通常程序之间的区别;
(3) 熟悉几种引起再审程序的具体流程;
(4) 掌握在再审中涉及的程序法和实体法律规范;
(5) 能规范而熟练地写作再审中的相关法律文书。

二、实验原理

(一) 再审程序的概念和特征

1. 再审程序的概念

审判监督程序即再审程序,是对于已经作出确定裁判的民事案件,包括以调解方式结案的民事案件,在符合法律规定的情形时,再次进行审理和裁判所适用的程序。它是独立于审级之外的一种重要程序,是特别救济程序。一般而言确定的判决一经作出,就意味着案件审理为终局,裁判即具有既判力,民事当事人之间的法律关系得已确定,审判程序不得再次被启动。但是,民事裁判是在一定条件下就过去发生的事件,主要根据当事人提供的诉讼资料适用法律作出的判断,司法实务中存在错误在所难免。为了保护当事人的合法权利，保障司法裁判的正当性，世界很多国家和地区都设立了再审制度，规定对于确定裁判在有法律规定的情形时，允许再次审理，给当事人以特别救济。

2. 再审程序的特征

与一审、二审程序相比较，再审程序有其特殊性，其特点主要有：（1）再审程序是对已经发生法律效力的裁判进行再审，它不是一审、二审程序的继续和发展。（2）提起再审的主体包括人民法院、人民检察院和当事人。（3）提起再审程序，必须具备法定的条件，原审案件必须是案件的裁判在认定事实或适用法律上确有错误。（4）再审程序的审理对象是已经发生法律效力的错误裁判，包括调解书。（5）对于再审案件的审判，人民法院适用的程序取决于原生效情况。如果生效裁判是由一审法院作出的，按照第一审程序审理；如果生效裁判是由第二审法院作出的，按照第二审程序审理，如果是上级人民法院提审的，也适用第二审程序。

（二）再审的启动途径及条件

民事再审程序的启动途径有三种：人民法院依职权启动再审程序、人民检察院行使抗诉权引起再审程序和当事人申请再审引起再审程序。人民法院是国家的审判机关，代表国家行使审判权，《民事诉讼法》第一百七十七条规定了人民法院提起再审程序的权利。人民法院依职权提起再审程序是法院系统的内部监督程序。《民事诉讼法》第一百八十七条规定了人民检察院行使民事抗诉权的范围和抗诉的理由。人民检察院是国家的法律监督机关，有权对人民法院的民事审判活动进行法律监督。人民检察院依法提起抗诉发动再审程序是其行使法律监督权的具体体现。《民事诉讼法》第一百七十八条到一百八十四条对当事人申请再审范围、事由、途径等作了明确规定。

1. 当事人申请再审

当事人申请再审是指当事人及其法定代理人对已经发生法律效力的判决、裁判和调解协议认为有错误，向人民法院提出变更或者撤销原判决、裁定或调解协议的请求，并提请人民法院对案件进行重新审理的诉讼行为。具体申请条件为：

（1）有权提起再审的，只能是原审中的当事人及其法定代理人，即原审中原告、被告、有独立请求权的第三人和判决其承担义务的无独立请求权的第三人以及上诉人和被上诉人及其法定代理人。

（2）申请再审的对象必须是已经发生法律效力的判决、裁定和调解书。对于生效的判决、裁定和调解书，法律规定不得申请再审的，当事人无权申请再审。

（3）申请再审必须在法定期限内提出。根据民事诉讼法规定，当事人申请再审,应当在判决、裁定发生法律效力后2年内提出。

(4) 申请再审必须具有法定的事实和理由。根据《民事诉讼法》第一百七十九条规定,申请再审的事实与理由是:①有新的证据,足以推翻原判决、裁定的;②原判决、裁定认定的基本事实缺乏证据证明的;③原判决、裁定认定事实的主要证据是伪造的;④原判决、裁定认定事实的主要证据未经质证的;⑤对审理案件需要的证据,当事人因客观原因不能自行收集,书面申请人民法院调查收集,人民法院未调查收集的;⑥原判决、裁定适用法律确有错误的;⑦违反法律规定,管辖错误的;⑧审判组织的组成不合法或者依法应当回避的审判人员没有回避的;⑨无诉讼行为能力人未经法定代理人代为诉讼或者应当参加诉讼的当事人,因不能归责于本人或者其诉讼代理人的事由,未参加诉讼的;⑩违反法律规定,剥夺当事人辩论权利的;⑪未经传票传唤,缺席判决的;⑫原判决、裁定遗漏或者超出诉讼请求的;⑬据以作出原判决、裁定的法律文书被撤销或者变更的。民事诉讼法同时还规定,对违反法定程序可能影响案件正确判决、裁定的情形,或者审判人员在审理该案件时有贪污受贿,徇私舞弊,枉法裁判行为的,人民法院应当再审。当事人对已经发生法律效力的调解书,提出证据证明调解违反自愿原则或者调解协议的内容违反法律的,可以申请再审。经人民法院审查属实的,应当再审。

(5) 当事人应当向原审法院的上一级人民法院申请再审。

2. 人民检察院抗诉引起再审

《民事诉讼法》第一百八十七条对人民检察院抗诉的具体条件和途径作了具体规定,即"最高人民检察院对各级人民法院已经发生法律效力的判决、裁定,上级人民检察院对下级人民法院已经发生法律效力的判决、裁定,发现有本法第一百七十九条规定情形之一的,应当提出抗诉。地方各级人民检察院对同级人民法院已经发生法律效力的判决、裁定,发现有本法第一百七十九条规定情形之一的,应当提请上级人民检察院向同级人民法院提出抗诉。"

在符合上述条件后,人民检察院立案。人民检察院立案后应当调(借)阅人民法院审判案卷,并在调(借)阅人民法院审判案卷后3个月内审查终结。审查的主要内容是原判决、裁定是否符合法定的抗诉条件,审查的主要方式是就原审案卷进行审查,非确有必有时,不进行调查。经过审查,人民检察院应当依法作出向人民法院抗诉、不抗诉、向人民法院或者有关单位提出检察建议的决定。对于下级人民法院已经发生法律效力的判决、裁定,经审查符合抗诉的条件的,应当由检察长批准或者由检察委员会决定,作出向人民法院提出抗诉的决定;地方各级人民检察院对同级人民法院已经发生法律效力的判决、裁定,经审查符合抗诉条件的应当提请上一级人民检察院抗诉。有权直接作出抗诉决定的是最高人民检察院和与作出生效裁判的人民法院同级人民检察院的上级人民检察院。地方各级人民检察院对于同级人民法院已经发生法律效力的判决、裁定，经审查认为符合抗诉条件的，只能提请上级人民检察院抗诉。人民检察院发现本院抗诉不当的，应当由检察长或者检察委员会决定撤回抗诉；上级人民检察院发现下级人民检察院抗诉不当的，有权撤销下级人民检察院的抗诉决定。人民检察院决定撤回抗诉，应当制作《撤回抗诉决定书》，送达同级人民法院，应当通知当事人，并报送上一级人民检察院；下级人民检察院接到上级人民检察院的《撤销抗诉决定书》，应当制作《撤回抗诉决定书》，送达同级人民法院，应当通知当事人，并报送上一级人民检察院。

3. 人民法院依职权启动再审

根据民事诉讼法的规定，再审由不同的法院提起，提起的程序也就有所不同：

（1）各级法院自行提起再审的程序

各级法院院长对本院审判人员和审判工作有权进行监督，因此，当院长发现本院已经发生法律效力的判决、裁定确有错误，认为需要再审的，应当提交审判委员会讨论，由审判委员会决定是否再审。审判委员会决定再审的，应当制作再审裁定书，中止原判决、裁定的执行。

（2）最高人民法院和上级法院提起再审的程序

最高人民法院认为地方各级法院已经发生法律效力的判决、裁定确有错误，上级法院认为下级法院已经发生法律效力的判决、裁定确有错误的，可以自行提起再审，也可以指令下级法院再审。自行提审的，应当在提审的裁定中同时写明中止原判决、裁定的执行，并向原审法院调取案卷，进行再审。指令下级法院再审的，下级法院接到指令后，应当依法再审，并将审判结果上报上级法院或最高人民法院。

三、实验准备

（一）案件材料

1. 当事人申请再审

2001年5月，某医药公司向某实业（集团）股份有限公司借款300万元人民币，双方签订借款协议一份：约定借款期限为6个月，从2001年5月31日起至2001年11月30日止，借款月利率为5.3625‰，利随本清，逾期按每日万分之二点一计算逾期利息。协议签订的同日，实业（集团）股份有限公司通过电汇的方式支付给某医药公司借款300万元。借款到期后，某医药公司未归还。双方又于 2002 年 9 月续签了借款协议,约定将 2001 年 5 月 20 日至 2002 年 8 月 31 日止的借款利息 231 957 元一并转入新协议借款本金,并据此计息;本协议借款本金 3 231 957 元,借款期限为 6 个月,自 2002 年 9 月 1 日至 2003 年 2 月 1 日止,借款年利率为 5.841%,按季结息,借款到期,利随本清。该协议约定的还款期到后,某医药公司仍未还款。2003 年 12 月 8 日双方又签订还款协议,约定某医药公司在 2004 年 12 月前一次性还清借款,利率按年利率为 5.841% 执行。2004 年 4 月 8 日,实业公司向某市医药公司发函,称:贵公司欠我司借款人民币本息共 300 万元以上,现我司决定将贵公司下属上海分公司及药品分公司 2003 年经销我司曲美、通天口服液等产品年终让利款及曲美保证金冲抵我司部分欠款,共计 861 286 元。后某医药公司与某实业(集团)股份有限公司均认可该笔冲抵款。此后,某医药公司未归还借款,某实业(集团)股份有限公司提起诉讼。诉请法院判决:1. 某医药公司归还借款本金 2 370 671 元及利息 367 611.86 元。2. 由某医药公司承担本案诉讼费。

原审法院在审理过程中,当事人自愿达成如下调解协议:

被告某医药公司在本调解书送达后十日内向原告某实业(集团)股份有限公司支付借款本金 2 370 671 元及利息 367 611.86 元。本案案件受理费等共计 44 281 元,由被告某医药公司承担(该款已由原告垫付,被告在支付上述款项时一并支付给原告)。该调解书生效后,某医药公司不服,向法院申请再审。其理由为:民事调解书内容违反法律规定,双方当事人签订的借款合同属企业间拆借资金的行为,违反了金融法规,应当无效,而该调解书却确认由成都市医药公司支付利息 367 611.86 元给某实业(集团)股份有限公司。因此,该调解书内容违法。2006 年 11 月,法院裁定:本案进行再审。法院依法另行组成合议庭,公开开庭进行了审理。

2. 人民检察院提起抗诉

1999 年 8 月 19 日晚 8 时许,黄某之子黄杰驾驶畜牧局的摩托车搭乘黄某从潼南县城回双江镇,当车行至 205 线 220 千米处超车时,与吴某驾驶的无牌自卸东风车相撞,致黄杰当场死亡,黄某受伤。黄某在医院住院治疗 50 天,诊断为"左髌骨开放性、粉碎性骨折,左内外踝开放性骨折"。共用去医疗费 9 552 元。经县道路交通事故科学技术委员会法医学鉴定,黄某左下肢膝关节损伤属七级伤残,左踝关节损害属九级伤残,应获伤残补助费 39 102 元。黄某另有误工费、住院生活补助费、护理费、残疾用具费、现场财物损失以及交通费等共计 7 000 多元。因黄杰死亡,黄某等四原告的损失有丧葬费 1 500 元,死亡补偿费 49 000 元,交通费 500 元,原告黄小峰应有被扶养人生活费 6 660 元,原告邹某应有被扶养人生活费 4 200 元。此次事故,黄杰负主要责任,吴某负次要责任。

吴某驾车忽视交通安全的有关规定，造成此次交通事故，依法应承担相应民事赔偿责任。四原告要求被告吴某对其过错承担民事赔偿责任的请求，依法应予支持。依照《中华人民共和国民法通则》第一百零六条第二款、第一百一十九条及《道路交通事故处理办法》的规定，判决被告吴某赔偿原告黄某医疗、误工、护理、伤残补助等经济损失 11 029 元；被告吴某赔偿原告黄某等四人因黄杰死亡的经济损失 10 240 元。赔偿原告邹某被抚养人生活费 840 元，赔偿原告黄小峰被扶养人生活费 1 332 元并承担案件受理费 1 400 元。

判决生效后，某市人民检察院第一分院对本案提出抗诉。

抗诉理由 (1) 原审程序违法。根据《中华人民共和国民事诉讼法》第七十八条"送达诉讼文书应当直接递交受送达人，受送达人是公民的，本人不在，交由他的同住成年家属签收"的规定，原审法院工作人员将诉讼文书交予与吴某无亲属关系的李某签收。因此，吴某未能出庭应诉，剥夺了吴某的诉讼权利。(2) 认定事实、适用法律错误。吴某所驾汽车无牌照、灯光装置不齐备，应根据交管部门的规定予以处理。但在本案中，吴某无超速行车，占道行驶等违章行为，其驾车无牌照、灯光不齐备并不必然导致此次交通事故；而引起事故的直接原因是黄杰违章超车所致。因此，交警部门认定吴某因汽车无牌照、灯光装置不齐备而承担此次事故的次要责任错误。根据最高人民法院、公安部《关于处理道路交通事故案件有关问题的通知》第四条的规定，人民法院审理交通事故损害赔偿民事案件"经审查公安机关所作出的责任认定，伤残评定确属不妥，则不予采信，以人民法院认定的案件事实作为定案的依据"，原审对造成交通事故的原因未审理清楚，以交警部门出具的责任认定书作为定案依据错误。

3. 人民法院依职权提起再审

2003 年 12 月 8 日，原审原告某药业公司与原审被告某实业公司签订《投资协议》，约定某药业公司向某实业公司投资人民币 900 万元，用于某实业公司的咖啡因项目，投资期限办某药业公司投资款到账之日起一年。双方约定，项目以某实业公司为主进行经营管理，某药业公司可派人进行监督。实行利益共享，风险共担的原则。在项目有盈利的情况下，某实业公司每季按某药业公司投资额的 15% 对某药业公司进行投资利润分成，即某药业公司的年投资回报率将为 60%。若项目因不可抗力而亏损，则某实业公司将不承担任何责任。双方进一步约定，在项目盈利的情况下，某实业公司应于投资期限届满之日一次性将某药业公司的投资款和投资回报支付给原告。若逾期支付，应视作某实业公司对某药业公司欠款；某实业公司应以某药业公司的投资款和投资回报为基数，向某药业公司支付按银行同期贷款利率计算的违约金，直至将某药业公司的投资款和投资回报全部实际付清时止。某药业公司于 2003 年 12 月 11 日将款项分别以 100 万元、800 万元转账至某实业公司。之后,咖啡因项目获得盈利,但某实业公司在 2004 年 12 月 10 日与某药业公司的投资期限届满后,未返还某药业公司投资款及应得的投资回报。某药业公司于 2003 年 12 月 31 日、2004 年 12 月 31 日、2005 年 4 月 30 日向某实业公司发出了对账及催收通知,对投资款、投资回报及违约金进行了对账确认和催收。某实业公司在 2005 年 4 月 30 日的对账及催收通知书上加盖印章,并认可截至 2005 年 4 月 30 日,尚欠某药业公司投资款项 14 747 198.40 元。某药业公司经催收无果,遂起诉至法院。

针对原审原告某药业公司与原审被告某实业有限公司投资合同纠纷一案,法院于 2005 年 7 月 4 日作出民事判决。该判决生效后,该法院院长认为该判决适用法律不当。该案经法院院长提交审判委员会讨论,裁定对案件进行再审。法院依法另行组成合议庭,公开开庭进行了审理。

(二) 法律依据

适用于审判监督程序的提起的法律、规定和文件主要包括:《中华人民共和国民事诉讼法》、《最高人民法院关于适用〈中华人民共和国民事诉讼法〉若干问题的意见》、《最高人民法院关于适用〈中华人民共和国民事诉讼法〉审判监督程序若干问题的解释》。

附1:

中华人民共和国民事诉讼法(节录)

(1991 年 4 月 9 日第七届全国人民代表大会第四次会议通过 根据 2007 年 10 月 28 日第十届全国人民代表大会常务委员会第三十次会议《关于修改〈中华人民共和国民事诉讼法〉的决定》修正)

……

第十六章 审判监督程序

第一百七十七条 各级人民法院院长对本院已经发生法律效力的判决、裁定,发现确有错误,认为需要再审的,应当提交审判委员会讨论决定。

最高人民法院对地方各级人民法院已经发生法律效力的判决、裁定,上级人民法院对下级人民法院已经发生法律效力的判决、裁定,发现确有错误的,有权提审或者指令下级人民法院再审。

第一百七十八条 当事人对已经发生法律效力的判决、裁定,认为有错误的,可以向上一级人民法院申请再审,但不停止判决、裁定的执行。

第一百七十九条　当事人的申请符合下列情形之一的,人民法院应当再审:

（一）有新的证据,足以推翻原判决、裁定的;

（二）原判决、裁定认定的基本事实缺乏证据证明的;

（三）原判决、裁定认定事实的主要证据是伪造的;

（四）原判决、裁定认定事实的主要证据未经质证的;

（五）对审理案件需要的证据,当事人因客观原因不能自行收集,书面申请人民法院调查收集,人民法院未调查收集的;

（六）原判决、裁定适用法律确有错误的;

（七）违反法律规定,管辖错误的;

（八）审判组织的组成不合法或者依法应当回避的审判人员没有回避的;

（九）无诉讼行为能力人未经法定代理人代为诉讼或者应当参加诉讼的当事人,因不能归责于本人或者其诉讼代理人的事由,未参加诉讼的;

（十）违反法律规定,剥夺当事人辩论权利的;

（十一）未经传票传唤,缺席判决的;

（十二）原判决、裁定遗漏或者超出诉讼请求的;

（十三）据以作出原判决、裁定的法律文书被撤销或者变更的。

对违反法定程序可能影响案件正确判决、裁定的情形,或者审判人员在审理该案件时有贪污受贿,徇私舞弊,枉法裁判行为的,人民法院应当再审。

第一百八十条　当事人申请再审的,应当提交再审申请书等材料。人民法院应当自收到再审申请书之日起五日内将再审申请书副本发送对方当事人。对方当事人应当自收到再审申请书副本之日起十五日内提交书面意见;不提交书面意见的,不影响人民法院审查。人民法院可以要求申请人和对方当事人补充有关材料,询问有关事项。

第一百八十一条　人民法院应当自收到再审申请书之日起三个月内审查,符合本法第一百七十九条规定情形之一的,裁定再审;不符合本法第一百七十九条规定的,裁定驳回申请。有特殊情况需要延长的,由本院院长批准。

因当事人申请裁定再审的案件由中级人民法院以上的人民法院审理。最高人民法院、高级人民法院裁定再审的案件,由本院再审或者交其他人民法院再审,也可以交原审人民法院再审。

第一百八十二条　当事人对已经发生法律效力的调解书,提出证据证明调解违反自愿原则或者调解协议的内容违反法律的,可以申请再审。经人民法院审查属实的,应当再审。

第一百八十三条　当事人对已经发生法律效力的解除婚姻关系的判决,不得申请再审。

第一百八十四条　当事人申请再审，应当在判决、裁定发生法律效力后二年内提出；二年后据以作出原判决、裁定的法律文书被撤销或者变更，以及发现审判人员在审理该案件时有贪污受贿，徇私舞弊，枉法裁判行为的，自知道或者应当知道之日起三个月内提出。

......

附2：

最高人民法院关于适用《中华人民共和国民事诉讼法》若干问题的意见（节录）

法发〔92〕22号

（1992年7月14日最高人民法院审判委员会第528次会议讨论通过）

......

十三、审判监督程序

199. 各级人民法院院长对本院已经发生法律效力的判决、裁定，发现确有错误，经审判委员会讨论决定再审的，应当裁定中止原判决、裁定的执行。

200. 最高人民法院对地方各级人民法院已经发生法律效力的判决、裁定，上级人民法院对下级人民法院已经发生法律效力的判决、裁定，如果发现确有错误，应在提审或者指令下级人民法院再审的裁定中同时写明中止原判决、裁定的执行；情况紧急的，可以将中止执行的裁定口头通知负责执行的人民法院，但应在口头通知后十日内发出裁定书。

201. 按审判监督程序决定再审或提审的案件，由再审或提审的人民法院在作出新的判决、裁定中确定是否撤销、改变或者维持原判决、裁定；达成调解协议的，调解书送达后，原判决、裁定即视为撤销。

202. 由第二审人民法院判决、裁定的案件，上级人民法院需要指令再审的，应当指令第二审人民法院再审。

203. 无民事行为能力人、限制民事行为能力人的法定代理人，可以代理当事人提出再审申请。

204. 当事人对已经发生法律效力的调解书申请再审，适用民事诉讼法第一百八十二条的规定，应在该调解书发生法律效力后二年内提出。

......

207. 按照督促程序、公示催告程序、企业法人破产还债程序审理的案件以及依照审判监督程序审理后维持原判的案件，当事人不得申请再审。

208. 对不予受理、驳回起诉的裁定，当事人可以申请再审。

209. 当事人就离婚案件中的财产分割问题申请再审的，如涉及判决中已分割的财产，人民法院应依照民事诉讼法第一百七十九条的规定进行审查，符合再审条件的，应立案审理；如涉及判决中未作处理的夫妻共同财产，应告知当事人另行起诉。

210. 人民法院提审或按照第二审程序再审的案件，在审理中发现原一、二审判决违反法定程序的，可分别情况处理：

（1）认为不符合民事诉讼法规定的受理条件的，裁定撤销一、二审判决，驳回起诉。

（2）具有本意见第181条规定的违反法定程序的情况，可能影响案件正确判决、裁定的，裁定撤销一、二审判决，发回原审人民法院重审。

211. 依照审判监督程序再审的案件，人民法院发现原一、二审判决遗漏了应当参加的当事人的，可以根据当事人自愿的原则予以调解，调解不成的，裁定撤销一、二审判决，发回原审人民法院重审。

212. 民事诉讼法第一百八十四条中的二年为不变期间，自判决、裁定发生法律效力次日起计算。

213. 再审案件按照第一审程序或者第二审程序审理的，适用民事诉讼法第一百三十五条、第一百五十九条规定的审限。审限自决定再审的次日起计算。

214. 本意见第一百九十二条的规定适用于审判监督程序。

……

附3：

最高人民法院关于适用《中华人民共和国民事诉讼法》审判监督程序若干问题的解释

法释〔2008〕14号

（2008年11月10日最高人民法院审判委员会第1453次会议通过）

第一条 当事人在民事诉讼法第一百八十四条规定的期限内，以民事诉讼法第一百七十九条所列明的再审事由，向原审人民法院的上一级人民法院申请再审的，上一级人民法院应当依法受理。

第二条 民事诉讼法第一百八十四条规定的申请再审期间不适用中止、中断和延长的规定。

第三条 当事人申请再审，应当向人民法院提交再审申请书，并按照对方当事人人数提出副本。

第三部分　民事审判监督程序

人民法院应当审查再审申请书是否载明下列事项：

（一）申请再审人与对方当事人的姓名、住所及有效联系方式等基本情况；法人或其他组织的名称、住所和法定代表人或主要负责人的姓名、职务及有效联系方式等基本情况；

（二）原审人民法院的名称，原判决、裁定、调解文书案号；

（三）申请再审的法定情形及具体事实、理由；

（四）具体的再审请求。

第四条　当事人申请再审，应当向人民法院提交已经发生法律效力的判决书、裁定书、调解书，身份证明及相关证据材料。

第五条　案外人对原判决、裁定、调解书确定的执行标的物主张权利，且无法提起新的诉讼解决争议的，可以在判决、裁定、调解书发生法律效力后二年内，或者自知道或应当知道利益被损害之日起三个月内，向作出原判决、裁定、调解书的人民法院的上一级人民法院申请再审。

在执行过程中，案外人对执行标的提出书面异议的，按照民事诉讼法第二百零四条的规定处理。

第六条　申请再审人提交的再审申请书或者其他材料不符合本解释第三条、第四条的规定，或者有人身攻击等内容，可能引起矛盾激化的，人民法院应当要求申请再审人补充或改正。

第七条　人民法院应当自收到符合条件的再审申请书等材料后五日内完成向申请再审人发送受理通知书等受理登记手续，并向对方当事人发送受理通知书及再审申请书副本。

第八条　人民法院受理再审申请后，应当组成合议庭予以审查。

第九条　人民法院对再审申请的审查，应当围绕再审事由是否成立进行。

第十条　申请再审人提交下列证据之一的，人民法院可以认定为民事诉讼法第一百七十九条第一款第（一）项规定的"新的证据"：

（一）原审庭审结束前已客观存在庭审结束后新发现的证据；

（二）原审庭审结束前已经发现，但因客观原因无法取得或在规定的期限内不能提供的证据；

（三）原审庭审结束后原作出鉴定结论、勘验笔录者重新鉴定、勘验，推翻原结论的证据。

当事人在原审中提供的主要证据，原审未予质证、认证，但足以推翻原判决、裁定的，应当视为新的证据。

第十一条　对原判决、裁定的结果有实质影响、用以确定当事人主体资格、案件性质、具体权利义务和民事责任等主要内容所依据的事实，人民法院应当认定为民事诉讼法第一百七十九条第一款第（二）项规定的"基本事实"。

第十二条　民事诉讼法第一百七十九条第一款第（五）项规定的"对审理案件需要的证据"，是指人民法院认定案件基本事实所必需的证据。

第十三条　原判决、裁定适用法律、法规或司法解释有下列情形之一的，人民法院应当认定为民事诉讼法第一百七十九条第一款第（六）项规定的"适用法律确有错误"：

（一）适用的法律与案件性质明显不符的；

（二）确定民事责任明显违背当事人约定或者法律规定的；

（三）适用已经失效或尚未施行的法律的；

（四）违反法律溯及力规定的；

（五）违反法律适用规则的；

（六）明显违背立法本意的。

第十四条　违反专属管辖、专门管辖规定以及其他严重违法行使管辖权的，人民法院应当认定为民事诉讼法第一百七十九条第一款第（七）项规定的"管辖错误"。

第十五条　原审开庭过程中审判人员不允许当事人行使辩论权利，或者以不送达起诉状副本或上诉状副本等其他方式，致使当事人无法行使辩论权利的，人民法院应当认定为民事诉讼法第一百七十九条第一款第（十）项规定的"剥夺当事人辩论权利"。但依法缺席审理，依法径行判决、裁定的除外。

第十六条　原判决、裁定对基本事实和案件性质的认定系根据其他法律文书作出，而上述其他法律文书被撤销或变更的，人民法院可以认定为民事诉讼法第一百七十九条第一款第（十三）项规定的情形。

第十七条　民事诉讼法第一百七十九条第二款规定的"违反法定程序可能影响案件正确判决、裁定的情形"，是指除民事诉讼法第一百七十九条第一款第（四）项以及第（七）项至第（十二）项之外的其他违反法定程序，可能导致案件裁判结果错误的情形。

第十八条　民事诉讼法第一百七十九条第二款规定的"审判人员在审理该案件时有贪污受贿，徇私舞弊，枉法裁判行为"，是指该行为已经相关刑事法律文书或者纪律处分决定确认的情形。

第十九条　人民法院经审查再审申请书等材料，认为申请再审事由成立的，应当径行裁定再审。

当事人申请再审超过民事诉讼法第一百八十四条规定的期限，或者超出民事诉讼法第一百七十九条所列明的再审事由范围的，人民法院应当裁定驳回再审申请。

第二十条　人民法院认为仅审查再审申请书等材料难以作出裁定的，应当调阅原审卷宗予以审查。

第二十一条　人民法院可以根据案情需要决定是否询问当事人。

以有新的证据足以推翻原判决、裁定为由申请再审的，人民法院应当询问当事人。

第二十二条　在审查再审申请过程中，对方当事人也申请再审的，人民法院应当将其列为申请再审人，对其提出的再审申请一并审查。

第二十三条　申请再审人在案件审查期间申请撤回再审申请的，是否准许，由人民法院裁定。

申请再审人经传票传唤，无正当理由拒不接受询问，可以裁定按撤回再审申请处理。

第二十四条　人民法院经审查认为申请再审事由不成立的，应当裁定驳回再审申请。

驳回再审申请的裁定一经送达，即发生法律效力。

第二十五条　有下列情形之一的，人民法院可以裁定终结审查：

（一）申请再审人死亡或者终止，无权利义务承受人或者权利义务承受人声明放弃再审申请的；

（二）在给付之诉中，负有给付义务的被申请人死亡或者终止，无可供执行的财产，也没有应当承担义务的人的；

（三）当事人达成执行和解协议且已履行完毕的，但当事人在执行和解协议中声明不放弃申请再审权利的除外；

（四）当事人之间的争议可以另案解决的。

第二十六条　人民法院审查再审申请期间，人民检察院对该案提出抗诉的，人民法院应依照民事诉讼法第一百八十八条的规定裁定再审。申请再审人提出的具体再审请求应纳入审理范围。

第二十七条　上一级人民法院经审查认为申请再审事由成立的，一般由本院提审。最高人民法院、高级人民法院也可以指定与原审人民法院同级的其他人民法院再审，或者指令原审人民法院再审。

第二十八条　上一级人民法院可以根据案件的影响程度以及案件参与人等情况，决定是否指定再审。需要指定再审的，应当考虑便利当事人行使诉讼权利以及便利人民法院审理等因素。

接受指定再审的人民法院，应当按照民事诉讼法第一百八十六条第一款规定的程序审理。

第二十九条　有下列情形之一的，不得指令原审人民法院再审：

（一）原审人民法院对该案无管辖权的；

（二）审判人员在审理该案件时有贪污受贿，徇私舞弊，枉法裁判行为的；

（三）原判决、裁定系经原审人民法院审判委员会讨论作出的；

（四）其他不宜指令原审人民法院再审的。

第三十条　当事人未申请再审、人民检察院未抗诉的案件，人民法院发现原判决、裁定、调解协议有损害国家利益、社会公共利益等确有错误情形的，应当依照民事诉讼法第一百七十七条的规定提起再审。

第三十一条　人民法院应当依照民事诉讼法第一百八十六条的规定，按照第一审程序或者第二审程序审理再审案件。

人民法院审理再审案件应当开庭审理。但按照第二审程序审理的，双方当事人已经其他方式充分表达意见，且书面同意不开庭审理的除外。

第三十二条　人民法院开庭审理再审案件，应分别不同情形进行：

（一）因当事人申请裁定再审的，先由申请再审人陈述再审请求及理由，后由被申请人答辩及其他原审当事人发表意见；

（二）因人民检察院抗诉裁定再审的，先由抗诉机关宣读抗诉书，再由申请抗诉的当事人陈述，后由被申请人答辩及其他原审当事人发表意见；

（三）人民法院依职权裁定再审的，当事人按照其在原审中的诉讼地位依次发表意见。

第三十三条　人民法院应当在具体的再审请求范围内或在抗诉支持当事人请求的范围内审理再审案件。当事人超出原审范围增加、变更诉讼请求的，不属于再审审理范围。但涉及国家利益、社会公共利益，或者当事人在原审诉讼中已经依法要求增加、变更诉讼请求，原审未予审理且客观上不能形成其他诉讼的除外。

经再审裁定撤销原判决，发回重审后，当事人增加诉讼请求的，人民法院依照民事诉讼法第一百二十六条的规定处理。

第三十四条　申请再审人在再审期间撤回再审申请的，是否准许由人民法院裁定。裁定准许的，应终结再审程序。申请再审人经传票传唤，无正当理由拒不到庭的，或者未经法庭许可中途退庭的，可以裁定按自动撤回再审申请处理。

人民检察院抗诉再审的案件，申请抗诉的当事人有前款规定的情形，且不损害国家利益、社会公共利益或第三人利益的，人民法院应当裁定终结再审程序；人民检察院撤回抗诉的，应当准予。

终结再审程序的，恢复原判决的执行。

第三十五条　按照第一审程序审理再审案件时，一审原告申请撤回起诉的，是否准许由人民法院裁定。裁定准许的，应同时裁定撤销原判决、裁定、调解书。

第三十六条　当事人在再审审理中经调解达成协议的，人民法院应当制作调解书。调解书经各方当事人签收后，即具有法律效力，原判决、裁定视为被撤销。

第三十七条　人民法院经再审审理认为，原判决、裁定认定事实清楚、适用法律正确的，应予维持；原判决、裁定在认定事实、适用法律、阐述理由方面虽有瑕疵，但裁判结果正确的，人民法院应在再审判决、裁定中纠正上述瑕疵后予以维持。

第三十八条　人民法院按照第二审程序审理再审案件，发现原判决认定事实错误或者认定事实不清的，应当在查清事实后改判。但原审人民法院便于查清事实，化解纠纷的，可以裁定撤销原判决，发回重审；原审程序遗漏必须参加诉讼的当事人且无法达成调解协议，以及其他违反法定程序不宜在再审程序中直接作出实体处理的，应当裁定撤销原判决，发回重审。

第三十九条　新的证据证明原判决、裁定确有错误的，人民法院应予改判。

申请再审人或者申请抗诉的当事人提出新的证据致使再审改判，被申请人等当事人因申请再审人或者申请抗诉的当事人的过错未能在原审程序中及时举证，请求补偿其增加的差旅、误工等诉讼费用的，人民法院应当支持；请求赔偿其由此扩大的直接损失，可以另行提起诉讼解决。

第四十条　人民法院以调解方式审结的案件裁定再审后，经审理发现申请再审人提出的调解违反自愿原则的事由不成立，且调解协议的内容不违反法律强制性规定的，应当裁定驳回再审申请，并恢复原调解书的执行。

第四十一条　民事再审案件的当事人应为原审案件的当事人。原审案件当事人死亡或者终止的，其权利义务承受人可以申请再审并参加再审诉讼。

第四十二条　因案外人申请人民法院裁定再审的，人民法院经审理认为案外人应为必要的共同诉讼当事人，在按第一审程序再审时，应追加其为当事人，作出新的判决；在按第二审程序再审时，经调解不能达成协议的，应撤销原判，发回重审，重审时应追加案外人为当事人。

案外人不是必要的共同诉讼当事人的，仅审理其对原判决提出异议部分的合法性，并应根据审理情况作出撤销原判决相关判项或者驳回再审请求的判决；撤销原判决相关判项的，应当告知案外人以及原审当事人可以提起新的诉讼解决相关争议。

第四十三条　本院以前发布的司法解释与本解释不一致的，以本解释为准。本解释未作规定的，按照以前的规定执行。

(三) 文书格式

1.《民事再审申请书》

民事再审申请书

申请人：

申请人_____对_____人民法院_____年_____月_____日（　）字第　号_____不服，申请再审。

请求事项：

事实与理由：

此致

_____人民法院

____年__月__日

2.《民事抗诉书》

民事抗诉书

（××××）×检民行抗字第××号

_____（申诉人）因与_____（对方当事人）_____（案由）纠纷一案，不服_____人民法院_____（生效判决、裁定文号）民事判决（或裁定），向我院提出申诉。（由下级人民检察院提请抗诉的案件写为：向_____人民检察院提出申诉，_____人民检察院提请我院抗诉。）[由检察机关自行发现的案件写为：我院对_____人民法院对_____（原审原告）与_____（原审被告）_____（案由）纠纷案的_____（生效判决、裁定文号）民事判决（或裁定）进行了审查。][由案外人申诉的案件写为：我院受理_____（申诉人）的申诉后，对_____人民法院对_____（原审原告）与_____（原审被告）_____（案由）纠纷案的/_____（生效判决、裁定文号）民事判决（或裁定）进行了审查。]我院对该案进行了审查……（简述审查过程，如审查了原审卷宗、进行了调查等），现已审查终结。

……（该部分写检察机关审查认定的事实，最后写明由谁提起诉讼）。

……（该部分写诉讼过程，写明一审法院、二审法院判决、裁定的作出日期、文号、理由、主文及诉讼费的承担，如果法院判决、裁定与检察机关认定事实有不同之处，需要在该部分写明。）

本院认为：……（在该部分结合案件具体情况，分析、论证生效判决、裁定存在的问题和错误。）

综上所述，_____人民法院（作出的生效判决、裁定的法院）对本案的判决（或裁定）……（指出生效、裁定存在哪几个方面的问题。）经本院第____届检察委员会第____次会议讨论决定（未经检察委员会讨论的，可不写），根据

《中华人民共和国民事诉讼法》第一百七十九条的规定，依法再审。

此致

_____人民法院

年 月 日

（院印）

本件与原本核对无异

附：……（写明随案移送的卷宗及有关材料情况）

3.《民事裁定书》（当事人申请再审）

×××人民法院
民事裁定书

（××××）×民监字第××号

……（写明原审当事人的姓名或名称和案由）一案，本院于××××年××月××日作出（××××）×民×字第××号民事判决（或裁定），已经发生法律效力。××××年××月××日原审×告（或原审第三人）×××提出再审申请。本院决定对本案进行再审。依照《中华人民共和国民事诉讼法》第一百七十七条第二款、第一百八十三条的规定，裁定如下：

一、本案由本院另行组成合议庭进行再审；

二、再审期间，中止原判决（或裁定）的执行。

院长 ×××

××××年××月××日

（院印）

本件与原本核对无异

书记员 ×××

4.《民事裁定书》（抗诉）

民事裁定书（抗诉）

（××××）×民监字第××号

……（写明原审当事人的姓名或名称和案由）一案，××××人民法院于××××年××月××日作出（××××）×民×字第××号民事判决（或裁定），已经发生法律效力。××××年××月××日×××人民检察院提出抗诉。本院决定对本案进行再审依照《中华人民共和国民事诉讼法》第一百七十七条第二款、第一百八十三条的规定，裁定如下：

一、本案由本院另行组成合议庭进行再审；

二、再审期间，中止原判决（或裁定）的执行。

院长　×××

××××年××月××日

（院印）

本件与原本核对无异

书记员　×××

5.《民事裁定书》（本院决定提起再审用）

××××人民法院
民事裁定书

（××××）×民监字第××号

……（写明原审当事人的姓名或名称和案由）一案，本院于××××年××月××日作出（××××）×民×字第××号民事判决（或裁定），已经发生法律效力。本案经本院院长提交审判委员会讨论认为，……（简要写明本案应当提起再审的理由）。依照《中华人民共和国民事诉讼法》第一百七十七条第一款、第一百八十三条的规定，经本院审判委员会决定，裁定如下：

一、本案由本院另行组成合议庭进行再审；

二、再审期间，中止原判决（或裁定）的执行。

院长　×××

××××年××月××日

（院印）

本件与原本核对无异

书记员　×××

6.《民事裁定书》（提审或指令再审用）

民事裁定书（提审或指令再审用）

（××××）×民监字第××号

……（写明原审当事人的姓名或名称和案由）一案，××××人民法院于××××年××月××日作出（××××）×民×字第××号民事判决（或裁定），已经发生法律效力。本案经本院复查认为，……（简要写明本案应当指令再审或提审的理由）。依照《中华人民共和国民事诉讼法》第一百七十七条第二款、第一百八十三条的规定，裁定如下：

一、……（决定提审的，写："本案由本院进行提审"；指令再审的，写："本案指令××××人民法院另行组成合议庭进行再审"）；

二、再审期间，中止原判决（或裁定）的执行。

院长　×××

××××年××月××日

（院印）

本件与原本核对无异

书记员　×××

四、实验步骤

（1）熟悉有关再审的法律法规；
（2）了解案件的争议焦点问题，收集案件证据；
（3）掌握再审程序的启动条件；
（4）再审程序启动过程中各种法律文书的写作。

五、自主设计

黄泽清与胡相联、胡相华、李元学系同村村民。2004年12月7日，黄泽清与胡相联、胡相华口头约定：黄泽清以人民币100元的劳资将自己所有的已拆除房盖的旧土墙体承包给胡相联、胡相华为其拆除。同年12月8日早上，因胡相联有事，便邀请其儿子胡宗华代替自己与叔胡相华一起共同为黄泽清拆墙。在拆墙过程中，李元学及其兄李元兴也参与了拆墙事宜。当胡相华、胡宗华、李元学、李元兴正站在墙体内拆除堂屋后墙时，与此墙右面相连的墙体因失去依托也随即倒塌，将拆墙的4人埋在墙泥内，4人均有不同程度受伤。李元学受伤较重，被送往该市某乡中心卫生院住院治疗。经检查见李元学左眼眶内侧有一长约2cm的横行裂口，有活动性出血；胸部较饱满，肋间隙增宽，呼吸音消失，腋后线二、三肋间隔可扪及骨擦感；右前臂肿胀，右桡骨远端及骨擦感；左大腿明显肿胀，功能失常，中下段可扪及骨端段，X线检查：左股骨骨折，右侧气胸，右第二、三后肋骨折。李元学住院治疗于2005年1月5日出院，住院29天，用去医疗费4 153.80元。李元学出院后休息6个月，门诊治疗6次，产生医疗费418.20元。2005年3月30日，经该市人民法院法医技术鉴定结论为：李元学因墙体倒塌事故致右手腕关节处骨折后上肢功能障碍，构成10级残，左下肢股骨骨折钢板内固定取出等费用大约需人民币3 000元左右。李元学受伤后，产生护理费（29天）870元，误工费（112天）3 028.48元，交通费290元，法医鉴定费400元，住院伙食补助费（29天）348元，残疾赔偿金（10

级伤残）4 430元，共计17 693.84元的损失。

另查明，李元学在治疗期间，黄泽清已垫付现金2 000元。

上述事实，有李元学之住院、出院证明、有关医疗凭据、法医学鉴定书和相关证据及其当事人之陈述等为凭，足以认定。

原一审判决认为，胡相联、胡相华为黄泽清拆除旧土墙体时，并未阻止李元学及其兄李元兴共同参加拆墙事宜。在共同实施拆墙过程中，由于胡相联、胡相华既无相关工匠资质，又不重视安全生产，导致李元学受伤，给李元学造成了经济损失，胡相联、胡相华应承担赔偿责任。黄泽清作为雇主明知道胡相联、胡相华不具备相关工匠资质，还将自己的旧土墙体承包给胡相联、胡相华拆除，且在拆墙过程中未能提供安全生产条件，由此造成李元学伤害，黄泽清应承担连带赔偿责任。李元学在施工中受伤致残没有过错责任，李元学请求赔偿误工、残疾赔偿金、左下肢股骨折钢板内固定取出等费用的标准符合法律规定，本院对李元学的上述请求应予以支持。但对于李元学请求被告赔偿第二次手术误工、护理、住院伙食补助费用没有证据证明，本院对此费用不予主张。判决：一、由被告胡相联、胡相华在本判决生效后15日内赔偿原告李元学医疗、护理、误工、交通、住院伙食补助、残疾赔偿、法医鉴定费、取钢板内固定费用共计18 702.48元（含被告黄泽清已垫付现金2 000元）。二、被告黄泽清对上述赔偿款项承担连带赔偿责任。三、驳回原告李元学的其他诉讼请求。诉讼费用1 285元由被告胡相联、胡相华负担。此款原告李元学已向本院垫交，由被告胡相联、胡相华连同上述款项一并转付原告。

原二审判决认为，黄泽清与胡相联、胡相华经协商一致达成由胡相联、胡相华为黄泽清拆除旧土墙体，拆墙劳务费为100元的口头合同的事实，双方当事人均认可。因此，黄泽清与胡相联、胡相华之间形成劳务合同关系。胡相华和胡相联委托的胡宗华在进行拆除旧土墙体时，李元学前来参与共同拆墙事宜，而胡相华、胡宗华对李元学参与共同拆墙的行为未阻止，并共同进行了拆墙活动。因此，李元学与胡相华、胡相联之间形成帮工与被帮工关系。李元学在拆墙过程中受伤致残的事实属实，按照《最高人民法院关于审理人身损害赔偿案件适用法律若干问题的解释》第十四条规定"帮工人因帮工活动遭受人身损害的，被帮工人应当承担赔偿责任"，因此，胡相华和胡相联应对李元学的受伤承担民事赔偿责任。因黄泽清将拆除旧土墙体发包给不具备相关工匠资质胡相华和胡相联实施，且在拆墙过程中未能提供安全生产条件，故应对李元学的损害承担连带赔偿责任。关于李元学的赔偿费用的计算。一审认定李元学住院天数为29天（2004年12月8日至2005年1月5日），并无不当，但认定李元学的误工天数为163天不当，李元学的误工天数应为112天（2004年12月8日至2005年3月29日），其误工费应计 3 028.84 元。黄泽清、胡相联、胡相华的上诉理由部分成立。判决：一、维持江津市人民法院（2005）津民初字第 1885 号民事判决第二项、第三项。二、变更江津市人民法院（2005）津民初字第 1885 号民事判决第一项为：由胡相联、胡相华在本判决送达后十五日内赔偿李元学医疗、护理、误工、交通、住院伙食补助费、残疾赔偿、法医鉴定费、取钢板内固定费用共计 17 693.84 元（含黄泽清已垫付现金 2 000 元）。一审案件诉讼费用 1 285 元的负担部分变更为由李元学负担 64 元，黄泽清负担 407 元，胡相联负担 407 元，胡相华负担 407 元。二审案件受理费 1 000 元，其他诉讼费 285 元，合计 1 285 元，由黄泽清负担 407 元，胡相联负担 407 元，胡相华负担 407 元，李元学负担 64 元（此诉讼费直付黄泽清）。

【问题】（1）请为当事人撰写一份再审申请书。
（2）请以检察院的名义撰写一份抗诉书。

六、拓展思考

（1）如何完善我国的再审程序？
（2）试论当事人申请再审的条件。
（3）审判监督程序的特点有哪些？

实验二 再审案件的审判

一、实验要求与目的

通过实验要求学生能掌握再审案件的具体审判方式及流程操作，熟悉再审案件的审理法院及审判程序的鉴别运用。
（1）依照不同途径提起的再审选择相应的再审方式；
（2）在再审审理程序上应注意的相关问题；
（3）熟悉相关诉讼文书的写作；
（4）熟悉再审案件的审判流程。

二、实验原理

(一) 再审法院

再审法院,是指有权依照审判监督程序对再审案件进行审理的法院。根据《民事诉讼法》的规定,再审法院既可以是作出生效裁判的原审法院,也可以是原审法院的上级法院,还可以是最高人民法院。根据民事诉讼法规定,因当事人申请裁定再审的案件由中级人民法院以上的人民法院审理。具体而言,再审法院因原审案件经历的审级不同而不同。

1. 再审法院为第一审法院

如果生效裁判或调解协议是由第一审法院作出的,原则上由原第一审法院进行再审。原第一审法院作为再审法院,既可能是本院自己提起的再审,也可能是因当事人向原第一审法院的有效申请而提起的再审,还可能是由上级法院的指令而提起的再审。第一审法院作再审法院,仅限于本院作出的生效裁判或本院主持下达成的调解协议。

2. 再审法院为第二审法院

如果生效判决、裁定和调解协议是由第二审法院作出的,由本院决定再审或者由上级法院指令再审时,原第二审法院即为再审法院。第二审法院直接审结的案件,该二审法院不得指令原第一审法院进行再审,最高人民法院或上级法院需要指令再审时,应当指令原第二审法院再审。

3. 提审和指令再审

民事诉讼法规定,最高人民法院、高级人民法院裁定再审的案件,由本院再审或者交其他人民法院再审,也可以交原审人民法院再审。

(1) 提审。提审,是指上级法院将下级法院管辖或作出的已经发生法律效力但确有错误的民事案件,提至本院审理的诉讼行为。提审有两种情况:一是依管辖权的转移而发生的提审,即上级法院将属于下级法院管辖的案件提至本院亲自审理。二是依审判监督程序发生的提审。这两种提审是有区别的。依管辖权的转移所发生的提审,是法院上下级之间对案件管辖的调节,使原来的管辖权发生了转移,其发生在第一审民事案件的通常诉讼程序中;而依审判监督程序发生的提审,并不发生管辖权的转移,是上级法院行使事后审判监督权的结果,其发生在通常诉讼程序结束之后。根据民事诉讼法的规定,有权按照审判监督程序提审的法院可以是最高人民法院,也可以是原审法院的上级法院。法院按照审判监督程序提审的,应当由审判员依法组成合议庭,无论再审的案件原来是第一审还是第二审，都按照第二审程序进行审理。

（2）指令再审。指令再审，是指最高人民法院或上级法院对下级法院已经发生法律效力的判决、裁定，发现确有错误，依法作出裁定，命令下级法院进行再次审理的诉讼行为。指令再审的机关是最高人民法院和上级法院，被监督的对象是下级法院已经生效的判决和裁定。原审的级别不同，指令再审的法院也不同。原判决或裁定是由第一审法院作出的，应当指令第一审法院再审；原判决或裁定是由第二审法院作出的，应当指令第二审法院再审。上级法院指令下级法院再审时，只能指令再审一次。上级法院认为下级法院作出的发生法律效力的再审判决、裁定需要再次进行再审的，上级法院应当依法提审，但上级法院因下级法院违反法定程序而指令再审的除外。

（二）再审案件的审理程序

根据民事诉讼法的规定，法院审理再审案件应当遵循下列程序：

1. 裁定中止原判决的执行

凡进行再审的案件，法院都应当作出裁定，中止原判决的执行。民事诉讼法之所以仅规定裁定中止原判决的执行，而没有规定撤销原判决，是因为尽管决定再审时已经发现原判有错误，但不经审理就撤销原判决是不符合诉讼程序的。同时，判决一经生效，就具有相对的稳定性，非经法定程序不得随意撤销。只有经过再审程序审理后，才能决定是撤销原判决还是维持原判决。

2. 另行组成合议庭

根据民事诉讼法的规定，法院审理再审案件，一律实行合议制，不能实行独任制。由原第一审法院再审的，按照第一审程序另行组成合议庭；原审适用简易程序的，再审时也应按照普通程序另行组成合议庭。由原第二审法院再审的，按照第二审程序另行组成合议庭。

3. 适用的程序

根据《民事诉讼法》第一百八十四条的规定，法院按照审判监督程序提起再审的案件，生效判决、裁定是由原第一审法院作出并由该院进行再审的，应当适用第一审普通程序进行审理。经过再审后所作的判决、裁定，仍然是第一审的判决、裁定，当事人可以上诉。生效判决、裁定是由原第二审法院作出的并由该院再审的，应当适用第二审程序进行审理，所作出的判决、裁定是终审的判决、裁定，当事人不得上诉。

最高人民法院或上级法院提审的再审案件，不论原来是第一审还是第二审，一律按第二审程序审理，所作出的判决、裁定是终审的判决、裁定，当事人不得上诉。

（三）再审案件的审判

1. 再审案件的审理范围和审理方式

根据"有错必纠"的原则，法院依第一审程序进行再审时，应当对原裁判认定的事实和适用法律进行全面审查，不受原裁判处理范围和当事人申请再审范围的限制。

法院依第一审程序再审的，应当开庭审理。当事人在法庭上享有申请回避、陈述案情、提供证据、进行质证、辩论等诉讼权利。法院依第二审程序再审的，原则上也应当开庭审理。根据《民事诉讼法》第一百八十八条的规定，对于检察院提出抗诉的案件，法院再审时，应当通知检察院派员出席法庭。

2. 再审案件的和解与调解

法院在进行再审时，当事人之间可以和解，如达成和解协议，法院可以根据当事人的请求，对双方达成的和解协议进行审查并制作调解书送达当事人，即视为调解结案。

在再审过程中，法院可以进行调解。当事人双方达成调解协议的，法院必须制作调解书。调解书经双方当事人签收后，即发生法律效力，原判决、裁定即视为撤销。调解未达成协议的，应当及时判决。

3. 再审案件的裁判及其法律效力

法院对案件进行再审后，应当根据不同情况分别作出处理：

（1）原裁判认定事实清楚，适用法律正确的，应当用判决撤销再审裁定，维持原判决、裁定。

（2）原裁判认定事实错误或适用法律不当的，应当撤销原判，依法作出新判决。

（3）法院提审或按照第二审程序再审的案件，在审理中发现原一审、二审判决违法法定程序的，可分别情况处理：①认为不符合民事诉讼法规定的受理条件的，裁定撤销一、二审判决，驳回起诉。②具有以下违反法定程序的情况，可能影响案件正确裁判的，裁定撤销一、二审判决，发回原审法院重审：第一，审理本案的审判人员、书记员应当回避未回避的；第二，未经依法开庭审理作出判决的；第三，适用普通程序审理的案件当事人未经传票传唤而缺席判决的；第四，其他违反法定程序，可能影响案件正确判决的。

依照民事诉讼法的规定，适用审判监督程序再审的案件，按照第一审程序审判的，所作的判决、裁定，当事人可以上诉；按照第二审程序审判的，所作的判决、裁定，是发生法律效力的判决、裁定，当事人不能上诉。对于调解结案的，调解书送达双方当事人签收后即发生法律效力。

对再审案件作出裁判后，宣布判决应当一律公开进行，作出判决的法院可以自行宣判，也可以委托原审法院代为宣判。

三、实验准备

（一）案件材料

原告魏某到被告丽水医院处做完淋巴结活检术后，又到法院作过几次治疗，后经鉴定患有变应性亚败血症。魏某起诉称乙侵犯其生命健康权。一审认定乙无诊疗过失，驳回魏某的请求。魏某上诉称原判认定事实不清，证据不足，程序违法。二审维持原判。兹将本案当事人所争议的事实概述如下：

1996年3月5日上午，魏某在其父魏存富陪同下前往丽水医院外科门诊就诊，为明确诊断，医师征得魏某父亲同意后，于当日下午三时许在外科门诊按常规为魏某行右颈淋巴结活检术，取出一颗浅表淋巴结送病理检验，结果为"右颈部淋巴结慢性炎"。魏某术后未住院，也未遵医嘱去医院复诊。同年5月13日和16日，魏某因右肩下垂、右手乏力，两次到丽水医院就诊，经做神经科肌电图，确认患儿"右斜方肌正侧提示轻度失神经支配"；医嘱加强功能锻炼，并辅以药物治疗。同年5月20日，魏某在其父陪同下到丽水医院就诊，据医院病历，门诊以"抽搐原因待查？颅内感染？"为由收魏某住院，后确诊为"输液反应，慢性非特异性淋巴结炎"。患儿住院四天，经临床对症处理，抗炎等治疗于同月24日出院。同年8月2日，魏某因发热就医，查丽水医院病历，医院根据患儿发热三天原因不明，作过活检手术后右侧上肢肌肉萎缩，诉背部、右大腿处疼痛等病情收住院，当时怀疑是呼吸道感染或败血症，但经抗炎及支持对症治疗，患儿体温始终不退，为明确诊断，医院为患儿进行了七次血培养，做了B超、心电图、脑电图、骨髓穿刺、腰椎穿刺、磁共振等多方面的检查，发现与败血症症状不符，后经院内外专家多次会诊，确认魏某患"变应性亚败血症"。经治疗，临床症状改善，患儿遂于1996年10月23日出院，欠7 308.43元医疗费未付，医院表示放弃追偿。魏某住院期间，其父申请医院鉴定。医院于9月7日作出鉴定结论："病儿8月2日发病'发热'与3月5日浅表淋巴结活检无因果关系"。魏某不服，申请丽水地区医疗事故鉴定委员会重新鉴定，该委员会于同年11月13日作出鉴定结论为："一、丽水医院门诊医生行淋巴活检术虽有医疗技术缺陷，但不属医疗事故。二、该患者的变应性亚败血症与1996年3月5日淋巴结活检术无因果关系"。患儿1998年4月以后在外地医院诊治，1998年4月6日于河南省人民医院出院，1998

年9月2日首都医科大学北京儿童医院出院,两家医院均确诊为"败血症",两次治疗原告有出院的复印件予以证明。1998年11月11日,魏某以医院不当诊治,致其得败血症及病情进一步恶化为由提起诉讼,要求丽水医院赔偿各种损失60余万元。

(二)法律依据

适用于审判监督程序的提起的法律、规定和文件主要包括:《中华人民共和国民事诉讼法》、《最高人民法院关于适用〈中华人民共和国民事诉讼法〉若干问题的意见》、《最高人民法院关于适用〈中华人民共和国民事诉讼法〉审判监督程序若干问题的解释》。

附1:

中华人民共和国民事诉讼法(节录)

(1991年4月9日第七届全国人民代表大会第四次会议通过　根据2007年10月28日第十届全国人民代表大会常务委员会第三十次会议《关于修改〈中华人民共和国民事诉讼法〉的决定》修正)

……

第十六章　审判监督程序

第一百八十五条　按照审判监督程序决定再审的案件,裁定中止原判决的执行。裁定由院长署名,加盖人民法院印章。

第一百八十六条　人民法院按照审判监督程序再审的案件,发生法律效力的判决、裁定是由第一审法院作出的,按照第一审程序审理,所作的判决、裁定,当事人可以上诉;发生法律效力的判决、裁定是由第二审法院作出的,按照第二审程序审理,所作的判决、裁定,是发生法律效力的判决、裁定;上级人民法院按照审判监督程序提审的,按照第二审程序审理,所作的判决、裁定是发生法律效力的判决、裁定。

人民法院审理再审案件,应当另行组成合议庭。

第一百八十七条　最高人民检察院对各级人民法院已经发生法律效力的判决、裁定,上级人民检察院对下级人民法院已经发生法律效力的判决、裁定,发现有本法第一百七十九条规定情形之一的,应当提出抗诉。

地方各级人民检察院对同级人民法院已经发生法律效力的判决、裁定,发现有本法第一百七十九条规定情形之一的,应当提请上级人民检察院向同级人民法院提出抗诉。

第一百八十八条　人民检察院提出抗诉的案件，接受抗诉的人民法院应当自收到抗诉书之日起三十日内作出再审的裁定；有本法第一百七十九条第一款第（一）项至第（五）项规定情形之一的，可以交下一级人民法院再审。

第一百八十九条　人民检察院决定对人民法院的判决、裁定提出抗诉的，应当制作抗诉书。

第一百九十条　人民检察院提出抗诉的案件，人民法院再审时，应当通知人民检察院派员出席法庭。

……

附2：

最高人民法院关于适用《中华人民共和国民事诉讼法》若干问题的意见（节录）

法发〔92〕22号

（1992年7月14日最高人民法院审判委员会第528次会议讨论通过）

……

十三、审判监督程序

199. 各级人民法院院长对本院已经发生法律效力的判决、裁定，发现确有错误，经审判委员会讨论决定再审的，应当裁定中止原判决、裁定的执行。

200. 最高人民法院对地方各级人民法院已经发生法律效力的判决、裁定，上级人民法院对下级人民法院已经发生法律效力的判决、裁定，如果发现确有错误，应在提审或者指令下级人民法院再审的裁定中同时写明中止原判决、裁定的执行；情况紧急的，可以将中止执行的裁定口头通知负责执行的人民法院，但应在口头通知后十日内发出裁定书。

201. 按审判监督程序决定再审或提审的案件，由再审或提审的人民法院在作出新的判决、裁定中确定是否撤销、改变或者维持原判决、裁定；达成调解协议的，调解书送达后，原判决、裁定即视为撤销。

202. 由第二审人民法院判决、裁定的案件，上级人民法院需要指令再审的，应当指令第二审人民法院再审。

203. 无民事行为能力人、限制民事行为能力人的法定代理人，可以代理当事人提出再审申请。

204. 当事人对已经发生法律效力的调解书申请再审，适用民事诉讼法第一百八十二条的规定，应在该调解书发生法律效力后二年内提出。

……

207. 按照督促程序、公示催告程序、企业法人破产还债程序审理的案件以及依照审判监督程序审理后维持原判的案件，当事人不得申请再审。

208. 对不予受理、驳回起诉的裁定，当事人可以申请再审。

209. 当事人就离婚案件中的财产分割问题申请再审的，如涉及判决中已分割的财产，人民法院应依照民事诉讼法第一百七十九条的规定进行审查，符合再审条件的，应立案审理；如涉及判决中未作处理的夫妻共同财产，应告知当事人另行起诉。

210. 人民法院提审或按照第二审程序再审的案件，在审理中发现原一、二审判决违反法定程序的，可分别情况处理：

（1）认为不符合民事诉讼法规定的受理条件的，裁定撤销一、二审判决，驳回起诉。

（2）具有本意见第一百八十一条规定的违反法定程序的情况，可能影响案件正确判决、裁定的，裁定撤销一、二审判决，发回原审人民法院重审。

211. 依照审判监督程序再审的案件，人民法院发现原一、二审判决遗漏了应当参加的当事人的，可以根据当事人自愿的原则予以调解，调解不成的，裁定撤销一、二审判决，发回原审人民法院重审。

212. 民事诉讼法第一百八十四条中的二年为不变期间，自判决、裁定发生法律效力次日起计算。

213. 再审案件按照第一审程序或者第二审程序审理的，适用民事诉讼法第一百三十五条、第一百五十九条规定的审限。审限自决定再审的次日起计算。

214. 本意见第一百九十二条的规定适用于审判监督程序。

附3：

最高人民法院关于适用《中华人民共和国民事诉讼法》审判监督程序若干问题的解释（节录）

法释〔2008〕14号

（2008年11月10日最高人民法院审判委员会第1453次会议通过）

……

第七条 人民法院应当自收到符合条件的再审申请书等材料后五日内完成向申请再审人发送受理通知书等受理登记手续，并向对方当事人发送受理通知书及再审申请书副本。

第八条 人民法院受理再审申请后，应当组成合议庭予以审查。

第九条　人民法院对再审申请的审查，应当围绕再审事由是否成立进行。

第十条　申请再审人提交下列证据之一的，人民法院可以认定为民事诉讼法第一百七十九条第一款第（一）项规定的"新的证据"：

（一）原审庭审结束前已客观存在庭审结束后新发现的证据；

（二）原审庭审结束前已经发现，但因客观原因无法取得或在规定的期限内不能提供的证据；

（三）原审庭审结束后原作出鉴定结论、勘验笔录者重新鉴定、勘验，推翻原结论的证据。

当事人在原审中提供的主要证据，原审未予质证、认证，但足以推翻原判决、裁定的，应当视为新的证据。

第十一条　对原判决、裁定的结果有实质影响、用以确定当事人主体资格、案件性质、具体权利义务和民事责任等主要内容所依据的事实，人民法院应当认定为民事诉讼法第一百七十九条第一款第（二）项规定的"基本事实"。

第十二条　民事诉讼法第一百七十九条第一款第（五）项规定的"对审理案件需要的证据"，是指人民法院认定案件基本事实所必需的证据。

第十三条　原判决、裁定适用法律、法规或司法解释有下列情形之一的，人民法院应当认定为民事诉讼法第一百七十九条第一款第（六）项规定的"适用法律确有错误"：

（一）适用的法律与案件性质明显不符的；

（二）确定民事责任明显违背当事人约定或者法律规定的；

（三）适用已经失效或尚未施行的法律的；

（四）违反法律溯及力规定的；

（五）违反法律适用规则的；

（六）明显违背立法本意的。

第十四条　违反专属管辖、专门管辖规定以及其他严重违法行使管辖权的，人民法院应当认定为民事诉讼法第一百七十九条第一款第（七）项规定的"管辖错误"。

第十五条　原审开庭过程中审判人员不允许当事人行使辩论权利，或者以不送达起诉状副本或上诉状副本等其他方式，致使当事人无法行使辩论权利的，人民法院应当认定为民事诉讼法第一百七十九条第一款第（十）项规定的"剥夺当事人辩论权利"。但依法缺席审理，依法径行判决、裁定的除外。

第十六条　原判决、裁定对基本事实和案件性质的认定系根据其他法律文书作出，而上述其他法律文书被撤销或变更的，人民法院可以认定为民事诉讼法第一百七十九条第一款第（十三）项规定的情形。

第十七条　民事诉讼法第一百七十九条第二款规定的"违反法定程序可能影响案件正确判决、裁定的情形"，是指除民事诉讼法第一百七十九条第一款第（四）项以及第（七）项至第（十二）项之外的其他违反法定程序，可能导致案件裁判结果错误的情形。

第十八条　民事诉讼法第一百七十九条第二款规定的"审判人员在审理该案件时有贪污受贿，徇私舞弊，枉法裁判行为"，是指该行为已经相关刑事法律文书或者纪律处分决定确认的情形。

第十九条　人民法院经审查再审申请书等材料，认为申请再审事由成立的，应当径行裁定再审。

当事人申请再审超过民事诉讼法第一百八十四条规定的期限，或者超出民事诉讼法第一百七十九条所列明的再审事由范围的，人民法院应当裁定驳回再审申请。

第二十条　人民法院认为仅审查再审申请书等材料难以作出裁定的，应当调阅原审卷宗予以审查。

第二十一条　人民法院可以根据案情需要决定是否询问当事人。

以有新的证据足以推翻原判决、裁定为由申请再审的，人民法院应当询问当事人。

第二十二条　在审查再审申请过程中，对方当事人也申请再审的，人民法院应当将其列为申请再审人，对其提出的再审申请一并审查。

第二十三条　申请再审人在案件审查期间申请撤回再审申请的，是否准许，由人民法院裁定。

申请再审人经传票传唤，无正当理由拒不接受询问，可以裁定按撤回再审申请处理。

第二十四条　人民法院经审查认为申请再审事由不成立的，应当裁定驳回再审申请。

驳回再审申请的裁定一经送达，即发生法律效力。

第二十五条　有下列情形之一的，人民法院可以裁定终结审查：

（一）申请再审人死亡或者终止，无权利义务承受人或者权利义务承受人声明放弃再审申请的；

（二）在给付之诉中，负有给付义务的被申请人死亡或者终止，无可供执行的财产，也没有应当承担义务的人的；

（三）当事人达成执行和解协议且已履行完毕的，但当事人在执行和解协议中声明不放弃申请再审权利的除外；

（四）当事人之间的争议可以另案解决的。

第二十六条　人民法院审查再审申请期间，人民检察院对该案提出抗诉的，人民法院应依照民事诉讼法第一百八十八条的规定裁定再审。申请再审人提出的具体再审请求应纳入审理范围。

第二十七条　上一级人民法院经审查认为申请再审事由成立的，一般由本院提审。最高人民法院、高级人民法院也可以指定与原审人民法院同级的其他人民法院再审，或者指令原审人民法院再审。

第二十八条　上一级人民法院可以根据案件的影响程度以及案件参与人等情况，决定是否指定再审。需要指定再审的，应当考虑便利当事人行使诉讼权利以及便利人民法院审理等因素。

接受指定再审的人民法院，应当按照民事诉讼法第一百八十六条第一款规定的程序审理。

第二十九条　有下列情形之一的，不得指令原审人民法院再审：

（一）原审人民法院对该案无管辖权的；

（二）审判人员在审理该案件时有贪污受贿，徇私舞弊，枉法裁判行为的；

（三）原判决、裁定系经原审人民法院审判委员会讨论作出的；

（四）其他不宜指令原审人民法院再审的。

第三十条　当事人未申请再审、人民检察院未抗诉的案件，人民法院发现原判决、裁定、调解协议有损害国家利益、社会公共利益等确有错误情形的，应当依照民事诉讼法第一百七十七条的规定提起再审。

第三十一条　人民法院应当依照民事诉讼法第一百八十六条的规定，按照第一审程序或者第二审程序审理再审案件。

人民法院审理再审案件应当开庭审理。但按照第二审程序审理的，双方当事人已经其他方式充分表达意见，且书面同意不开庭审理的除外。

第三十二条　人民法院开庭审理再审案件，应分别不同情形进行：

（一）因当事人申请裁定再审的，先由申请再审人陈述再审请求及理由，后由被申请人答辩及其他原审当事人发表意见；

（二）因人民检察院抗诉裁定再审的，先由抗诉机关宣读抗诉书，再由申请抗诉的当事人陈述，后由被申请人答辩及其他原审当事人发表意见；

（三）人民法院依职权裁定再审的，当事人按照其在原审中的诉讼地位依次发表意见。

第三十三条　人民法院应当在具体的再审请求范围内或在抗诉支持当事人请求的范围内审理再审案件。当事人超出原审范围增加、变更诉讼请求的，不属于再审审理范围。但涉及国家利益、社会公共利益，或者当事人在原审诉讼中已经依法要求增加、变更诉讼请求，原审未予审理且客观上不能形成其他诉讼的除外。

经再审裁定撤销原判决，发回重审后，当事人增加诉讼请求的，人民法院依照民事诉讼法第一百二十六条的规定处理。

第三十四条 申请再审人在再审期间撤回再审申请的，是否准许由人民法院裁定。裁定准许的，应终结再审程序。申请再审人经传票传唤，无正当理由拒不到庭的，或者未经法庭许可中途退庭的，可以裁定按自动撤回再审申请处理。

人民检察院抗诉再审的案件，申请抗诉的当事人有前款规定的情形，且不损害国家利益、社会公共利益或第三人利益的，人民法院应当裁定终结再审程序；人民检察院撤回抗诉的，应当准予。

终结再审程序的，恢复原判决的执行。

第三十五条 按照第一审程序审理再审案件时，一审原告申请撤回起诉的，是否准许由人民法院裁定。裁定准许的，应当同时裁定撤销原判决、裁定、调解书。

第三十六条 当事人在再审审理中经调解达成协议的，人民法院应当制作调解书。调解书经各方当事人签收后，即具有法律效力，原判决、裁定视为被撤销。

第三十七条 人民法院经再审审理认为，原判决、裁定认定事实清楚、适用法律正确的，应予维持；原判决、裁定在认定事实、适用法律、阐述理由方面虽有瑕疵，但裁判结果正确的，人民法院应在再审判决、裁定中纠正上述瑕疵后予以维持。

第三十八条 人民法院按照第二审程序审理再审案件，发现原判决认定事实错误或者认定事实不清的，应当在查清事实后改判。但原审人民法院便于查清事实，化解纠纷的，可以裁定撤销原判决，发回重审；原审程序遗漏必须参加诉讼的当事人且无法达成调解协议，以及其他违反法定程序不宜在再审程序中直接作出实体处理的，应当裁定撤销原判决，发回重审。

第三十九条 新的证据证明原判决、裁定确有错误的，人民法院应予改判。

申请再审人或者申请抗诉的当事人提出新的证据致使再审改判，被申请人等当事人因申请再审人或者申请抗诉的当事人的过错未能在原审程序中及时举证，请求补偿其增加的差旅、误工等诉讼费用的，人民法院应当支持；请求赔偿其由此扩大的直接损失，可以另行提起诉讼解决。

第四十条 人民法院以调解方式审结的案件裁定再审后，经审理发现申请再审人提出的调解违反自愿原则的事由不成立，且调解协议的内容不违反法律强制性规定的，应当裁定驳回再审申请，并恢复原调解书的执行。

第四十一条 民事再审案件的当事人应为原审案件的当事人。原审案件当事人死亡或者终止的,其权利义务承受人可以申请再审并参加再审诉讼。

第四十二条 因案外人申请人民法院裁定再审的,人民法院经审理认为案外人应为必要的共同诉讼当事人,在按第一审程序再审时,应追加其为当事人,作出新的判决;在按第二审程序再审时,经调解不能达成协议的,应撤销原判,发回重审,重审时应追加案外人为当事人。

案外人不是必要的共同诉讼当事人的,仅审理其对原判决提出异议部分的合法性,并应根据审理情况作出撤销原判决相关判项或者驳回再审请求的判决;撤销原判决相关判项的,应当告知案外人以及原审当事人可以提起新的诉讼解决相关争议。

第四十三条 本院以前发布的司法解释与本解释不一致的,以本解释为准。本解释未作规定的,按照以前的规定执行。

……

(三) 文书格式

1.《民事调解书》(再审案件)

民事调解书(再审案件)

(××××)×民再字第××号

原审原告(或原审上诉人)……(写明姓名或名称等基本情况)。

原审被告(或原审被上诉人)……(写明姓名或名称等基本情况)。

原审第三人……(写明姓名或名称等基本情况)。

(当事人及其他诉讼参加人的列项和基本情况的写法,与本院决定再审的案件用的民事判决书样式相同。)

案由:……

……(写明原审当事人的姓名或名称和案由)一案,本院(或××××人民法院)于××××年××月××日作出(××××)×民×字第××号民事判决(或调解协议),已经发生法律效力。××××年××月××日本院作出裁定,决定本案由本院提起再审(或进行提审)。(或"××××年××月××日××××人民法院指令本院对本案进行再审。")

……(简要写明当事人的请求和案件的事实)。

本案在审理过程中,经本院主持调解,双方当事人自愿达成如下协议:

……(写明协议的内容)。

……(写明除免交的案件受理费外的其他诉讼费用的负担。没有的,此项不写)。

上述协议,符合有关法律规定,本院予以确认。

本调解书经双方当事人签收后，即具有法律效力。

审判长　×××

审判员　×××

审判员　×××

××××年××月××日

（院印）

本件与原本核对无异

书记员　×××

2.《民事判决书》（本院决定再审的案件用）

××××人民法院

民事判决书

（××××）×民再字第××号

原审原告（或原审上诉人）……（写明姓名或名称等基本情况）。

原审被告（或原审被上诉人）……（写明姓名或名称等基本情况）。

原审第三人……（写明姓名或名称等基本情况）。

（当事人及其他诉讼参加人的列项和基本情况的写法，除当事人的称谓外，与一审民事判决书样式相同。）

……（写明原审当事人的姓名或名称和案由）一案，本院于××××年××月××日作出（××××）×民×字第××号民事判决（或裁定），已经发生法律效力。××××年××月××日，本院以（××××）×民监字第××号民事裁定，决定对本案进行再审。本院依法另行组成合议庭，公开（或不公开）开庭审理了本案。……（写明参加再审的当事人及其诉讼代理人等）到庭参加诉讼。本案现已审理终结。（未开庭的写："本院依法另行组成合议庭审理了本案，现已审理终结。"）

……（概括写明原审生效判决认定的主要事实、理由和判决结果，简述当事人提出的主要意见及其理由和请求）。

经再审查明，……（写明再审认定的事实和证据）。

本院认为，……（根据再审查明的事实，着重论述原审生效判决定性处理是否正确，阐明应予改判，如何改判，或者应当维持原判的理由）。依照……（写明判决所依据的法律条款项）的规定，判决如下：

……（写明判决结果）。

……（写明诉讼费用的负担。维持原判的，此项不写）。

……（按第一审程序再审的，写："如不服本判决，可在判决书送达之日起十五日内，向本院递交上诉状，并按对方当事人的人数提出副本，上诉于××××人民法院。"按第二审程序再审的，写："本判决为终审判决。"）

审判长　×××
审判员　×××
审判员　×××
××××年××月××日
（院印）

本件与原本核对无异

书记员　×××

3.《民事判决书》（抗诉的再审案件用）

××××人民法院
民事判决书

（××××）×民再字第××号

抗诉机关××××人民检察院。
原审原告（或原审上诉人）……（写明姓名或名称等基本情况）。
原审被告（或原审被上诉人）……（写明姓名或名称等基本情况）。
原审第三人……（写明姓名或名称等基本情况）。
（当事人及其他诉讼参加人的列项和基本情况的写法，与本院决定再审的案件用的民事判决书样式相同。）

……（写明原审当事人的姓名或名称和案由）一案，本院于××××年××月××日作出（××××）×民×字第××号民事判决（或裁定），已经发生法律效力。××××人民检察院于××××年××月××日对本案提出抗诉。本院依法组成合议庭，公开（或不公开）开庭对本案进行了再审。××××人民检察院检察长（员）×××出庭支持抗诉，……（写明参加再审的当事人及其诉讼代理人等）到庭参加诉讼。本案现已审理终结。（未开庭的写："本院依法组成合议庭对本案进行了再审，现已审理终结。"）

……（概要写明原审生效判决认定的主要事实、理由和判决结果以及检察院抗诉的理由）。

经再审查明，……（写明再审认定的事实和证据）。

本院认为，……（根据再审查明的事实，着重论述原审生效判决是否正确，阐明应予改判、如何改判或者应当维持原判的理由）。依照……（写明判决所依据的法律条款项）的规定，判决如下：

……（写明判决结果）。

……（写明诉讼费用的负担。维持原判的，此项不写）。

……（按第一审程序再审的，写："如不服本判决，可在判决书送达之日起十五内，向本院递交上诉状，并按对方当事人的人数提出副本，上诉于××××人民法院。"按第二审程序再审的，写："本判决为终审判决。"）

            审判长　×××
            审判员　×××
            审判员　×××
          ××××年××月××日
             （院印）

本件与原本核对无异

            书记员　×××

4.《民事判决书》（上级法院指令再审的案件用）

××××人民法院
民事判决书

          （××××）×民再字第××号

原审原告（或原审上诉人）……（写明姓名或名称等基本情况）。

原审被告（或原审被上诉人）……（写明姓名或名称等基本情况）。

原审第三人……（写明姓名或名称等基本情况）。

（当事人及其他诉讼参加人的列项和基本情况的写法，与本院决定再审的案件用的民事判决书样式相同。）

……（写明原审当事人的姓名或名称和案由）一案，本院于××××年××月××日作出（××××）×民×字第××号民事判决（或裁定），已经发生法律效力。××××年××月××日，××××人民法院以（××××）×民监字第××号民事裁定，指令本院对本案进行再审。本院依法另行组成合议庭，公开（或不公开）开庭审理了本案。……（写明参加再审的当事人及其诉讼代理人等）到庭参加诉讼。本案现已审理终结。（未开庭的写："本院依法另行组成合议庭审理了本案，现已审理终结。"）

……（概括写明原审生效判决认定的主要事实、理由和判决结果；简述当事人提出的主要意见及其理由和请求）。

经再审查明，……（写明再审认定的事实和证据）。

本院认为，……（根据再审查明的事实，着重论述原审生效判决定性处理是否正确，阐明应予改判，如何改判，或者应当维持原判的理由）。依照……（写明判决所依据的法律条款项）的规定，判决如下：

……（写明判决结果）。

……（写明诉讼费用的负担。维持原判的，此项不写）。

……（按第一审程序再审的，写："如不服本判决，可在判决书送达之日起十五日内，向本院递交上诉状，并按对方当事人的人数提出副本，上诉于××××人民法院。"按第二审程序再审的，写："本判决为终审判决。"）

审判长　×××
审判员　×××
审判员　×××
××××年××月××日
（院印）

本件与原本核对无异

书记员　×××

5.《民事判决书》（依照审判监督程序提审的案件用）

××××人民法院
民事判决书

（××××）×民再字第××号

原审原告（或原审上诉人）……（写明姓名或名称等基本情况）。

原审被告（或原审被上诉人）……（写明姓名或名称等基本情况）。

原审第三人……（写明姓名或名称等基本情况）。

（当事人及其他诉讼参加人的列项和基本情况的写法，与本院决定再审的案件用的民事判决书样式相同。）

……（写明原审当事人的姓名或名称和案由）一案，××××人民法院于××××年××月××日作出（××××）×民×字第××号民事判决（或裁定），已经发生法律效力。××××年××月××日，本院以（××××）×民监字第××号民事裁定，决定对本案进行提审。本院依法组成合议庭，公开（或不公开）开庭审理了本案。……（写明参加再审的当事人及其诉讼代理人等）到庭参加诉讼。本案现已审理终结。（未开庭的写："本院依法组成合议庭审理了本案，现已审理终结。"）

……（概括写明原审生效判决认定的主要事实、理由和判决结果；简述当事人提出的主要意见及其理由和请求）。

经审理查明，……（写明提审认定的事实和证据。）

本院认为，……〔根据提审查明的事实，着重论述原审生效判决定性处理是否正确，阐明应予改判，如何改判或者维持原判的理由〕。依照……（写明判决所依据的法律条款项）的规定，判决如下：

……（写明判决结果）。

……（写明诉讼费用的负担。维持原判的，此项不写）。

本判决为终审判决。

             审判长　×××

             审判员　×××

             审判员　×××

            ×××年××月××日

              （院印）

本件与原本核对无异

             书记员　×××

6.《民事判决书》（当事人申请再审的案件用）

      ××××人民法院
        民事判决书

            （××××）×民再字第××号

原审原告（或原审上诉人）……（写明姓名或名称等基本情况）。

原审被告（或原审被上诉人）……（写明姓名或名称等基本情况）。

原审第三人……（写明姓名或名称等基本情况）。

（当事人及其他诉讼参加人的列项和基本情况的写法，与本院决定再审的案件用的民事判决书样式相同。）

……（写明原审当事人的姓名或名称和案由）一案，本院于××××年××月××日作出（××××）×民×字第××号民事判决（或裁定、调解协议），已经发生法律效力。××××年××月××日，原审×告（或原审第三人）×××向本院申请再审，经审查该申请符合法律规定的再审条件。本院提起再审后，依法另行组成合议庭，公开（或不公开）开庭审理了本案。……（写明参加再审的当事人及其诉讼代理人等）到庭参加诉讼。本案现已审理终结。（未开庭的写："本院依法另行组成合议庭审理了本案，现已审理终结。"）

……（概要写明原审生效判决认定的主要事实、理由和判决结果，以及当事人申请再审的主要理由与请求）。

经再审查明，……（写明再审认定的事实和证据）。

本院认为，……（根据再审查明的事实，着重论述原审生效判决是否正确，申请人提出的理由能否成立，阐明应予改判，如何改判或者应当维持原判的理由）。

依照……（写明判决所依据的法律条款项）的规定，判决如下：

……（写明判决结果）。

……（写明诉讼费用的负担。维持原判的，此项不写）。

……（按第一审程序再审的，写："如不服本判决，可在判决书送达之日起十五日内，向本院递交上诉状，并按对方当事人的人数提出副本，上诉于××××人民法院。"按第二审程序再审的，写："本判决为终审判决。"）。

审判长　×××

审判员　×××

审判员　×××

××××年××月××日

（院印）

本件与原本核对无异

书记员　×××

四、实验步骤

（1）熟悉再审案件的审理法院有哪些；

（2）全面熟悉案件材料，选择相应的再审启动途径，并根据选择的途径撰写相应的诉讼文书；

（3）根据选择确定案件的审理适用程序并设定相应的审判流程；

（4）完成相应的再审案件的审判操作过程。

五、自主设计

【案情】长江铝型材料厂于1993年6月从中国银行甲市支行中湖储蓄所购买100张面额100元的定额有奖储蓄存单，背面标明中奖率为100%，7月10日，该支行公开摇奖并在当地日报上公布了中奖号码，规定了兑奖期限，并声明逾期不兑将视为弃奖。在此期间，长江铝型材料厂始终未去兑奖。10月15日，在兑奖的最后一日，该厂将存单发给本厂职工，代替欠发的工资。该厂职工王大明领到奖券后，经核对有一张中一等奖，奖金一万元人民币。王大明即持该奖券到银行领取了奖金。长江铝型材料厂知道后，认为此奖金应归厂方所有，要求王大明将一万元交回厂里，然后厂里按幸运奖赠与王大明1 888元。王大明拒绝厂里的意见，长江铝型材料厂遂向甲市城区人民法院提起诉讼，请求判令王大明返还奖金一万元。甲市城区人民法院经审理后于1994年5月20日作出判决：王大明于判决生效后15日内返还长江铝型材料厂不当得利一万元。一审判决后，王大明以原审法院适用法律不当，判决有错为由向甲市中级人民法院提起上诉。甲市中级人民法院经二审后认为，一审判决认定事实清楚，适用法律正确，判处恰当，上诉人王大明的上诉理由不成立，于 1994 年 8 月 8 日判决，驳回上诉维持原判。

王大明不服甲市中级人民法院的二审判决，以其取得的奖金是合法收益，不属于不当得利为由，向乙省高级人民法院申请再审。乙省高级人民法院认为，原终审判决确有错误，裁定予以提审。乙省高级人民法院经审理后认为，王大明取得一万元奖金的行为不属于不当得利，长江铝型材料厂未能合法取得一万元奖金的行为不属于重大误解，一万元奖金应归王大明所有。原一、二审判决适用法律有错误、判处失当，应予以改判。据此，乙省高级人民法院判决：撤销原一、二审判决；驳回长江铝型材料厂要求王大明返还一万元奖金的诉讼请求。

【问题】（1）本案乙省高级人民法院裁定予以提审是否正确？
（2）本案再审后的处理有无不当？
（3）本案王大明能否向省高院申请再审？

六、拓展思考

（1）审判监督程序的审判法院如何准确界定？
（2）再审案件的审理具体适用何种程序？
（3）在再审案件的审理过程中有哪些需要改进之处？
（4）再审裁判方式主要有哪些？

第四部分 特别程序

实验一 选民资格案件

一、实验要求与目的

通过实验要求学生能熟知选民资格案件提起的要件,掌握选民资格案件的程序运作,能独立撰写相应法律文书。
(1) 掌握选民资格案件的提起条件;
(2) 熟悉选民资格案件的审理程序;
(3) 了解相关法律对选民资格案件的规定;
(4) 规范操作选民资格案件的各个环节;
(5) 能够撰写选民资格案件中的各种法律文书。

二、实验原理

(一) 认定选民资格案件概念

选民资格案件,是指公民对选举委员会公布的用以确定选民资格的选民名单有不同意见,向选举委员会申诉后,不服该选举委员会对其申诉所作的决定,依法向人民法院起诉要求予以解决的案件。《中华人民共和国宪法》第三十四条规定,中华人民共和国公民年满18岁,不分民族、种族、性别、职业、家庭出身、宗教信仰、教育程度、财产状况、居住期限,都有选举权和被选举权;但是依法被剥夺政治权利的人除外。而依据《中华人民共和国全国人民代表大会和地方人民代表大会选举法》的规定,在进行选举前选举委员会应当进行选民登记,制作选民名单并在选举日20日以前予以公布,同时,对被列入选民名单的公民应当发放选民证。只有被列入选民名单取得选民证的公民才能参加选举，实际行使选举权与被选举权。然而，选举委员会在进行选民登记和发放选民证时，由于种种原因难免会出错，例如该列入选民名单的人未被列入，或者不该列入的人被列入了选民名单。这些错误发生后，选举委员会在选举日前可以主动修改、订正，也可以通过其他程序加以解决。我国《选举法》第二十八条规定："对于公布的选民名单有不同意见的，可以向选举委员会提出申诉。选举委员会对申诉意见，应当在三日内作出处理决定。申诉人如果对处理意见不服，可以在选举日以前五日内向人民法院起诉，人民法院应当在选举日前作出判决。人民法院的判决为最后决定。"《民事诉讼法》第一百六十四条明确规定：公民不服选举委员会对选民资格的申诉所作的处理决定，可以再选举日的五日以前向选区所在地的基层人民法院起诉。

（二）认定选民资格案件具体程序

（1）申请。《民事诉讼法》第一百六十四条规定，公民不服选举委员会对选民资格的申诉所作的决定，可以在选举日以前5日内向选区所在地基层人民法院起诉。起诉者一般是原来向选举委员会提起申诉的人，但向选举委员会提起申诉的人不一定是与选民资格有利害关系的人。

（2）受理。人民法院受理选民资格案件后，应由审判员组成合议庭，不得由陪审员和审判员共同组成合议庭，更不能由审判员独任制审判。人民法院审理选民资格案件时，起诉人、选举委员会的代表和有关公民必须参加诉讼。这些诉讼参加人均可依法行使陈述事实、辩论、提供证据等权利。

（3）判决。人民法院对选民资格案件应当及时审理，依照法律规定适用特殊程序审理的案件，应当在案件立案之日起30日内或者公告期满后30日内审结，有特殊情况需要延长的，由本院院长批准。对于选民资格案件除严格按照上述审限外，必须在选举日以前审结。人民法院作出的判决，应当向起诉人、选举委员会以及涉及的公民送达判决书。

三、实验准备

（一）案件材料

起诉人吴某户籍一直落在某县路下乡中心小学，路下村历届村民委员会换届选举时，都将吴某登记为选民。但其迁入路下村成为该村非农业户籍的村民时，却未被登记为该村选民，于是申诉并起诉。经查实起诉人吴某虽在路下村新兴西路48号居住，但其户籍一直落在某县路下乡中心小学。路下村历届村民委员会换届选举时,都将吴某登记为选民。特别是 2000 年的村民委员会换届选举时,起诉人还被村民提名为村民委员会主任的正式候选人。2003 年 6 月 12 日,吴某将户籍从路下乡中心小学迁入路下村,成为该村非农业户籍的村民。2003 年,路下村村民委员会因任期届满,依法需进行换届选举,选举日定为 2003 年 7 月 12 日,从 6 月 7 日起进行选民登记,起诉人吴某未被登记为该村选民。吴某向路下村村民选举委员会提出申诉后,该委员会认为:吴某虽然在本村居住,但其户籍是在选民登记日(6 月 7 日)以后才迁入本村的,而且是本村非农业户籍村民,在本村没有承包土地,也不履行"三提留、五统筹"等村民应尽的义务,按照福建省民政厅下发的《村民委员会选举规程》中关于"户籍在本村管理的其他非农业户籍性质人员不作选民资格登记"的规定,吴某不能在本村登记。此前历届村民委员会选举时,虽然都将吴某登记为本村选民,但这都是错误的,应当纠正。据此,该委员会于 2003 年 6 月 29 日作出处理决定:对吴某的选民资格不予登记。吴某不服处理决定,遂于 6 月 30 日向某县人民法院起诉。

(二)法律依据

适用于选民资格案件审理的法律文件主要有:《中华人民共和国民事诉讼法》、《中华人民共和国选举法》。

附 1:

中华人民共和国民事诉讼法(节录)

(1991 年 4 月 9 日第七届全国人民代表大会第四次会议通过 根据 2007 年 10 月 28 日第十届全国人民代表大会常务委员会第三十次会议《关于修改〈中华人民共和国民事诉讼法〉的决定》修正)

……

第十五章 特别程序

第一节 一般规定

第一百六十条 人民法院审理选民资格案件、宣告失踪或者宣告死亡案件、认定公民无民事行为能力或者限制民事行为能力案件和认定财产无主案件,适用本章规定。本章没有规定的,适用本法和其他法律的有关规定。

第一百六十一条 依照本章程序审理的案件,实行一审终审。选民资格案件或者重大、疑难的案件,由审判员组成合议庭审理;其他案件由审判员一人独任审理。

第一百六十二条 人民法院在依照本章程序审理案件的过程中,发现本案属于民事权益争议的,应当裁定终结特别程序,并告知利害关系人可以另行起诉。

第一百六十三条 人民法院适用特别程序审理的案件,应当在立案之日起三十日内或者公告期满后三十日内审结。有特殊情况需要延长的,由本院院长批准。但审理选民资格的案件除外。

第二节 选民资格案件

第一百六十四条 公民不服选举委员会对选民资格的申诉所作的处理决定,可以在选举日的五日以前向选区所在地基层人民法院起诉。

第一百六十五条 人民法院受理选民资格案件后,必须在选举日前审结。审理时,起诉人、选举委员会的代表和有关公民必须参加。

人民法院的判决书,应当在选举日前送达选举委员会和起诉人,并通知有关公民。

……

附2:

中华人民共和国选举法(节录)

(2004年10月27日全国人民代表大会常务委员会关于修改《中华人民共和国全国人民代表大会和地方各级人民代表大会选举法》的决定,2004年10月27日第十届全国人民代表大会常务委员会第十二次会议通过)

……

第五章 选区划分

第二十四条 不设区的市、市辖区、县、自治县、乡、民族乡、镇的人民代表大会的代表名额分配到选区,按选区进行选举。选区可以按居住状况划分,也可以按生产单位、事业单位、工作单位划分。

选区的大小,按照每一选区选一名至三名代表划分。

第二十五条 城镇各选区每一代表所代表的人口数应当大体相等。农村各选区每一代表所代表的人口数应当大体相等。

第六章 选民登记

第二十六条 选民登记按选区进行,经登记确认的选民资格长期有效。每次选举前对上次选民登记以后新满十八周岁的、被剥夺政治权利期满后恢复政治权利的选民,予以登记。对选民经登记后迁出原选区的,列入新迁入的选区的选民名单;对死亡的和依照法律被剥夺政治权利的人,从选民名单上除名。

精神病患者不能行使选举权利的,经选举委员会确认,不列入选民名单。

第二十七条 选民名单应在选举日的二十日以前公布,实行凭选民证参加投票选举的,并应当发给选民证。

第二十八条 对于公布的选民名单有不同意见的,可以向选举委员会提出申诉。选举委员会对申诉意见,应在三日内作出处理决定。申诉人如果对处理决定不服,可以在选举日的五日以前向人民法院起诉,人民法院应在选举日以前作出判决。人民法院的判决为最后决定。

……

(三) 文书格式

1.《起诉书》(选民资格案件用)

起诉书(选民资格案件用)

原告:(写明基本情况)

被告:(写明基本情况)

诉讼请求:确认选民资格。

事实与理由:

此致

××××人民法院

起诉人:

××××年××月××日

2.《民事判决书》(选民资格案件用)

××××人民法院
民事判决书

(××××)×民特字第××号

起诉人……(写明姓名、性别、出生年月日、民族、籍贯、职业或工作单位和职务、住址)。

起诉人×××不服×××选举委员会关于……(写明决定的标题)决定,向本院起诉。本院受理后,依法组成合议庭,于××××年××月××日公开开庭审理了本案。起诉人×××、×××选举委员会的代表×××以及公民×××到庭参加诉讼。本案现已审理终结。

起诉人×××诉称，………（写明起诉的理由和请求）。

经审理查明，……（写明法院查明的选举委员会对起诉人选民资格问题的处理及其依据和理由，以及法院认定的事实）。……

审判长　×××
审判员　×××
审判员　×××
××××年××月××日
（院印）

本件与原本核对无异

书记员　×××

四、实验步骤

（1）熟悉提起特殊程序的条件及审理程序的特点；
（2）掌握提起认定选民资格案件的条件及审理程序；
（3）熟悉法律法规关于选民资格认定的规定；
（4）全面熟悉案件材料，分析判断该案应如何处理；
（5）根据你的判断撰写相应的诉讼文书；
（6）完成相应的程序操作流程。

五、自主设计

郭某某是户籍在大良街逢沙村的村民。2005年5月18日，苏岗社区居民选举委员会将范沙新村的539名居民登记为苏岗社区的选民。郭某某认为范沙新村居民户籍所在地在逢沙村村民委员会，已在逢沙村村民委员会作了选民登记，且参加了逢沙村村民委员会选举委员会的选举，应不能参加苏岗选委会的选举，因此向苏岗选委会提出异议及申诉，但苏岗选委会未予理会。故郭某某请求法院确认范沙新村（范沙拆迁安置区）539名居民不具备在苏岗社区居民委员会参加选举的选民资格。

苏岗社区居民选举委员会答辩称：(1) 范沙新村五百多名选民虽然户口在逢沙，但其土地、股份分红、医疗、社保、教育等种种关系都仍在苏岗，其不是一般意义上的选民，不能按"选民资格的一般规定"适用在户口所在地参加选民登记的一般原则。(2) 范沙新村村民在逢沙村依法没有选举权，逢沙村委会的自治章程和村规民约规定，平均每名村民出资约20 000元作为公益基金，用于学校、道路等福利投入，而范沙新村村民至今也未尽到该义务，当然不能在逢沙享受选举权与被选举权。（3）根据民主决策原则，范沙新村村民应当在苏岗参加选民登记。今年3月份讨论选民资格问题时，逢沙村七十多名村民代表绝大多数表示不同意范沙新村的村民在逢沙参选，而范沙新村村民因其土地、股份分红、医疗、社保、教育等关系均在苏岗，也强烈要求回苏岗参选，他们的要求同时也得到苏岗居委会原籍选民的绝大多数人签名同意。（4）从选民利益看范沙新村村民应该回苏岗参选。（5）范沙新村是1996年修建番顺公路拆迁而成的一个新村，一直到2004年11月前户口还是在苏岗管理，2004年11月换发户口簿时才调整为逢沙管理。范沙新村没有依法调整为逢沙村委会管辖，该调整管理是不受法律保护的。综上，请求法院依法驳回起诉人的诉讼请求。

法院查明，范沙新村属于拆迁安置区，2004年11月前，范沙新村居民的户籍属于苏岗社区，2004年11月后范沙新村调整为逢沙村的行政区域，范沙新村居民户籍属于逢沙村委会管辖，行政管理归属逢沙村委会。范沙新村539名居民没有参与苏岗社区居民选举委员会的选举，但在逢沙村村民委员会进行了选民登记，并于2005年3月10日参加了逢沙村村民委员会选举委员会的选举。

【问题】（1）哪些人应当参加认定选民资格案件？
（2）人民法院的判决书应当向什么人送达？
（3）结合本案模拟选民资格案件的审理。

六、拓展思考

（1）认定选民资格案件的审理有何特殊意义？
（2）特别程序在民事审判程序体系结构中地位如何？

实验二 宣告公民失踪和宣告公民死亡案件

一、实验要求与目的

通过实验要求学生熟悉宣告公民失踪和公民死亡案件的先骨干法律规定，理解该程序的重要特征，能规范运用相关程序并撰写相应法律文书。

(1) 掌握宣告失踪与宣告死亡提起条件；
(2) 掌握宣告死亡与宣告失踪之间的联系；
(3) 规范操作审理宣告失踪案件的程序；
(4) 规范操作审理宣告死亡案件的程序；
(5) 了解宣告失踪与宣告死亡的法律后果；
(6) 掌握撤销宣告失踪与宣告死亡判决的提起条件及程序。

二、实验原理

（一）宣告公民失踪和宣告公民死亡案件的概念和特征

民法通则规定，公民下落不明满二年的，利害关系人可以向人民法院申请宣告他为失踪人。还规定，公民下落不明满四年或者因意外事故下落不明，从事故发生之起满二年的，利害关系人可以向人民法院申请宣告他死亡。这就是说，公民离开他的住所地或者经常居住地后，在连续的一段时间里下落不明，杳无音讯的，该公民的亲属及其利害关系人可以向人民法院申请宣告其失踪或者申请宣告其死亡，人民法院可以根据申请作出判决宣告他失踪或者死亡。这两个宣告没有必然的联系，不一定要先作了失踪宣告，经过一段时间再作出死亡宣告。一个公民失踪，既可以宣告他失踪，也可以宣告他死亡。宣告什么，取决于法律规定的条件和利害关系人的申请。公民是民事权利主体，在社会生活中必然同他人发生民事法律关系，公民长期失踪，会使这些关系处于不确定状态，例如，应由失踪人支付和收取的费用无人收付；已由失踪人承包经营的土地、池塘无人经营，但又不宜于发包给别人；配偶实际上等于无配偶，但又无法与他人结婚，等等。这对于他们的利害关系人，包括对债权人、债务人、配偶、子女、单位都是不利的。确立由人民法院宣告失踪或者宣告死亡的法律制度，为的是结束这些不确定状态，保护利害关系人的利益，稳定社会经济秩序。

（二）基本程序

1. 申请

宣告失踪与宣告死亡案件必须由利害关系人申请。申请人包括失踪人的配偶；父母、子女；债权人以及有其他利害关系的人。失踪的时间或者失踪的情形应当符合法律规定。民事诉讼法规定，申请宣告失踪的，公民下落不明必须满二年；申请宣告死亡的，公民下落不明必须满四年，或者因意外事故下落不明满二年,或者因意外事故下落不明,经有关机关证明该公民不可能生存。如果某公民下落不明已满四年,在这种情况下,被申请宣告的人下落不明的时间既符合宣告失踪也符合宣告死亡的期限,是宣告该公民死亡还是宣告该公民失踪,取决于该公民利害关系人的申请。申请人必须递交申请书。申请人不能以口头形式向人民法院申请宣告公民失踪或者申请宣告公民死亡。在符合上述条件下,申请人必须向下落不明人住所地的基层人民法院递交申请书。民事诉讼法规定,申请书应当写明失踪或者下落不明的事实、时间和请求,并附有公安机关或者其他有关机关关于该公民下落不明的书面证明。

2. 受理

民事诉讼法对人民法院审理宣告失踪、宣告死亡案件适用的程序作了规定。即人民法院在收到申请人申请宣告某公民失踪或者申请宣告某公民死亡的申请书后,应当进行审查。经审查,凡符合立案条件的都应当立案受理。对于重大、疑难案件,应当由审判员组成合议庭进行审理,对于一般的案件,可以指定审判员一人独任审理。

3. 判决

人民法院立案后,应当发出寻找下落不明人的公告。宣告失踪的公告期间为3个月,宣告死亡的公告期间为1年,因意外事故下落不明,经有关机关证明该公民不可能生存的,宣告死亡的公告期间为3个月。在公告期间,如果下落不明的人仍无下落,人民法院在公告期间届满后,即可作出宣告失踪或者宣告死亡的判决,如果有了确实音讯或者被宣告失踪、宣告死亡的公民重新出现,人民法院应当判决驳回申请。人民法院宣告公民死亡不必先经过宣告失踪的程序,只要公民下落不明符合法律规定宣告死亡的条件,人民法院即可宣告该公民死亡。死亡宣告发生法律效力的时间,是人民法院作出判决的时间,该时间也是下落不明的人死亡的时间。如果下落不明的公民在人民法院宣告他失踪或者宣告他死亡后重新出现,人民法院应当依据民事诉讼法规定,经本人或者利害关系人的申请,作出新判决,撤销原判决。

三、实验准备

(一) 案件材料

被申请人梁某于1962年4月13日出生,其父母在1984年间离婚,梁某随母亲王某共同生活。申请人王某是梁某的法定监护人,被申请人梁某在13岁时患精神分裂症,在闵行区精神病医院长期住院治疗达9年之久,后转入上海市某医院住院治疗，因该院医护人员疏于监护，致被申请人梁某于1992年5月18日擅自离院出走。为此院方曾在本市有关报纸上刊登《协查启事》，还向被申请人梁某居所地公安机关报警，其家属等还在被申请人梁某可能落脚地寻找，但均无音讯。现被申请人梁某失踪已满2年，申请人王某要求人民法院宣告梁某为失踪人。

【问题】（1）宣告失踪的条件及法律后果？

（2）根据案情帮助王某撰写宣告失踪申请书。

（3）结合本案模拟宣告失踪程序。

（二）法律依据

适用于宣告失踪、宣告死亡案件的法律、规定和文件主要包括：《中华人民共和国民事诉讼法》、《最高人民法院关于适用〈中华人民共和国民事诉讼法〉若干问题的意见》、《中华人民共和国民法通则》、《最高人民法院关于贯彻执行〈中华人民共和国民法通则〉若干问题的意见》（试行）。

附1：

中华人民共和国民事诉讼法（节录）

（1991年4月9日第七届全国人民代表大会第四次会议通过　根据2007年10月28日第十届全国人民代表大会常务委员会第三十次会议《关于修改〈中华人民共和国民事诉讼法〉的决定》修正）

......

第三节　宣告失踪、宣告死亡案件

第一百六十六条　公民下落不明满二年，利害关系人申请宣告其失踪的，向下落不明人住所地基层人民法院提出。

申请书应当写明失踪的事实、时间和请求，并附有公安机关或者其他有关机关关于该公民下落不明的书面证明。

第一百六十七条　公民下落不明满四年，或者因意外事故下落不明满二年，或者因意外事故下落不明，经有关机关证明该公民不可能生存，利害关系人申请宣告其死亡的，向下落不明人住所地基层人民法院提出。

申请书应当写明下落不明的事实、时间和请求，并附有公安机关或者其他有关机关关于该公民下落不明的书面证明。

第一百六十八条　人民法院受理宣告失踪、宣告死亡案件后，应当发出寻找下落不明人的公告。宣告失踪的公告期间为三个月，宣告死亡的公告期间为一

年。因意外事故下落不明，经有关机关证明该公民不可能生存的，宣告死亡的公告期间为三个月。

公告期间届满，人民法院应当根据被宣告失踪、宣告死亡的事实是否得到确认，作出宣告失踪、宣告死亡的判决或者驳回申请的判决。

第一百六十九条　被宣告失踪、宣告死亡的公民重新出现，经本人或者利害关系人申请，人民法院应当作出新判决，撤销原判决。

……

附2：

最高人民法院关于适用《中华人民共和国民事诉讼法》若干问题的意见（节录）

法发〔92〕22号

（1992年7月14日最高人民法院审判委员会第528次会议讨论通过）

……

194. 宣告失踪或者宣告死亡案件，人民法院可以根据申请人的请求，清理下落不明人的财产，指定诉讼期间的财产管理人。公告期满后，人民法院判决宣告失踪的，应同时依照民法通则第二十一条第一款的规定指定失踪人的财产代管人。

195. 失踪人的财产代管人经人民法院指定后，代管人申请变更代管的，比照民事诉讼法特别程序的有关规定进行审理。申请有理的，裁定撤销申请人的代管人身份，同时另行指定财产代管人；申请无理的，裁定驳回申请。失踪人的其他利害关系人申请变更代管的，人民法院应告知其以原指定的代管人为被告起诉，并按普通程序进行审理。

196. 人民法院判决宣告公民失踪后，利害关系人向人民法院申请宣告失踪人死亡，从失踪的次日起满四年的，人民法院应当受理，宣告失踪的判决即是该公民失踪的证明，审理中仍应依照民事诉讼法第一百六十八条的规定进行公告。

……

198. 被指定的监护人不服指定，应当在接到通知的次日起三十日内向人民法院起诉。经审理，认为指定并无不当的，裁定驳回起诉；指定不当的，判决撤销指定，同时另行指定监护人。判决书应送达起诉人、原指定单位及判决指定的监护人。

……

附3：

中华人民共和国民法通则（节录）

（一九八六年四月十二日第六届全国人民代表大会第四次会议通过）

……

第三节 宣告失踪和宣告死亡

第二十条 公民下落不明满二年的，利害关系人可以向人民法院申请宣告他为失踪人。

战争期间下落不明的，下落不明的时间从战争结束之日起计算。

第二十一条 失踪人的财产由他的配偶、父母、成年子女或者关系密切的其他亲属、朋友代管。代管有争议的，没有以上规定的人或者以上规定的人无能力代管的，由人民法院指定的人代管。

失踪人所欠税款、债务和应付的其他费用，由代管人从失踪人的财产中支付。

第二十二条 被宣告失踪的人重新出现或者确知他的下落，经本人或者利害关系人申请，人民法院应当撤销对他的失踪宣告。

第二十三条 公民有下列情形之一的，利害关系人可以向人民法院申请宣告他死亡：

（一）下落不明满四年的；

（二）因意外事故下落不明，从事故发生之日起满二年的。

战争期间下落不明的，下落不明的时间从战争结束之日起计算。

第二十四条 被宣告死亡的人重新出现或者确知他没有死亡，经本人或者利害关系人申请，人民法院应当撤销对他的死亡宣告。

有民事行为能力人在被宣告死亡期间实施的民事法律行为有效。

第二十五条 被撤销死亡宣告的人有权请求返还财产。依照继承法取得他的财产的公民或者组织，应当返还原物；原物不存在的，给予适当补偿。

……

附4：

最高人民法院关于贯彻执行《中华人民共和国民法通则》若干问题的意见（试行）（节录）

（1988年1月26日最高人民法院审判委员会讨论通过）

……

三、关于宣告失踪、宣告死亡问题

24. 申请宣告失踪的利害关系人，包括被申请宣告失踪人的配偶、父母、子女、兄弟姐妹、祖父母、外祖父母、孙子女、外孙子女以及其他与被申请人有民事权利义务关系的人。

25. 申请宣告死亡的利害关系人的顺序是：

（一）配偶；

（二）父母、子女；

（三）兄弟姐妹、祖父母、外祖父母、孙子女、外孙子女；

（四）其他有民事权利义务关系的人。

申请撤销死亡宣告不受上列顺序限制。

26. 下落不明是指公民离开最后居住地后没有音讯的状况。对于在台湾或者在国外，无法正常通讯联系的，不得以下落不明宣告死亡。

27. 战争期间下落不明的，申请宣告死亡的期间适用民法通则第二十三条第一款第一项的规定。

28. 民法通则第二十条第一款、第二十三条第一款第一项中的下落不明的起算时间，从公民音讯消失之次日起算。

宣告失踪的案件，由被宣告失踪人住所地的基层人民法院管辖。住所地与居住地不一致的，由最后居住地基层人民法院管辖。

29. 宣告失踪不是宣告死亡的必须程序。公民下落不明，符合申请宣告死亡的条件，利害关系人可以不经申请宣告失踪而直接申请宣告死亡。但利害关系人只申请宣告失踪的，应当宣告失踪；同一顺序的利害关系人，有的申请宣告死亡，有的不同意宣告死亡，则应当宣告死亡。

30. 人民法院指定失踪人的财产代管人，应当根据有利于保护失踪人财产的原则指定。没有民法通则第二十一条规定的代管人，或者他们无能力作代管人，或者不宜作代管人的，人民法院可以指定公民或者有关组织为失踪人的财产代管人。

无民事行为能力人、限制民事行为能力人失踪的，其监护人即为财产代管人。

31. 民法通则第二十一条第二款中的"其他费用"，包括赡养费、扶养费、抚育费和因代管财产所需的管理费等必要的费用。

32. 失踪人的财产代管人拒绝支付失踪人所欠的税款、债务和其他费用，债权人提起诉讼的，人民法院应当将代管人列为被告。

失踪人的财产代管人向失踪人的债务人要求偿还债务的，可以作为原告提起诉讼。

33. 债务人下落不明，但未被宣告失踪，债权人起诉要求清偿债务的，人民法院可以在公告传唤后缺席判决或者按中止诉讼处理。

34. 人民法院审理宣告失踪的案件，比照民事诉讼法（试行）规定的特别程序进行。

人民法院审理宣告失踪的案件，应当查清被申请宣告失踪人的财产，指定临时管理人或者采取诉讼保全措施，发出寻找失踪人的公告，公告期间为半年。公告期间届满，人民法院根据被宣告失踪人失踪的事实是否得到确认，作出宣告失踪的判决或者终结审理的裁定。如果判决宣告为失踪人，应当同时指定失踪人的财产代管人。

35. 失踪人的财产代管人以无力履行代管职责，申请变更代管人的，人民法院比照特别程序进行审理。

失踪人的财产代管人不履行代管职责或者侵犯失踪人财产权益的，失踪人的利害关系人可以向人民法院请求财产代管人承担民事责任。如果同时申请人民法院变更财产代管人的，变更之诉比照特别程序单独审理。

36. 被宣告死亡的人，判决宣告之日为其死亡的日期。判决书除发给申请人外，还应当在被宣告死亡的人住所地和人民法院所在地公告。

被宣告死亡和自然死亡的时间不一致的，被宣告死亡所引起的法律后果仍然有效，但自然死亡前实施的民事法律行为与被宣告死亡引起的法律后果相抵触的，则以其实施的民事法律行为为准。

37. 被宣告死亡的人与配偶的婚姻关系，自死亡宣告之日起消灭。死亡宣告被人民法院撤销，如果其配偶尚未再婚的，夫妻关系从撤销死亡宣告之日起自行恢复；如果其配偶再婚后又离婚或者再婚后配偶又死亡的，则不得认定夫妻关系自行恢复。

38. 被宣告死亡的人在被宣告死亡期间，其子女被他人依法收养，被宣告死亡的人在死亡宣告被撤销后，仅以未经本人同意而主张收养关系无效的，一般不应准许，但收养人和被收养人同意的除外。

39. 利害关系人隐瞒真实情况使他人被宣告死亡而取得其财产的，除应返还原物及孳息外，还应对造成的损失予以赔偿。

40. 被撤销死亡宣告的人请求返还财产，其原物已被第三人合法取得的，第三人可不予返还。但依继承法取得原物的公民或者组织，应当返还原物或者给予适当补偿。

……

（三）文书格式

1.《申请书》（申请宣告死亡、失踪）

申请书（申请宣告死亡、失踪）

申请人：×××（写明姓名、性别、年龄、民族、籍贯、职业或者工作单位和职务、住址）

被申请人：×××（写明姓名、性别、年龄、民族、籍贯、职业或者工作单位和职务、住址，如果无对方当事人，则不要写。例如申请宣告失踪和死亡，只列申请人即可）

请求事项：（写明要求法院确认的内容，如宣告失踪）

事实和理由：……

此致请求事项：（写明要求法院确认的内容，如宣告失踪）

事实和理由：……

此致

××××人民法院

2.《民事判决书》（宣告失踪或宣告死亡）

××××人民法院
民事判决书

（××××）×民特字第××号

申请人……（写明姓名、性别、出生年月日、民族、籍贯、职业或工作单位和职务、住址）。

申请人×××要求宣告×××失踪（或死亡）一案，本院依法进行了审理，现已审理终结。

……（写明申请人所诉下落不明人下落不明的事实、时间和请求的内容）。

经查，……（写明法院查实的下落不明人的姓名、性别、出生年月日、籍贯、与申请人的关系以及其下落不明的事实）。本院根据《中华人民共和国民事诉讼法》第一百六十八条第一款的规定，于××××年××月××日在……（写明公告方式）发出寻找×××的公告。法定公告期间为三个月（或一年），现已届满，×××仍然下落不明。（驳回申请的，此部分应写明公民下落不明得不到确认的事实及根据。）……本判决为终审判决。

审判员　×××
××××年××月××日
（院印）

本件与原本核对无异

　　　　　　　　　　　　　　　　　　　　　　　书记员　×××

3.《民事判决书》（撤销失踪宣告或死亡宣告用）

××××人民法院
民事判决书

　　　　　　　　　　　　　　　　　　　（××××）×民特字第××号

　　申请人……（写明姓名、性别、出生年月日、民族、籍贯、职业或工作单位和职务、住址）。

　　申请人×××要求撤销对×××（或其本人）的失踪宣告（或死亡宣告）一案，本院依法进行了审理，现已审理终结。

　　本院于××××年××月××日作出（××××）×民特字第××号民事判决，宣告×××失踪（或死亡）。……（写明被宣告失踪人已重新出现或已确知其下落，或者被宣告死亡人已重新出现或已确知其没有死亡的事实）。依照……（写明判决所依据的法律条款项）的规定，判决如下：

　　撤销本院宣告×××失踪（或死亡）的（××××）×民特字第××号民事判决。

　　本判决为终审判决。

　　　　　　　　　　　　　　　　　　　　　　审判员　×××
　　　　　　　　　　　　　　　　　　　　××××年××月××日
　　　　　　　　　　　　　　　　　　　　　　（院印）

本件与原本核对无异

　　　　　　　　　　　　　　　　　　　　　　　书记员　×××

四、实验步骤

（1）熟悉宣告失踪与宣告死亡的法律规定；
（2）全面熟悉案件材料，了解宣告失踪与宣告死亡案件的审理程序；
（3）根据你的判断撰写相应的诉讼文书；
（4）规范操作相应的法律程序

五、自主设计

　　2000年9月17日，某轮船在珠江口桂山锚地遇9316号强台风触礁沉没，仅三名船员获救生还，其余船员全部失踪或死亡。事故发生后，广州海上安全监督

第四部分 特别程序

局对事故进行了充分调查,于同年 11 月 13 日作出某轮船沉没事故调查报告。12月 1 日,大连某开发公司就李长明等失踪船员生还的可能性致函广州海上安全监督局。3 日,负责调处此次海难事故的主管机关广州海上安全监督局复函认为:沉船位置"正处于山脚峭壁,风大浪巨","船沉后船员难以在如此恶劣的环境中逃生","失踪船员已不可能生存"。2003 年 1 月 10 日邓某等十七名失踪船员的家属因此向海事法院申请宣告失踪船员死亡。

【问题】(1) 意外事故下落不明并经有关机关证明被申请人不可能生存的,公告期是几个月?

(2) 完成宣告死亡的申请、审理及宣告死亡的撤销等程序。

六、拓展思考

(1) 诉讼案件与非讼案件的区别。
(2) 宣告失踪与宣告死亡案件的程序有何法律意义?
(3) 被宣告死亡人生还的法律后果是什么?

实验三 认定公民无民事行为能力或者限制民事行为能力案件

一、实验要求与目的

通过实验要求学生熟练掌握认定公民无民行为能力或者限制民事行为能力案件的特点及操作流程,熟悉相关法律规定,能独立撰写相关法律文书。

(1) 掌握认定公民无民事行为能力或者限制民事行为能力案件提起条件;
(2) 能够规范操作审理认定公民无民事行为能力或者限制民事行为能力案件的程序;
(3) 了解认定公民无民事行为能力或者限制民事行为能力的法律后果;
(4) 掌握撤销公民无民事行为能力或者限制民事行为能力判决的条件及程序;
(5) 能够撰写相关的法律文书。

二、实验原理

(一) 概念和特征

指某些公民由于患有精神病等原因,不能辨认自己行为或者不能完全辨认自己的行为,而由其近亲属或者其他利害关系人依法向人民法院提起书面申请,要求法院认定该类公民为无民事行为能力人或者限制民事行为能力人,法院按特别程序审理并作出相应认定的民事非讼案件。

民事行为能力是指独立地行使民事权利、履行民事义务的能力,这个能力不是人人都具有的。根据民法通则的规定,从年龄上说,18周岁以上的公民是成年人,具有完全民事行为能力;16周岁以上不满18周岁的公民,能够以自己的劳动取得收入,并能维持当地群众一般生活水平的,可以认定为以自己的劳动收入为主要生活来源地完全民事行为能力人;10周岁以上18周岁以下的未成年人是限制民事行为能力人,只能进行与其年龄、智力相适应的民事活动;不满10周岁的未成年人是无民事行为能力人。从精神健康状况上说,不能辨认自己行为的精神病人是无民事行为能力人,由他的法定代理人代理民事活动。不能完全辨认自己行为的精神病人是限制民事行为能力人,可以进行与他的精神健康状况相适应的民事活动,其他民事活动由他的法定代理人代理,或者征得他的法定代理人同意。

(二) 基本程序

1. 申请

根据民事诉讼法规定,申请认定公民无民事行为能力或者限制民事行为能力,应当由其近亲属或者其他利害关系人向该公民住所地的基层人民法院提出。利害关系人包括:公民的配偶或者其他近亲属,以及被认定无民事行为能力人或者限制民事行为能力人的债权人、债务人等。申请人应当根据民事诉讼法的规定,以书面形式向人民法院提出申请。申请书应当写明该公民无民事行为能力或者限制民事行为能力的事实和根据,即该公民的精神健康状况,丧失行为能力或者部分丧失行为能力的原因及其表现,是否经医疗诊断以及医生对该公民病情的诊断情况等,都应当在申请书中具体写明。

2. 受理

人民法院决定受理申请人认定公民无民事行为能力或者限制民事行为能力的申请后,对于重大、疑难案件应当由审判员组成合议庭进行审理,对一般的案件，由审判员一人独任审理。在人民法院在审理认定公民无民事行为能力、限制民事行为能力案件时，如果该公民不是那种公认公知的精神病人时，就必须经有关专家进行鉴定，如果申请人已经提供鉴定结论的，应当对鉴定结论进行审查。人民法院审理此类案件，应当由公民的近亲属作代理人，申请人不得作为代理人。近亲属之间相互推诿代理的，人民法院应当指定其中一人为代理人。如果该公民的健康状况许可，指定谁作代理人，还应当询问公民本人的意见。

3. 判决

人民法院受理认定公民无民事行为能力、限制民事行为能力案件后，应当认真做好调查研究工作，弄清事实后，应当开庭审理，根据不同情况作出相应的判决。如果有充分的事实根据，认为该公民精神不正常、不能辨认自己的行为，或者不能完全辨认自己的行为，应当判决认定该公民为无民事行为能力、限制民事行为能力人。如果经审查认为该公民精神正常，不能认定为无民事行为能力的人或者限制民事行为能力的人，应当判决驳回当事人的申请。当无民事行为能力、限制民事行为能力的原因消除后，他们恢复了正常，可以进行正常的民事活动。在这种情况下，经被认定无民事行为能力或者限制民事行为能力的公民或者他的监护人的申请，人民法院经查证属实，应当作出新判决，撤销原判决。判决送达后，该公民就成为完全民事行为能力人，对自己的民事行为负完全责任，原判决指定的监护人不再是该公民的监护人。

三、实验准备

（一）案件材料

申请人罗某。

被申请人罗某某，系罗某之子。

委托代理人梁启华，系罗某母亲。

申请人罗某与被申请人罗某某系父子关系。申请人罗某陈述，2002年10月25日，被申请人罗某某在江苏省盱眙县某地段因发生交通事故，造成颅脑重度损伤。经诊断，目前呈持续性植物状态，完全不能辨认自己的行为。被申请人在抢救、治疗及出院后一直由其妻林红尽主要扶养、照顾义务。经法院法医鉴定认为，被鉴定人罗某某目前认知能力丧失，无意识活动，参照有关规定，目前无民事行为能力。

2003年3月13日，罗某某的父亲向法院提出申请，要求宣告其子为无民事行为能力人。

(二) 法律依据

适用于认定公民无民事行为能力或限制民事行为能力案件的法律、规定和文件主要包括：《中华人民共和国民事诉讼法》、《最高人民法院关于适用〈中华人民共和国民事诉讼法〉若干问题的意见》、《中华人民共和国民法通则》、《最高人民法院关于贯彻执行〈中华人民共和国民法通则〉若干问题的意见》（试行）。

附1：

中华人民共和国民事诉讼法（节录）

（1991年4月9日第七届全国人民代表大会第四次会议通过　根据2007年10月28日第十届全国人民代表大会常务委员会第三十次会议《关于修改〈中华人民共和国民事诉讼法〉的决定》修正）

……

第四节　认定公民无民事行为能力、限制民事行为能力案件

第一百七十条　申请认定公民无民事行为能力或者限制民事行为能力，由其近亲属或者其他利害关系人向该公民住所地基层人民法院提出。

申请书应当写明该公民无民事行为能力或者限制民事行为能力的事实和根据。

第一百七十一条　人民法院受理申请后，必要时应当对被请求认定为无民事行为能力或者限制民事行为能力的公民进行鉴定。申请人已提供鉴定结论的，应当对鉴定结论进行审查。

第一百七十二条　人民法院审理认定公民无民事行为能力或者限制民事行为能力的案件，应当由该公民的近亲属为代理人，但申请人除外。近亲属互相推诿的，由人民法院指定其中一人为代理人。该公民健康情况许可的，还应当询问本人的意见。

人民法院经审理认定申请有事实根据的，判决该公民为无民事行为能力或者限制民事行为能力人；认定申请没有事实根据的，应当判决予以驳回。

第一百七十三条　人民法院根据被认定为无民事行为能力人、限制民事行为能力人或者他的监护人的申请，证实该公民无民事行为能力或者限制民事行为能力的原因已经消除的，应当作出新判决，撤销原判决。

……

附2：

最高人民法院关于适用《中华人民共和国民事诉讼法》若干问题的意见（节录）

法发〔92〕22号

（1992年7月14日最高人民法院审判委员会第528次会议讨论通过）

……

193. 在诉讼中，当事人的利害关系人提出该当事人患有精神病，要求宣告该当事人无民事行为能力或限制民事行为能力的，应由利害关系人向人民法院提出申请，由受诉人民法院按照特别程序立案审理，原诉讼中止。

……

附3：

中华人民共和国民法通则（节录）

（一九八六年四月十二日第六届全国人民代表大会第四次会议通过）

……

第十九条　精神病人的利害关系人，可以向人民法院申请宣告精神病人为无民事行为能力人或者限制民事行为能力人。

被人民法院宣告为无民事行为能力人或者限制民事行为能力人的，根据他健康恢复的状况，经本人或者利害关系人申请，人民法院可以宣告他为限制民事行为能力人或者完全民事行为能力人。

……

附4：

最高人民法院关于贯彻执行《中华人民共和国民法通则》若干问题的意见（试行）（节录）

（1988年1月26日最高人民法院审判委员会讨论通过）

1. 公民的民事权利能力自出生时开始。出生的时间以户籍为准；没有户籍证明的，以医院出具的出生证明为准，没有医院证明的，参照其他有关证明认定。

2. 十六周岁以上不满十八周岁的公民，能够以自己的劳动取得收入，并能维持当地群众一般生活水平的，可以认定为以自己的劳动收入为主要生活来源的完全民事行为能力人。

3. 十周岁以上的未成年人进行的民事活动是否与其年龄、智力状况相适应，可以从行为与本人生活相关联的程度、本人的智力能否理解其行为，并预见相应的行为后果，以及行为标的数额等方面认定。

4. 不能完全辨认自己行为的精神病人进行的民事活动，是否与其精神健康状态相适应，可以从行为与本人生活相关联的程度、本人的精神状态能否理解其行为，并预见相应的行为后果，以及行为标的数额等方面认定。

5. 精神病人（包括痴呆症人）如果没有判断能力和自我保护能力，不知其行为后果的，可以认定为不能辨认自己行为的人；对于比较复杂的事物或者比较重大的行为缺乏判断能力和自我保护能力，并且不能预见其行为后果的，可以认定为不能完全辨认自己行为的人。

6. 无民事行为能力人、限制民事行为能力人接受奖励、赠与、报酬，他人不得以行为人无民事行为能力、限制民事行为能力为由，主张以上行为无效。

7. 当事人是否患有精神病，人民法院应当根据司法精神病学鉴定或者参照医院的诊断、鉴定确认。在不具备诊断、鉴定条件的情况下，也可以参照群众公认的当事人的精神状态认定，但应以利害关系人没有异议为限。

8. 在诉讼中，当事人及利害关系人提出一方当事人患有精神病（包括痴呆症），人民法院认为确有必要认定的，应当按照民事诉讼法（试行）规定的特别程序，先作出当事人有无民事行为能力的判决。

确认精神病人（包括痴呆症人）为限制民事行为能力人的，应当比照民事诉讼法（试行）规定的特别程序进行审理。

9. 公民离开住所地最后连续居住一年以上的地方，为经常居住地。但住医院治疗的除外。

公民由其户籍所在地迁出后至迁入另一地之前，无经常居住地的，仍以其原户籍所在地为住所。

……

（三）文书格式

1.《民事判决书》（确认民事行为能力用）

×××× 人民法院
民事判决书

（××××）×民特字第××号

申请人……（写明姓名、性别、出生年月日、民族、籍贯、职业或工作单位和职务、住址。如果申请人是单位，应写明该单位的名称和所在地址，并另起一行写明法定代理人及其姓名和职务；有委托代理人的，再另起一行写明委托代理人及其姓名、性别、职业或工作单位和职务）。

申请人×××要求宣告×××为无民事行为能力人（或限制民事行为能力人）一案，本院依法进行了审理，现已审理终结。

……（写明被申请宣告无民事行为能力的公民或者限制民事行为能力的公民的姓名、性别、出生年月日、籍贯、住址及其与申请人的关系，以及申请人所述该公民不能辨认自己行为的具体事实、根据和申请人的请求）。……

审判员　×××
××××年××月××日
（院印）

本件与原本核对无异

书记员　×××

2.《民事判决书》（撤销有关民事行为能力的宣告用）

××××人民法院
民事判决书

（××××）×民特字第××号

申请人……（写明姓名、性别、出生年月日、籍贯、职业或工作单位和职务、住址）。

申请人×××要求撤销对×××（或其本人）无民事行为能力（或限制民事行为能力）的宣告一案，本院依法进行了审理，现已审理终结。

本院于××××年××月××日作出（××××）×民特字第××号民事判决，宣告×××为无民事行为能力人（或限制民事行为能力人）。……（写明宣告该公民无民事行为能力或限制民事行为能力的原因已经消除的事实）。依照……（写明判决所依据的法律条款项）的规定，判决如下：……

审判员　×××
××××年××月××日
（院印）

本件与原本核对无异

书记员　×××

四、实验步骤

（1）熟悉认定公民无民事行为能力或限制行为能力案件的法律规定；

(2) 熟悉案件材料，认定公民无民事行为能力或限制行为能力案件的审理程序；

(3) 根据案情撰写相应的诉讼文书；

(4) 规范操作相应的法律程序。

五、自主设计

【案情】李小红，女，28岁，患有精神病。由于其丈夫陈志强不尽监护职责，李小红曾多次出门追打附近小孩。一天她用棍子将邻居家的孩子王兵（8岁）打伤，其家人治疗王兵花去医药费用等500元。王兵的父亲王大发以王兵法定代理人的身份向人民法院提起诉讼，其诉讼请求为赔偿王兵的医药费500元；撤销陈志强对李小红的监护资格。法院立案后，按照特殊程序审理了此案，最后作出判决：陈志强赔偿王兵的医药费用500元；撤销陈志强对李小红的监护资格，并重新指定李小红的父亲李江青为其监护人。

【问题】你认为本案的处理有何违法之处？正确的处理程序是什么？

六、拓展思考

(1) 认定公民无民事行为能力或限制行为能力案件在指定监护人方面有何特点？

(2) 如何看待认定公民无民事行为能力或限制行为能力案件的程序特点？

实验四 认定财产无主案件

一、实验要求与目的

通过实验使进一步熟悉认定财产无主案件的相关法律规定，准确掌握认定财产无主案结案的使用条件，和程序运行，并能独立撰写相应的法律文书。

(1) 掌握认定无主财产案件提起条件；

(2) 能够规范操作审理无主财产案件的程序；

(3) 掌握撤销无主财产认定的申请提起后产生的法律后果；

(4) 能够撰写相关的法律文书。

二、实验原理

（一）概念

认定财产无主，是指人民法院按照特别程序依法将某项财产宣布为无主财产，判归国家或者集体组织所有。财产无主的情况，大致有如下情形：（1）没有所有人或者所有人不明；（2）所有人不明的埋藏物和隐藏物；（3）财产所有人死亡，其遗产没有合法继承人，死者也没有遗嘱；（4）找不到失主的遗失物。财产无主使财产处于无人管理的状态，通过认定财产无主案件的审理程序，能够确定财产关系，维护国家、集体和个人的利益，稳定社会经济秩序，使物尽其用，为社会创造更多的财富。

（二）基本程序

1. 申请

根据民事诉讼法规定，提出申请认定财产无主的申请人是公民、法人或者其他组织，一般是财产的发现人；财产所在地的基层组织或者基层人民政府；该继承人死亡后的财产管理人等。按照民事诉讼法的规定，申请人申请认定财产无主，应当以书面形式向财产所在地基层人民法院提出。申请书应当写明财产的种类、数量以及要求认定财产的无主的根据。

2. 受理

人民法院决定受理申请认定财产无主案件后，应当进行认真的审查核实，依法查清该财产是否有主。

3. 判决

通过查证，如果查明该被申请的财产是有主的，应当作出驳回申请人申请认定财产无主的判决，通知所有人认领财产。财产所有人确实查不清的，应当发出财产认领公告，如果公告期间有人主张权利的，也应当作出驳回申请人申请认定财产无主的判决。如果公告一年期满财产无人认领，应当判决认定财产无主，并根据不同情况，将财产收归国家所有或者集体所有。财产被他人占有的，占有人应当自判决生效之日起将财产交给国家或者集体。人民法院判决财产无主后，如果原财产所有人或者合法继承人出现了，并按照民法通则规定的诉讼时效期间对财产提出申请，主张权利，人民法院对此应当按照民事诉讼法规定，查证核实。不属实的，驳回申请；属实的，应当作出新判决，撤销原判决。从原判决撤销之日，国家或者集体应当将财产返还给财产所有人或者合法继承人。对已经损失的财物，应当给予适当补偿。

三、实验准备

（一）案件材料

申请人群众出版社于2007年8月22日向人民法院申请《我的前半生》一书的著作财产权为无主财产一案。申请人称：我社在20世纪60年代初，按照有关部门的指示，出版发行了溥仪所著《我的前半生》一书，在社会上引起强烈反响和好评。1967年溥仪去世后，该书的著作权由溥仪的夫人李淑贤女士继承。1997年李淑贤去世。由于李淑贤没有继承人，现申请法院认定溥仪所著《我的前半生》一书为无主财产。

人民法院依法对群众出版社的申请进行了审查核实。2007年9月25日，人民法院在《人民法院报》发出财产认领公告。

2008年8月22日，金蔼玲向人民法院确认申请认领《我的前半生》的著作财产权。

（二）法律依据

适用于认定财产无主案件的审理的法律人间主要有：《中华人民共和国民事诉讼法》、《最高人民法院关于适用〈中华人民共和国民事诉讼法〉若干问题的意见》。

附1：

中华人民共和国民事诉讼法（节录）

（1991年4月9日第七届全国人民代表大会第四次会议通过　根据2007年10月28日第十届全国人民代表大会常务委员会第三十次会议《关于修改〈中华人民共和国民事诉讼法〉的决定》修正）

第五节　认定财产无主案件

第一百七十四条　申请认定财产无主，由公民、法人或者其他组织向财产所在地基层人民法院提出。

申请书应当写明财产的种类、数量以及要求认定财产无主的根据。

第一百七十五条　人民法院受理申请后，经审查核实，应当发出财产认领公告。公告满一年无人认领的，判决认定财产无主，收归国家或者集体所有。

第一百七十六条 判决认定财产无主后，原财产所有人或者继承人出现，在民法通则规定的诉讼时效期间可以对财产提出请求，人民法院审查属实后，应当作出新判决，撤销原判决。

附2：

最高人民法院关于适用《中华人民共和国民事诉讼法》若干问题的意见（节录）

法发〔92〕22号

（1992年7月14日最高人民法院审判委员会第528次会议讨论通过）

……

197. 认定财产无主案件，公告期间有人对财产提出请求，人民法院应裁定终结特别程序，告知申请人另行起诉，适用普通程序审理。

……

（三）文书格式

1.《民事判决书》（认定财产无主案件用）

××××人民法院
民事判决书

（认定财产无主案件用）

（××××）×民特字第××号

申请人……（写明姓名、性别、出生年月日、民族、籍贯、职业或工作单位和职务、住址。如果申请人是单位，应写明该单位的名称和所在地址，并另起一行写明其法定代表人或代表人的姓名和职务；有委托代理人的，再另起一行列项写明其姓名、性别、工作单位和职务）。

申请人×××要求认定财产无主一案，本院依法进行了审理，现已审理终结。

……（写明申请人要求认定的无主财产的名称、数量及其根据）。

经审查，……（写明法院审查核实的情况）。本院根据《中华人民共和国民事诉讼法》第一百七十五条的规定，于××××年××月××日在……（写明公告方式）发出认领上述财产的公告，法定公告期间为一年，现在已经届满，上述财产无认领。依照……（写明判决所依据的法律条款项）的规定，判决如下：……

审判员　×××

××××年××月××日

（院印）

书记员　×××

本件与原本核对无异

2.《民事判决书》（撤销认定财产无主的判决用）

××××人民法院
民事判决书

（××××）×民特字第××号

申请人……（写明姓名、性别、出生年月日、民族、籍贯、职业或工作单位和职务、住址）。

申请人×××要求撤销认定财产无主的判决一案，本院依法进行了审理，现已审理终结。

本院于××××年××月××日作出（××××）×民特字第××号民事判决，认定……（写明财产的名称、数量等）为无主财产，收归×××所有。现申请人×××以……（写明要求撤销认定财产无主判决的理由及请求）。

审判员　×××

××××年××月××日

（院印）

本件与原本核对无异

书记员　×××

四、实验步骤

（1）熟悉认定财产无主案件的相关法律规定，以群众出版社的名义向法院申请认定《我的前半生》为无主财产；

（2）全面熟悉案件材料，掌握相关程序的操作；

（3）撰写认定财产无主案件审理过程中的相关诉讼文书；

（4）准确完成认定财产无主案件的审理过程。

五、自主设计

【案情】某房屋建筑公司在建造一幢商品房挖地基时，发现一个坛子，内装有金条 90 根，金镯子 8 只，金戒指 12 只。其中一只金镯子上刻有张大铭的名字。施工队队长向当地居民委员会报告后，居民委员会向该市中级人民法院提出认定财产无主的申请。中级人民法院受理后，认为此案有疑难，便对开挖现场周围的居民进行调查，但毫无线索。事隔半年之后，仍无人认领。于是人民法院适用普通程序，由审判员一人，陪审人二人组成合议庭审理，判决此坛金器为无主财产；收归国家所有，上交国库，一审终审。

【问题】上述审理有何不妥之处？正确的程序应如何运作？

六、拓展思考

（1）认定财产无主案件的程序有何特殊之处？
（2）认定财产无主案件与保护公民合法财产所有权之间如何准确界定？

第五部分 督促程序

实验一 适用督促程序审理案件

一、实验要求与目的

通过实验要求学生熟悉督促程序的相关法律法规,准确领会督促程序的特点,熟练运用督促程序审理案件并能撰写相关的法律文书。
(1) 掌握启动督促程序条件;
(2) 能够规范操作督促程序各个环节;
(3) 理解和掌握督促程序与其他程序的区别;
(4) 能够撰写相关的法律文书。

二、实验原理

(一) 概述

督促程序是指法院根据债权人提出的给付金钱或有价证券的申请,向债务人发出支付令,催促债务人在法定期间向债权人清偿债务的法定程序。督促程序专门用于解决债权债务关系明确而债务人无正当理由不偿还债务的案件,是一种简便、快捷的程序。正确适用督促程序对提高诉讼效率、节约诉讼成本、减轻当事人讼累有积极的作用。我国1991年《民事诉讼法》中新增了督促程序,但内容比较简单,不便于操作,为此,最高人民法院于2001年1月21日公布了《关于适用督促程序若干问题的规定》,对督促程序进行了完善。2008年4月1日实施的《民事诉讼法》第十七章专门规定了督促程序,对其适用范围、适用方式等作了具体规定。

（二）基本程序

1. 申请

申请支付令，应当提交申请书，写明请求给付金钱或者有价证券的数量和所根据的事实和证据。事实是指双方债权债务关系存在及债务人没有履行债务的事实。对于提出的事实，要有相应的证据加以证明。申请书应当向有管辖权的人民法院提出。至于哪个是有管辖权的人民法院，取决于争议法律关系的性质和民事诉讼法关于管辖的规定。例如，如果是因为合同关系请求给付金钱，可以向合同履行地或者被告所在地人民法院申请。根据民事诉讼法的规定，督促程序由债权人向人民法院申请支付令而开始。民事诉讼法规定，申请支付令应当符合下列条件：（1）债权人与债务人没有其他债务纠纷。即申请人对被申请人没有给付金钱等其他债务，只存在被申请人未向申请人给付金钱或者有价证券的情形。（2）支付令能够送达到债务人。债务人不在我国领域内，或者债务人下落不明需要公告送达，都属于不能送达，在这两种情况下，不能申请支付令。

2. 受理

人民法院应当在5日内通知债权人是否受理。对符合民事诉讼法规定的申请条件的，人民法院都应当受理。为迅速解决债务争议，人民法院受理申请后，仅审查债权人提供的事实和证据，不需要询问债务人及开庭审理，并由审判员一人进行审查。

3. 判决

经过法院书面审查，以支付令方式催促债务人履行债务，法院发出支付令后，债务人在法定期间内未提出书面异议，支付令就产生强制执行的效力；债务人如果提出书面异议，法院便裁定终结督促程序，对终结督促程序的裁定，申请人不得提出上诉。

三、实验准备

（一）案件材料

被申请人欠申请人2 000元的运输费用至今未付，法院根据申请人的申请向被申请人发出支付令。被申请人开平市某调味品有限公司于2002年2月与申请人江门某物流有限公司签订一份货物托运委托书，约定申请人代为办理货物运输，被申请人依照委托书约定的价目支付运费。申请人按照约定履行了办理运输的义务并代被申请人垫付了全部运输费用共计5 000元。被申请人于11月份支付了3 000元,余款2 000元至今未付。申请人请求法院向被申请人发出支付令,督促被申请人向其支付运费2 000元。申请人向本法院提供了《沿海内贸货物托运委托书》、《水路集装箱货物运单》、运费3 000元的收款凭证等材料。

(二)法律依据

适用于督促程序的法律文件主要有《中华人民共和国民事诉讼法》、《最高人民法院关于适用督促程序若干问题的规定》、《最高人民法院关于适用〈中华人民共和国民事诉讼法〉若干问题的意见》。

附1:

中华人民共和国民事诉讼法(节录)

(1991年4月9日第七届全国人民代表大会第四次会议通过 根据2007年10月28日第十届全国人民代表大会常务委员会第三十次会议《关于修改〈中华人民共和国民事诉讼法〉的决定》修正)

……

第十七章 督促程序

第一百九十一条 债权人请求债务人给付金钱、有价证券,符合下列条件的,可以向有管辖权的基层人民法院申请支付令:

(一)债权人与债务人没有其他债务纠纷的;

(二)支付令能够送达债务人的。

申请书应当写明请求给付金钱或者有价证券的数量和所根据的事实、证据。

第一百九十二条 债权人提出申请后,人民法院应当在五日内通知债权人是否受理。

第一百九十三条 人民法院受理申请后,经审查债权人提供的事实、证据,对债权债务关系明确、合法的,应当在受理之日起十五日内向债务人发出支付令;申请不成立的,裁定予以驳回。

债务人应当自收到支付令之日起十五日内清偿债务,或者向人民法院提出书面异议。

债务人在前款规定的期间不提出异议又不履行支付令的,债权人可以向人民法院申请执行。

第一百九十四条 人民法院收到债务人提出的书面异议后,应当裁定终结督促程序，支付令自行失效，债权人可以起诉。

……

附2：

最高人民法院关于适用督促程序若干问题的规定

法释［2001］2号

（2000年11月13日最高人民法院审判委员会 第1137次会议通过）

为了在审判工作中正确适用督促程序，根据《中华人民共和国民事诉讼法》有关规定，现对适用督促程序处理案件的若干问题规定如下：

第一条 基层人民法院受理债权人依法申请支付令的案件，不受争议金额的限制。

第二条 共同债务人住所地、经常居住地不在同一基层人民法院辖区，各有关人民法院都有管辖权的，债权人可以向其中任何一个基层人民法院申请支付令；债权人向两个以上有管辖权的人民法院申请支付令的，由最先立案的人民法院管辖。

第三条 人民法院收到债权人的书面申请后，认为申请书不符合要求的，人民法院可以通知债权人限期补正。补正期间不计入民事诉讼法第一百九十条规定的期限。

第四条 对设有担保的债务案件主债务人发出的支付令，对担保人没有拘束力。债权人就担保关系单独提起诉讼的，支付令自行失效。

第五条 人民法院受理债权人的支付令申请后，经审理，有下列情况之一的，应当裁定驳回申请：

（一）当事人不适格；

（二）给付金钱或者汇票、本票、支票以及股票、债券、国库券、可转让的存款单等有价证券的证明文件没有约定逾期给付利息或者违约金、赔偿金，债权人坚持要求给付利息或者违约金、赔偿金；

（三）债权人要求给付的金钱或者汇票、本票、支票以及股票、债券、国库券、可转让的存款单等有价证券属于违法所得；

（四）债权人申请支付令之前已向人民法院申请诉前保全，或者申请支付令同时又要求诉前保全。

第六条 人民法院受理支付令申请后，债权人就同一债权关系又提起诉讼，或者人民法院发出支付令之日起三十日内无法送达债务人的，应当裁定终结督促程序。

第七条 债务人对债权债务关系没有异议,但对清偿能力、清偿期限、清偿方式等提出不同意见的,不影响支付令的效力。

第八条 债权人基于同一债权债务关系,向债务人提出多项支付请求,债务人仅就其中一项或几项请求提出异议的,不影响其他各项请求的效力。

第九条 债权人基于同一债权债务关系,就可分之债向多个债务人提出支付请求,多个债务人中的一人或几人提出异议的,不影响其他请求的效力。

第十条 人民法院作出终结督促程序前,债务人请求撤回异议的,应当准许。

第十一条 人民法院院长对本院已发生法律效力的支付令,发现确有错误,认为需要撤销的,应当提交审判委员会讨论决定后,裁定撤销支付令,驳回债权人的申请。

第十二条 最高人民法院有关适用督促程序的其他司法解释与本规定不一致的,以本规定为准。

附3：

最高人民法院关于适用《中华人民共和国民事诉讼法》若干问题的意见（节录）

法发〔92〕22号

(1992年7月14日最高人民法院审判委员会第528次会议讨论通过)

……

十四、督促程序

215. 债权人向人民法院申请支付令,符合下列条件的,人民法院应予受理,并在收到申请后五日内通知债权人：

(1) 请求给付金钱或汇票、本票、支票以及股票、债券、国库券、可转让的存款单等有价证券的；

(2) 请求给付的金钱或者有价证券已到期且数额确定,并写明了请求所根据的事实、证据的；

(3) 债权人没有对待给付义务的；

(4) 支付令能够送达债务人的。

不符合上述条件的,通知不予受理。

216. 人民法院受理申请后,由审判员一人进行审查。经审查申请不成立的,应当在十五日内裁定驳回申请,该裁定不得上诉。

217. 在人民法院发出支付令前,申请人撤回申请的,应当裁定终结督促程序。

218. 债务人不在我国境内的，或者虽在我国境内但下落不明的，不适用督促程序。

219. 支付令应记明以下事项：

（1）债权人、债务人姓名或名称等基本情况；

（2）债务人应当给付的金钱、有价证券的种类、数量；

（3）清偿债务或者提出异议的期限；

（4）债务人在法定期间不提出异议的法律后果。

支付令由审判员、书记员署名，加盖人民法院印章。

220. 向债务人本人送达支付令，债务人拒绝接收的，人民法院可以留置送达。

221. 依照民事诉讼法第一百九十二条的规定，债务人在法定期间提出书面异议的，人民法院无须审查异议是否有理由，应当直接裁定终结督促程序。债务人对债务本身没有异议，只是提出缺乏清偿能力的，不影响支付令的效力。

债务人的口头异议无效。

222. 民事诉讼法第一百九十一条驳回支付令申请的裁定书和第一百九十二条终结督促程序的裁定书，由审判员、书记员署名，加盖人民法院印章。

223. 债务人在收到支付令后，不在法定期间提出书面异议，而向其他人民法院起诉的，不影响支付令的效力。

224. 督促程序终结后，债权人起诉的，由有管辖权的人民法院受理。

225. 债权人向人民法院申请执行支付令的期限，适用民事诉讼法第二百一十九条的规定。

……

（三）文书格式

1.《支付令申请书》

支付令申请

申请人……（写明姓名或名称、住所地等基本情况）。

被申请人……（写明姓名或名称、住所地等基本情况）。

申请事项：（请求××法院向被申请人发出支付令，督促被申请人给付……写明要求给付金钱或者有价证券的名称和数量）。

事实与理由：……（写明申请人与被申请人之间形成债权债务关系经过、依据和要求支付的原因等）。

此致

××人民法院

附：……（有关证据材料）。

             申请人　×××（签章）

2.《支付令异议书》

支付令异议书

  我认为　　人民法院于　年　月　日发出的（　）　字第　号支付令不符合法定条件。理由如下：……
  此致
××人民法院
  附：……（有关证据材料）。

             异议人　×××（签章）

3.《支付令》

××××人民法院
支付令

           （××××）×法督字第××号
  申请人……（写明姓名或名称等基本情况）。
  被申请人……（写明姓名或名称等基本情况）。
  申请人×××于××××年××月××日向本院申请支付令。……（简要写明申请人提供的海事债权债务关系的事实、证据）要求被申请人×××给付……（写明请求给付金钱或者有价证券的名称和数量）。
  本院经审查认为，申请人的申请符合《中华人民共和国海事诉讼特别程序法》第九十九条规定的条件，依照《中华人民共和国民事诉讼法》第一百九十一条的规定，特发出如下支付令：……

            审判员　×××
           ××××年××月××日
            （院印）

本件与原本核对无异

            书记员　×××

4.《民事裁定书》（驳回支付令申请用）

××××人民法院
民事裁定书

           （××××）×督字第××号

申请人……（写明姓名或名称等基本情况）。

被申请人……（写明姓名或名称等基本情况）。

申请人×××于××××年××月××日向本院提出支付令的申请。本院受理后，经审查认为，……（写明申请不成立的理由）。依照《中华人民共和国民事诉讼法》第一百九十一条第一款的规定，裁定如下：

驳回×××的支付令申请。

本案受理费用××元，由申请人×××承担。

本裁定为终审裁定。

审判员　×××
××××年××月××日
（院印）

本件与原本核对无异

书记员　×××

5. 《民事裁定书》（终结督促程序用）

××××人民法院
民事裁定书

（××××）×民督字第××号

申请人……（写明姓名或名称等基本情况）。

被申请人……（写明姓名或名称等基本情况）。

本院受理申请人×××的支付令申请后，于××××年××月××日发出（××××）×民督字第××号支付令，限令被申请人×××在收到支付令之日起十五日内清偿债务，或者向本院提出书面异议。被申请人×××已在规定期间提出书面异议。本院依照《中华人民共和国民事诉讼法》第一百九十二条的规定，裁定如下：

终结本案的督促程序。

本院××××年××月××日（××××）×民督字第××号支付令自行失效，申请人可以依法起诉。

本案受理费××元，由申请人×××承担。

审判员　×××
××××年××月××日
（院印）

本件与原本核对无异

书记员　×××

四、实验步骤

（1）熟悉督促程序的法律规定；
（2）熟悉案件材料，了解和掌握督促程序审理过程；
（3）根据案情撰写相应的诉讼文书；
（4）规范操作相应的法律程序。

五、自主设计

申请人中国太平洋财产保险股份有限公司海南分公司于2005年1月11日向人民法院申请支付令，称：申请人于2004年2月3日承保了被申请人海南省临高县琼景船务有限公司所属的"瑞安8"轮；4月7日，申请人出具批单将"瑞安8"轮保险受益人变更为海南省临高县信用联社；4月21日，保险船舶"瑞安8"轮因碰撞事故沉没，事故发生后，被申请人故意隐瞒受益人变更的事实，以被保险人的身份向申请人提出索赔；9月9日，双方达成保险赔偿协议，由申请人一次性支付人民币一百三十五万四千一百元（￥1 354 100元）作为了结该事故的全部保险赔偿；12月22日，申请人因工作疏忽，未及时发现保险受益人变更的事实，将上述保险赔款支付给被申请人指定的银行账户；申请人在发现上述错误后，要求被申请人退还保险赔款，并于2005年1月7日与其达成《退回"瑞安8"轮保险赔款协议》，现该款项中的人民币一百二十三万五千零二十一元（￥1 235 021元）已被海口海事法院冻结，余款十一万九千零七十九元（￥119 079元）已退还申请人。据此，申请人请求法院发出支付令，要求被申请人退还人民币一百二十三万五千零二十一元（￥1 235 021元），并支付相应利息。

【问题】（1）本案的管辖法院及法庭的组成如何？
（2）结合本案撰写支付令申请书与支付令。

六、拓展思考

（1）新修改的《民事诉讼法》关于督促程序有何新规定？
（2）请比较督促程序与普通程序有何不同。

第六部分　公示催告程序

实验一　适用公示催告程序审理案件

一、实验要求与目的

通过实验要求学生熟悉公示催告程序的相关法律规定，了解公示催告程序的适用条件，能独立撰写相关法律文书。
（1）掌握启动公示催告程序的条件；
（2）能够规范操作公示催告程序各个环节；
（3）理解和掌握公示催告程序与其他程序的区别；
（4）能够撰写相关的法律文书。

二、实验原理

（一）概述

公示催告程序是民事诉讼法中的一种特别程序，是指法院根据当事人基于法定理由提出的申请，以公示的方式，催告不特定或不明的利害关系人在一定期间申报权利，如不申报，即产生失权效果或其他不利法律后果的程序。设置公示催告程序的意义在于：实践中，因某种情况的存在，使当事人的民事权利陷入不确定的状态而不能行使，若此种权利不确定的状态任其长久存在而不除去，则不仅会使当事人的权利无法行使而受损害，而且从公益上而言，还会危害一般的交易安全。所以，立法上为兼顾当事人及不明的利害关系人之双方利益，有必要设立公示催告程序，以便一方面使当事人能够依法定程序获得其权利之行使，另一方面使利害关系人能够获悉该项权利有他人在主张之事实，在其认为自己享有正当权利时，即可适时地出面寻求保护。通过公示催告程序的运作，在消除权利不确定的状态之同时，个人权益可以获得保护，一般交易安全也得以维护。

公示催告程序实行一审终审。人民法院对公示催告案件无论用判决的方式结案，还是用裁定的方式结案，当事人均不得对判决或裁定提起上诉。此外，当事人也不得对生效的除权判决或终结公示催告程序的生效裁定申请再审。

(二) 基本程序

1. 申请

根据《民事诉讼法》第一百九十三条和《若干意见》第二百二十六条的规定，提交公示催告申请书的条件是：(1) 申请主体必须是依法享有票据权利的最后持票人，即票据被盗、遗失或灭失前的最后持有人；(2) 申请原因须是可以背书转让的票据被盗、遗失或灭失。可以背书转让的票据在我国经济流通领域中有汇票、本票和支票3种，除此以外的有价证券都不可申请公示催告；(3) 利害关系人处于不明状态，即与申请事项有权益关系的人有无不明，或者该利害关系人是谁不明；(4) 申请人必须向票据支付地的基层人民法院提出公示催告申请，便于人民法院审理和利害关系人申报权利。

2. 受理

人民法院在收到公式催告的申请书后，人民法院应当在七天之内审查完毕，并同时决定是否受理。受理公示催告申请后，人民法院同时应通知支付人停止支付直至公示催告程序终结。支付人拒不停止支付的，在判决除权后，支付人仍应承担支付义务，在公示催告程序期间，该票据被转让的，转让行为无效。法院决定受理公示催告程序的应当在三日内发出公告，催促利害关系人申报权利，公告时间不得少于60天。

3. 判决

共识催告期间届满后至除权判决作出之前，无人申报权利或者虽有人申报权利，但已被法院裁定驳回的，申请人应当在申报权利期间届满日起1个月内，向法院申请作出除权判决。除权判决一经宣告，立即发生法律效力。法院作出除权判决后，应当通知支付人回复支付。

三、实 验 准 备

(一) 案件材料

上海某商事有限公司合法取得的提单不慎遗失，该提单系承运人于2004年1

月 9 日签发的，卸货港为中国连云港，货物到达目的港后，因该套提单遗失，上海某商事有限公司凭保函提取了该提单项下的货物。为防止非法取得提单的第三方主张权利，上海某商事有限公司于 2004 年 2 月 17 日请求上海海事法院：（1）依法发出公示催告，督促利害关系人就涉案提单申报权利；（2）公示催告期间无人申报权利的，依法判决宣告涉案提单无效。相关证据：上海某商事有限公司的保函。

【问题】（1）为申请人撰写一份公示催告申请
　　　　（2）分析本案是否符合申请公示催告的条件

（二）法律依据

适用于共识催告程序的法律文件主要包括：《中华人民共和国民事诉讼法》、《最高人民法院关于适用〈中华人民共和国民事诉讼法〉若干问题的意见》。

附1：

中华人民共和国民事诉讼法（节录）

（1991 年 4 月 9 日第七届全国人民代表大会第四次会议通过　根据 2007 年 10 月 28 日第十届全国人民代表大会常务委员会第三十次会议《关于修改〈中华人民共和国民事诉讼法〉的决定》修正）

……

第十八章　公示催告程序

第一百九十五条　按照规定可以背书转让的票据持有人，因票据被盗、遗失或者灭失，可以向票据支付地的基层人民法院申请公示催告。依照法律规定可以申请公示催告的其他事项，适用本章规定。

申请人应当向人民法院递交申请书，写明票面金额、发票人、持票人、背书人等票据主要内容和申请的理由、事实。

第一百九十六条　人民法院决定受理申请，应当同时通知支付人停止支付，并在三日内发出公告，催促利害关系人申报权利。公示催告的期间，由人民法院根据情况决定，但不得少于六十日。

第一百九十七条　支付人收到人民法院停止支付的通知，应当停止支付，至公示催告程序终结。

公示催告期间，转让票据权利的行为无效。

第一百九十八条　利害关系人应当在公示催告期间向人民法院申报。

人民法院收到利害关系人的申报后，应当裁定终结公示催告程序，并通知申请人和支付人。

申请人或者申报人可以向人民法院起诉。

第一百九十九条　没有人申报的，人民法院应当根据申请人的申请，作出判决，宣告票据无效。判决应当公告，并通知支付人。自判决公告之日起，申请人有权向支付人请求支付。

第二百条　利害关系人因正当理由不能在判决前向人民法院申报的，自知道或者应当知道判决公告之日起一年内，可以向作出判决的人民法院起诉。

附2：

中华人民共和国民事诉讼法解释（节录）

法发〔92〕22号

（1992年7月14日最高人民法院审判委员会第528次会议讨论通过）

……

十五、公示催告程序

226. 民事诉讼法第一百九十三条规定的票据持有人，是指票据被盗、遗失或者灭失前的最后持有人。

227. 人民法院收到公示催告的申请后，应当立即审查，并决定是否受理。经审查认为符合受理条件的，通知予以受理，并同时通知支付人停止支付；认为不符合受理条件的，七日内裁定驳回申请。

228. 人民法院依照民事诉讼法第一百九十四条规定发出的受理申请的公告，应写明以下内容：

（1）公示催告申请人的姓名或名称；

（2）票据的种类、票面金额、发票人、持票人、背书人等；

（3）申报权利的期间；

（4）在公示催告期间转让票据权利、利害关系人不申报的法律后果。

229. 公告应张贴于人民法院公告栏内，并在有关报纸或其他宣传媒介上刊登；人民法院所在地有证券交易所的，还应张贴于该交易所。

230. 利害关系人在公示催告期间向人民法院申报权利的，人民法院应当裁定终结公示催告程序，利害关系人在申报期届满后，判决作出之前申报权利的，同样应裁定终结公示催告程序。

231. 利害关系人申报权利，人民法院应通知其向法院出示票据，并通知公示催告申请人在指定的期间查看该票据。公示催告申请人申请公示催告的票据与利害关系人出示的票据不一致的，人民法院应当裁定驳回利害关系人的申报。

232. 在申报权利的期间没有人申报的，或者申报被驳回的，公示催告申请人应自申报权利期间届满的次日起一个月内申请人民法院作出判决。逾期不申请判决的，终结公示催告程序。

233. 判决生效后，公示催告申请人有权依据判决向付款人请求付款。

234. 适用公示催告程序审理案件，可由审判员一人独任审理；判决宣告票据无效的，应当组成合议庭审理。

235. 公示催告申请人撤回申请，应在公示催告前提出；公示催告期间申请撤回的，人民法院可以径行裁定终结公示催告程序。

236. 人民法院依照民事诉讼法第一百九十四条规定通知支付人停止支付，应符合有关财产保全的规定。支付人收到停止支付通知后拒不支付的，除可依照民事诉讼法第一百零二条、第一百零三条规定采取强制措施外，在判决后，支付人仍应承担支付义务。

237. 人民法院依据民事诉讼法第一百九十六条规定终结公示催告程序后，公示催告申请人或者申报人向人民法院提起诉讼的，依照民事诉讼法第二十七条的规定确定管辖。

238. 民事诉讼法第一百九十六条终结公示催告程序的裁定书，由审判员、书记员署名，加盖人民法院印章。

239. 依照民事诉讼法第一百九十八条的规定，利害关系人向人民法院起诉的，人民法院可按票据纠纷适用普通程序审理。

……

(三) 文书格式

1.《公示催告申请书》

公示催告申请书

申请人……（写明姓名、名称、住所地等基本情况）。

请求事项……（写明请求海事法院发出公告，督促利害关系人申报权利等内容）。

事实与理由：……（写明提货凭证失控的事实及请求公示催告的理由等内容）

此致

××人民法院

附：……（有关证据材料）。

申请人　×××（签章）

×××年××月××日

2.《民事判决书》（公示催告程序除权用）

××××人民法院
民事判决书

（××××）×民催字第××号

申请人……（写明姓名或名称等基本情况）。

申请人×××申请宣告票据无效一案，本院受理后依法于××××年××月××日发出公告，催促利害关系人在××日内申报权利。现公示催告期间已满，无人向本院提出申报。依照《中华人民共和国民事诉讼法》第一百九十七条的规定，判决如下：……

审判长　×××
审判员　×××
审判员　×××
××××年××月××日
（院印）

本件与原本核对无异

书记员　×××

3.《民事裁定书》（终结公示催告程序用）

××××人民法院
民事裁定书

（××××）×民催字第××号

申请人……（写明姓名或名称等基本情况）。

申报人……（写明姓名或名称等基本情况）。

申请人×××因……（写明票据名称及其被盗、遗失或灭失的情况），向本院申请公示催告。本院受理后于××××年××月××日发出公告，催促利害关系人在××日内申报权利。现申报人×××已在规定期间向本院申报权利。依照《中华人民共和国民事诉讼法》第一百九十六条第二款、第三款的规定，裁定如下：……

审判员　×××
××××年××月××日
（院印）

本件与原本核对无异

书记员　×××

四、实验步骤

（1）熟悉公示催告程序的法律规定；
（2）熟悉案件材料，了解和掌握公示催告案件的审理；
（3）根据案情撰写相应的诉讼文书；
（4）规范操作相应的法律程序。

五、自主设计

1996年10月，S省某储户在G省某银行存款数百万元，G省某银行向储户出具了定期存单。此后该储户的上级主管单位向G省某银行核实该储户的存款情况时，该银行出具了《存款承诺书》，称存款关系属实，并保证到期还本付息。1年定期届满后银行却拒付，储户遂根据管辖约定诉诸S省某市中级法院。审理中，某银行承认储户所持定期存单和《存款承诺书》确系该行出具，故一、二审法院均判决某银行应向储户支付存款本金和利息。由于银行未自动履行生效判决确定的义务，储户申请S省某市中级法院强制执行。执行法官几次执行未果。原来，在S省某市中级法院对本案审理前，某银行已在G省某基层法院提起公示催告程序，称该行有50张空白存单不慎遗失，申请法院宣告作废。G省某基层法院受理后依法公告，在法定公告期间无人向法院申报自己是空白存单的持有人。G省某基层法院遂作出除权判决，宣告该50份空白存单无效，其中包括S省某储户现持有的本案存单。

在执行协调过程中，两地法院争议的焦点是：空白存单能否以公示催告程序宣告无效。G省某基层法院认为，根据我国民事诉讼法第一百九十三条的规定："按照规定可以背书转让的票据持有人，因票据被盗、遗失或者灭失，可以向票据支付地的基层人民法院申请公示催告。依照法律规定可以申请公示催告的其他事项，适用本章规定。"金融机构申请法院宣告遗失的空白存单无效，就属于该法条中规定的"其他事项"，且现行法律法规并未禁止以公示催告程序宣告空白存单无效，因此法院受理此类案件并作出除权判决并无不当。G省某基层法院还以为，在其判决已生效的情况下，S省某市中级法院再立案受理储户与银行间的纠纷并作出相反判决，是错误的。S省某市中级法院则认为，空白存单不能以公示催告程序宣告无效，理由是：首先，根据我国民事诉讼法第一百九十三条的规定，公示催告程序的适用对象是可以背书转让的票据和"依照法律规定可以申请公示催告的其他事项",而根据票据法第二条第二款的规定,"本法所称票据,是指汇票、本票和支票"。最高人民法院《关于对遗失金融债券可否按公示催告程序办理的复函》也明确指出,民事诉讼法第一百九十三条规定的票据是指汇票、本票和支票,因此空白存单不属于票据。所谓"依照法律规定可以申请公示催告的其他事项",该处的"其他事项"必须基于法律的明确规定,而不能理解为只要法律没有禁止性规定就可以公示催告。可以公示催告的"其他事项",根据我国现行法律,目前只有我国公司法第一百五十条规定的被盗、遗失或者灭失的"记名股票"。虽然我国现行法律法规并未规定金融债券不能公示催告,但在上引复函中,最高人民法院还是认为金融债券不能适用于公示催告程序,因此G省某基层法院认为只要法律没有禁止性规定就可以公示催告的观点,是不能成立的。总之G省某基层法院对空白存单适用公示催告程序,没有法律依据。

【问题】(1) 你支持哪种意见?理由是什么?

(2) 就本案进行分组讨论并模拟审判。

六、拓展思考

(1) 何为除权判决?它有哪些效力?

(2) 公示催告程序在哪些情况下应当终结?

(3) 公示催告程序的适用范围如何?

第七部分 民事执行程序

实验一 民事案件的执行

一、实验要求与目的

(1) 熟悉民事执行程序的法律法规；
(2) 了解各类执行根据的法律地位；
(3) 了解并掌握民事执行程序的启动程序；
(4) 掌握民事执行期限及程序要求；
(5) 正确把握民事执行的各种强制措施。

二、实验原理

（一）民事执行程序的概念和特征

民事执行程序是民事诉讼法规定的由法定组织和人员运用国家的强制力量，根据生效法律文书的规定，强制民事义务人履行所负义务的程序。法律文书一经生效，义务人应自觉履行。如拒不履行，权利人可申请法院强制执行。

执行程序具有以下特点：1. 执行权由人民法院统一行使。无论生效的法律文书是由何种机构作出的，凡应通过民事执行程序加以实现的，只能由人民法院执行。2. 执行程序的目的在于实现生效法律文书所规定的内容。3. 执行手段具有强制性。根据《民事诉讼法》规定的执行措施包括以下几种：查询、冻结、划拨被执行人的储蓄存款；扣留、提取被执行人的收入，包括工资、奖金、稿费等；查封、扣押、冻结、拍卖、变卖被执行人的财产；搜查被执行人的财产；强制被执行人交付执行文书中所指定的财物或者票证；强制被执行人迁出房屋或者退出土地；通知有关单位办理有关财产权证照转移手续；强制被执行人完成法律文书中指定的行为；对迟延履行义务的被执行人，强制其支付迟延履行金或加倍支付迟延履行利息。

2007年10月28日，十届全国人大常务委员会第三十次会议通过了《关于修改〈中华人民共和国民事诉讼法〉的决定》，该《决定》将于2008年4月1日正式实施。修改后的民事诉讼法执行程序编制创设了一些新的制度。具体而言，主要包括以下四个方面：1. 强化执行措施，促使被执行人依法履行义务。主要表现为：（1）增加规定立即执行制度。（2）增加规定财产报告制度。此次民事诉讼法修改明确规定"被执行人未按执行通知履行法律文书确定的义务，应当报告当前以及收到执行通知之日前一年的财产情况"。（3）加大执行威慑力度，被执行人不履行法律文书确定的义务，人民法院可以通知有关单位限制被执行人出境，也可以在征信系统记录被执行人不履行义务的情况，同时可以通过媒体公布不履行义务人的信息。2. 规范执行行为，切实保护当事人的合法权益。主要表现为：（1）增设执行异议制度。（2）增加规定变更执行法院制度。针对当前执行活动中存在的地方保护主义问题，新民事诉讼法明确赋予申请执行人向上一级法院申请变更执行法院的权利。上一级人民法院经过审查，可以责令原执行法院在一定期限执行，也可以决定由其他法院或本院执行。（3）赋予案外人通过异议和诉讼维护自己实体权益的权利。3. 完善执行机构，更好地促进执行工作的完成。主要表现为：（1）规定各级法院均可设立执行机构。（2）增加被执行财产所在地法院管辖的规定。原民事诉讼法规定，发生法律效力的判决、裁定由第一审人民法院执行，此次修改为由第一审人民法院或者与第一审人民法院同级的被执行财产所在地法院执行。4. 延长申请期限，有利于当事人行使权利履行义务。原民事诉讼法规定，申请执行的期限，双方或者一方当事人是公民的为1年，双方是法人或者其他组织的为6个月，期间很短。这样使得被执行人存在侥幸心理，只要拖过这个期间，财产就不被执行。这次民事诉讼法修订延长了申请执行期间，规定申请执行的期间为两年，申请执行的期间适用法律上关于时效中止、中断的规定。

（二）基本程序

1. 申请

申请执行是公民、法人和其他组织的一项诉讼权利。申请执行应当提交书面申请书，并附执行根据，无论采取什么方式申请，都必须同时符合下列条件，人民法院才能受理：（1）有可以作为执行根据的法律文书，且已经发生法律效力；

(2) 申请人应当是法律文书确定的享有民事实体权利的人或者其诉讼代理人；(3) 义务人不按法律文书确定的期限全部履行义务；(4) 必须在申请执行期限内提出申请；(5) 必须向有管辖权的人民法院提出申请。人民法院受理申请后，申请人应按规定交纳申请执行费和执行中的其他费用。执行员接到申请执行书或者移送执行书后，认为可以给予强制执行的，应向被执行人发出执行通知书，责令其在指定期间履行义务，逾期不履行的，人民法院可以依法采取强制执行措施。

2. 受理与执行

申请执行后，法院应在 7 日内审查你的申请是否符合条件并给予你答复，受理后应在 3 日内向被执行人发出执行通知，在执行通知中会给被执行人指定一个时间段来履行判决，如果超过了执行通知指定的时间对方还不执行判决：就会采取强制执行措施。人民法院对符合上述条件的申请，应当在七日内予以立案；不符合上述条件之一的，应当在七日内裁定不予受理。同时《民事诉讼法》第二百零三条规定："人民法院自收到申请执行书之日起超过六个月未执行的，申请执行人可以向上一级人民法院申请执行。上一级人民法院经审查，可以责令原人民法院在一定期限内执行，也可以决定由本院执行或者指令其他人民法院执行。"据此可知，人民法院受理申请后 6 个月内应采取执行措施，否则申请人可以向上一级法院申请提级执行。

三、实验准备

（一）案件材料

申请执行人：某市中×幕墙工程有限公司。

被执行人：某市×房地产工程开发公司。

某市中×幕墙工程有限公司（下称中×公司）诉某市×房地产工程开发公司（下称×房地产公司）建设工程承包合同纠纷执行一案，某中院于 2001 年 6 月 21 日作出民事调解书，确认×房地产共欠中×公司工程款及利息人民币 1 550 万元，双方约定×房地产公司以房产抵债 1 019 513 元，并在六个月内随时协助中×公司办理买卖合同登记备案手续，余款 5 380 487 元在六个月内付清，即自调解书生效之日起当月 30 日前还款 100 万元，随后四个月在每月 30 日前还款 100 万元，第六个月 30 日前将余款 380 487 元结清；若×房地产公司不能按上述还款计划按时履行，中×公司则取消上述以房抵债条款，并有权就欠款本金及利息申请强制执行。

调解书生效后，×房地产公司按调解书的规定，分别于 2001 年 7 月 27 日、8 月 29 日、9 月 27 日各支付 100 万元，如期履行了前三期。中×公司也对抵债房产进行了部分处分。但×房地产公司对本应在 10、11 月份各支付的 100 万元未如期履行，中×公司于 2001 年 11 月 12 日依调解书关于"若×房地产公司不能按上述还款计划按时履行，中×公司则取消上述以房抵债条款，并有权就欠款本金及利息申请强制执行"的规定，向某中院申请强制执行。12 月 11 日，×房地产公司将 10、11 月的应履行数额一次性支付 200 万元，中×公司接受并开具发票。12 月 27 日，×房地产公司支付尾数 380 487 元，中×公司接受。2001 年 12 月 26 日，某中院向×房地产公司送达了裁定、查封令，对×房地产公司恢复执行，而在 12 月 13 日某中院已在房管部门查封了×房地产公司的房产。×房地产公司向某中院提出异议称，其已按调解书全部履行了还款义务，不应再对其恢复执行。而某市中级人民法院则认为×房地产公司对 10、11 月的履行义务属延期履行，已违反了调解书的规定，该院恢复执行并无不当，而驳回×房地产公司的异议，并拟于 2002 年 11 月 28 日拍卖×房地产公司的房产。

【问题】（1）本案中×房地产公司延期履行调解协议是否构成违约？

（2）某市中级人民法院对本案的处理是否恰当？为什么？

（3）撰写执行异议申请书及驳回执行异议的裁定。

（二）法律依据

适用于民事执行程序的法律文件主要包括：《中华人民共和国民事诉讼法》、《关于适用〈中华人民共和国民事诉讼法〉执行程序若干问题的解释》、《最高人民法院关于适用〈中华人民共和国民事诉讼法〉若干问题的意见》。

附1：

中华人民共和国民事诉讼法（节录）

（1991 年 4 月 9 日第七届全国人民代表大会第四次会议通过 根据 2007 年 10 月 28 日第十届全国人民代表大会常务委员会第三十次会议《关于修改〈中华人民共和国民事诉讼法〉的决定》修正）

……

第三编 执行程序

第十九章 一般规定

第二百零一条 发生法律效力的民事判决、裁定，以及刑事判决、裁定中的财产部分，由第一审人民法院或者与第一审人民法院同级的被执行的财产所在地人民法院执行。

法律规定由人民法院执行的其他法律文书，由被执行人住所地或者被执行的财产所在地人民法院执行。

第二百零二条　当事人、利害关系人认为执行行为违反法律规定的，可以向负责执行的人民法院提出书面异议。当事人、利害关系人提出书面异议的，人民法院应当自收到书面异议之日起十五日内审查，理由成立的，裁定撤销或者改正；理由不成立的，裁定驳回。当事人、利害关系人对裁定不服的，可以自裁定送达之日起十日内向上一级人民法院申请复议。

第二百零三条　人民法院自收到申请执行书之日起超过六个月未执行的，申请执行人可以向上一级人民法院申请执行。上一级人民法院经审查，可以责令原人民法院在一定期限内执行，也可以决定由本院执行或者指令其他人民法院执行。

第二百零四条　执行过程中，案外人对执行标的提出书面异议的，人民法院应当自收到书面异议之日起十五日内审查，理由成立的，裁定中止对该标的的执行；理由不成立的，裁定驳回。案外人、当事人对裁定不服，认为原判决、裁定错误的，依照审判监督程序办理；与原判决、裁定无关的，可以自裁定送达之日起十五日内向人民法院提起诉讼。

第二百零五条　执行工作由执行员进行。

采取强制执行措施时，执行员应当出示证件。执行完毕后，应当将执行情况制作笔录，由在场的有关人员签名或者盖章。

人民法院根据需要可以设立执行机构。

第二百零六条　被执行人或者被执行的财产在外地的，可以委托当地人民法院代为执行。受委托人民法院收到委托函件后，必须在十五日内开始执行，不得拒绝。执行完毕后，应当将执行结果及时函复委托人民法院；在三十日内如果还未执行完毕，也应当将执行情况函告委托人民法院。

受委托人民法院自收到委托函件之日起十五日内不执行的，委托人民法院可以请求受委托人民法院的上级人民法院指令受委托人民法院执行。

第二百零七条　在执行中，双方当事人自行和解达成协议的，执行员应当将协议内容记入笔录，由双方当事人签名或者盖章。

一方当事人不履行和解协议的，人民法院可以根据对方当事人的申请，恢复对原生效法律文书的执行。

第二百零八条　在执行中，被执行人向人民法院提供担保，并经申请执行人同意的，人民法院可以决定暂缓执行及暂缓执行的期限。被执行人逾期仍不履行的，人民法院有权执行被执行人的担保财产或者担保人的财产。

第二百零九条 作为被执行人的公民死亡的，以其遗产偿还债务。作为被执行人的法人或者其他组织终止的，由其权利义务承受人履行义务。

第二百一十条 执行完毕后，据以执行的判决、裁定和其他法律文书确有错误，被人民法院撤销的，对已被执行的财产，人民法院应当作出裁定，责令取得财产的人返还；拒不返还的，强制执行。

第二百一十一条 人民法院制作的调解书的执行，适用本编的规定。

第二十章 执行的申请和移送

第二百一十二条 发生法律效力的民事判决、裁定，当事人必须履行。一方拒绝履行的，对方当事人可以向人民法院申请执行，也可以由审判员移送执行员执行。

调解书和其他应当由人民法院执行的法律文书，当事人必须履行。一方拒绝履行的，对方当事人可以向人民法院申请执行。

第二百一十三条 对依法设立的仲裁机构的裁决，一方当事人不履行的，对方当事人可以向有管辖权的人民法院申请执行。受申请的人民法院应当执行。

被申请人提出证据证明仲裁裁决有下列情形之一的，经人民法院组成合议庭审查核实，裁定不予执行：

（一）当事人在合同中没有订有仲裁条款或者事后没有达成书面仲裁协议的；

（二）裁决的事项不属于仲裁协议的范围或者仲裁机构无权仲裁的；

（三）仲裁庭的组成或者仲裁的程序违反法定程序的；

（四）认定事实的主要证据不足的；

（五）适用法律确有错误的；

（六）仲裁员在仲裁该案时有贪污受贿，徇私舞弊，枉法裁决行为的。

人民法院认定执行该裁决违背社会公共利益的，裁定不予执行。

裁定书应当送达双方当事人和仲裁机构。

仲裁裁决被人民法院裁定不予执行的，当事人可以根据双方达成的书面仲裁协议重新申请仲裁，也可以向人民法院起诉。

第二百一十四条 对公证机关依法赋予强制执行效力的债权文书，一方当事人不履行的，对方当事人可以向有管辖权的人民法院申请执行，受申请的人民法院应当执行。

公证债权文书确有错误的，人民法院裁定不予执行，并将裁定书送达双方当事人和公证机关。

第二百一十五条 申请执行的期限为二年。申请执行时效的中止、中断，适用法律有关诉讼时效中止、中断的规定。

前款规定的期间,从法律文书规定履行期间的最后一日起计算;法律文书规定分期履行的,从规定的每次履行期间的最后一日起计算;法律文书未规定履行期间的,从法律文书生效之日起计算。

第二百一十六条 执行员接到申请执行书或者移交执行书,应当向被执行人发出执行通知,责令其在指定的期间履行,逾期不履行的,强制执行。

被执行人不履行法律文书确定的义务,并有可能隐匿、转移财产的,执行员可以立即采取强制执行措施。

第二十一章 执 行 措 施

第二百一十七条 被执行人未按执行通知履行法律文书确定的义务,应当报告当前以及收到执行通知之日前一年的财产情况。被执行人拒绝报告或者虚假报告的,人民法院可以根据情节轻重对被执行人或者其法定代理人、有关单位的主要负责人或者直接责任人员予以罚款、拘留。

第二百一十八条 被执行人未按执行通知履行法律文书确定的义务,人民法院有权向银行、信用合作社和其他有储蓄业务的单位查询被执行人的存款情况,有权冻结、划拨被执行人的存款,但查询、冻结、划拨存款不得超出被执行人应当履行义务的范围。

人民法院决定冻结、划拨存款,应当作出裁定,并发出协助执行通知书,银行、信用合作社和其他有储蓄业务的单位必须办理。

第二百一十九条 被执行人未按执行通知履行法律文书确定的义务,人民法院有权扣留、提取被执行人应当履行义务部分的收入。但应当保留被执行人及其所扶养家属的生活必需费用。

人民法院扣留、提取收入时,应当作出裁定,并发出协助执行通知书,被执行人所在单位、银行、信用合作社和其他有储蓄业务的单位必须办理。

第二百二十条 被执行人未按执行通知履行法律文书确定的义务,人民法院有权查封、扣押、冻结、拍卖、变卖被执行人应当履行义务部分的财产。但应当保留被执行人及其所扶养家属的生活必需品。

采取前款措施,人民法院应当作出裁定。

第二百二十一条 人民法院查封、扣押财产时,被执行人是公民的,应当通知被执行人或者他的成年家属到场;被执行人是法人或者其他组织的,应当通知其法定代表人或者主要负责人到场。拒不到场的,不影响执行。被执行人是公民的,其工作单位或者财产所在地的基层组织应当派人参加。

对被查封、扣押的财产,执行员必须造具清单,由在场人签名或者盖章后,交被执行人一份。被执行人是公民的，也可以交他的成年家属一份。

第二百二十二条　被查封的财产，执行员可以指定被执行人负责保管。因被执行人的过错造成的损失，由被执行人承担。

第二百二十三条　财产被查封、扣押后，执行员应当责令被执行人在指定期间履行法律文书确定的义务。被执行人逾期不履行的，人民法院可以按照规定交有关单位拍卖或者变卖被查封、扣押的财产。国家禁止自由买卖的物品，交有关单位按照国家规定的价格收购。

第二百二十四条　被执行人不履行法律文书确定的义务，并隐匿财产的，人民法院有权发出搜查令，对被执行人及其住所或者财产隐匿地进行搜查。

采取前款措施，由院长签发搜查令。

第二百二十五条　法律文书指定交付的财物或者票证，由执行员传唤双方当事人当面交付，或者由执行员转交，并由被交付人签收。

有关单位持有该项财物或者票证的，应当根据人民法院的协助执行通知书转交，并由被交付人签收。

有关公民持有该项财物或者票证的，人民法院通知其交出。拒不交出的，强制执行。

第二百二十六条　强制迁出房屋或者强制退出土地，由院长签发公告，责令被执行人在指定期间履行。被执行人逾期不履行的，由执行员强制执行。

强制执行时，被执行人是公民的，应当通知被执行人或者他的成年家属到场；被执行人是法人或者其他组织的，应当通知其法定代表人或者主要负责人到场。拒不到场的，不影响执行。被执行人是公民的，其工作单位或者房屋、土地所在地的基层组织应当派人参加。执行员应当将强制执行情况记入笔录，由在场人签名或者盖章。

强制迁出房屋被搬出的财物，由人民法院派人运至指定处所，交给被执行人。被执行人是公民的，也可以交给他的成年家属。因拒绝接收而造成的损失，由被执行人承担。

第二百二十七条　在执行中，需要办理有关财产权证照转移手续的，人民法院可以向有关单位发出协助执行通知书，有关单位必须办理。

第二百二十八条　对判决、裁定和其他法律文书指定的行为，被执行人未按执行通知履行的，人民法院可以强制执行或者委托有关单位或者其他人完成，费用由被执行人承担。

第二百二十九条　被执行人未按判决、裁定和其他法律文书指定的期间履行给付金钱义务的，应当加倍支付迟延履行期间的债务利息。被执行人未按判决、裁定和其他法律文书指定的期间履行其他义务的，应当支付迟延履行金。

第二百三十条　人民法院采取本法第二百一十八条、第二百一十九条、第二百二十条规定的执行措施后，被执行人仍不能偿还债务的，应当继续履行义务。债权人发现被执行人有其他财产的，可以随时请求人民法院执行。

第二百三十一条　被执行人不履行法律文书确定的义务的，人民法院可以对其采取或者通知有关单位协助采取限制出境，在征信系统记录、通过媒体公布不履行义务信息以及法律规定的其他措施。

第二十二章　执行中止和终结

第二百三十二条　有下列情形之一的，人民法院应当裁定中止执行：

（一）申请人表示可以延期执行的；

（二）案外人对执行标的提出确有理由的异议的；

（三）作为一方当事人的公民死亡，需要等待继承人继承权利或者承担义务的；

（四）作为一方当事人的法人或者其他组织终止，尚未确定权利义务承受人的；

（五）人民法院认为应当中止执行的其他情形。

中止的情形消失后，恢复执行。

第二百三十三条　有下列情形之一的，人民法院裁定终结执行：

（一）申请人撤销申请的；

（二）据以执行的法律文书被撤销的；

（三）作为被执行人的公民死亡，无遗产可供执行，又无义务承担人的；

（四）追索赡养费、扶养费、抚育费案件的权利人死亡的；

（五）作为被执行人的公民因生活困难无力偿还借款，无收入来源，又丧失劳动能力的；

（六）人民法院认为应当终结执行的其他情形。

……

第二百三十四条　中止和终结执行的裁定，送达当事人后立即生效。

附2：

最高人民法院关于适用《中华人民共和国民事诉讼法》执行程序若干问题的解释

法释〔2008〕13号

(2008年9月8日最高人民法院审判委员会第1452次会议通过)

第一条　申请执行人向被执行的财产所在地人民法院申请执行的，应当提供该人民法院辖区有可供执行财产的证明材料。

第二条　对两个以上人民法院都有管辖权的执行案件，人民法院在立案前发现其他有管辖权的人民法院已经立案的，不得重复立案。

立案后发现其他有管辖权的人民法院已经立案的，应当撤销案件；已经采取执行措施的，应当将控制的财产交先立案的执行法院处理。

第三条　人民法院受理执行申请后，当事人对管辖权有异议的，应当自收到执行通知书之日起十日内提出。

人民法院对当事人提出的异议，应当审查。异议成立的，应当撤销执行案件，并告知当事人向有管辖权的人民法院申请执行；异议不成立的，裁定驳回。当事人对裁定不服的，可以向上一级人民法院申请复议。

管辖权异议审查和复议期间，不停止执行。

第四条　对人民法院采取财产保全措施的案件，申请执行人向采取保全措施的人民法院以外的其他有管辖权的人民法院申请执行的，采取保全措施的人民法院应当将保全的财产交执行法院处理。

第五条　执行过程中，当事人、利害关系人认为执行法院的执行行为违反法律规定的，可以依照民事诉讼法第二百零二条的规定提出异议。

执行法院审查处理执行异议，应当自收到书面异议之日起十五日内作出裁定。

第六条　当事人、利害关系人依照民事诉讼法第二百零二条规定申请复议的，应当采取书面形式。

第七条　当事人、利害关系人申请复议的书面材料，可以通过执行法院转交，也可以直接向执行法院的上一级人民法院提交。

执行法院收到复议申请后，应当在五日内将复议所需的案卷材料报送上一级人民法院；上一级人民法院收到复议申请后，应当通知执行法院在五日内报送复议所需的案卷材料。

第八条　上一级人民法院对当事人、利害关系人的复议申请，应当组成合议庭进行审查。

第九条　当事人、利害关系人依照民事诉讼法第二百零二条规定申请复议的，上一级人民法院应当自收到复议申请之日起三十日内审查完毕，并作出裁定。有特殊情况需要延长的，经本院院长批准，可以延长，延长的期限不得超过三十日。

第十条　执行异议审查和复议期间，不停止执行。

被执行人、利害关系人提供充分、有效的担保请求停止相应处分措施的，人民法院可以准许；申请执行人提供充分、有效的担保请求继续执行的，应当继续执行。

第十一条　依照民事诉讼法第二百零三条的规定,有下列情形之一的,上一级人民法院可以根据申请执行人的申请,责令执行法院限期执行或者变更执行法院:

（一）债权人申请执行时被执行人有可供执行的财产,执行法院自收到申请执行书之日起超过六个月对该财产未执行完结的;

（二）执行过程中发现被执行人有可供执行的财产,执行法院自发现财产之日起超过六个月对该财产未执行完结的;

（三）对法律文书确定的行为义务的执行,执行法院自收到申请执行书之日起超过六个月未依法采取相应执行措施的;

（四）其他有条件执行超过六个月未执行的。

第十二条　上一级人民法院依照民事诉讼法第二百零三条规定责令执行法院限期执行的,应当向其发出督促执行令,并将有关情况书面通知申请执行人。

上一级人民法院决定由本院执行或者指令本辖区其他人民法院执行的,应当作出裁定,送达当事人并通知有关人民法院。

第十三条　上一级人民法院责令执行法院限期执行,执行法院在指定期间内无正当理由仍未执行完结的,上一级人民法院应当裁定由本院执行或者指令本辖区其他人民法院执行。

第十四条　民事诉讼法第二百零三条规定的六个月期间,不应当计算执行中的公告期间、鉴定评估期间、管辖争议处理期间、执行争议协调期间、暂缓执行期间以及中止执行期间。

第十五条　案外人对执行标的主张所有权或者有其他足以阻止执行标的转让、交付的实体权利的,可以依照民事诉讼法第二百零四条的规定,向执行法院提出异议。

第十六条　案外人异议审查期间,人民法院不得对执行标的进行处分。

案外人向人民法院提供充分、有效的担保请求解除对异议标的的查封、扣押、冻结的,人民法院可以准许;申请执行人提供充分、有效的担保请求继续执行的,应当继续执行。

因案外人提供担保解除查封、扣押、冻结有错误,致使该标的无法执行的,人民法院可以直接执行担保财产;申请执行人提供担保请求继续执行有错误,给对方造成损失的,应当予以赔偿。

第十七条　案外人依照民事诉讼法第二百零四条规定提起诉讼,对执行标的主张实体权利,并请求对执行标的停止执行的,应当以申请执行人为被告;被执行人反对案外人对执行标的所主张的实体权利的,应当以申请执行人和被执行人为共同被告。

第十八条　案外人依照民事诉讼法第二百零四条规定提起诉讼的，由执行法院管辖。

第十九条　案外人依照民事诉讼法第二百零四条规定提起诉讼的，执行法院应当依照诉讼程序审理。经审理，理由不成立的，判决驳回其诉讼请求；理由成立的，根据案外人的诉讼请求作出相应的裁判。

第二十条　案外人依照民事诉讼法第二百零四条规定提起诉讼的，诉讼期间，不停止执行。

案外人的诉讼请求确有理由或者提供充分、有效的担保请求停止执行的，可以裁定停止对执行标的进行处分；申请执行人提供充分、有效的担保请求继续执行的，应当继续执行。

案外人请求停止执行、请求解除查封、扣押、冻结或者申请执行人请求继续执行有错误，给对方造成损失的，应当予以赔偿。

第二十一条　申请执行人依照民事诉讼法第二百零四条规定提起诉讼，请求对执行标的许可执行的，应当以案外人为被告；被执行人反对申请执行人请求的，应当以案外人和被执行人为共同被告。

第二十二条　申请执行人依照民事诉讼法第二百零四条规定提起诉讼的，由执行法院管辖。

第二十三条　人民法院依照民事诉讼法第二百零四条规定裁定对异议标的中止执行后，申请执行人自裁定送达之日起十五日内未提起诉讼的，人民法院应当裁定解除已经采取的执行措施。

第二十四条　申请执行人依照民事诉讼法第二百零四条规定提起诉讼的，执行法院应当依照诉讼程序审理。经审理，理由不成立的，判决驳回其诉讼请求；理由成立的，根据申请执行人的诉讼请求作出相应的裁判。

第二十五条　多个债权人对同一被执行人申请执行或者对执行财产申请参与分配的，执行法院应当制作财产分配方案，并送达各债权人和被执行人。债权人或者被执行人对分配方案有异议的，应当自收到分配方案之日起十五日内向执行法院提出书面异议。

第二十六条　债权人或者被执行人对分配方案提出书面异议的，执行法院应当通知未提出异议的债权人或被执行人。

未提出异议的债权人、被执行人收到通知之日起十五日内未提出反对意见的，执行法院依异议人的意见对分配方案审查修正后进行分配；提出反对意见的，应当通知异议人。异议人可以自收到通知之日起十五日内，以提出反对意见的债权人、被执行人为被告，向执行法院提起诉讼；异议人逾期未提起诉讼的，执行法院依原分配方案进行分配。

诉讼期间进行分配的，执行法院应当将与争议债权数额相应的款项予以提存。

第二十七条　在申请执行时效期间的最后六个月内，因不可抗力或者其他障碍不能行使请求权的，申请执行时效中止。从中止时效的原因消除之日起，申请执行时效期间继续计算。

第二十八条　申请执行时效因申请执行、当事人双方达成和解协议、当事人一方提出履行要求或者同意履行义务而中断。从中断时起，申请执行时效期间重新计算。

第二十九条　生效法律文书规定债务人负有不作为义务的，申请执行时效期间从债务人违反不作为义务之日起计算。

第三十条　执行员依照民事诉讼法第二百一十六条规定立即采取强制执行措施的，可以同时或者自采取强制执行措施之日起三日内发送执行通知书。

第三十一条　人民法院依照民事诉讼法第二百一十七条规定责令被执行人报告财产情况的，应当向其发出报告财产令。报告财产令中应当写明报告财产的范围、报告财产的期间、拒绝报告或者虚假报告的法律后果等内容。

第三十二条　被执行人依照民事诉讼法第二百一十七条的规定，应当书面报告下列财产情况：

（一）收入、银行存款、现金、有价证券；

（二）土地使用权、房屋等不动产；

（三）交通运输工具、机器设备、产品、原材料等动产；

（四）债权、股权、投资权益、基金、知识产权等财产性权利；

（五）其他应当报告的财产。

被执行人自收到执行通知之日前一年至当前财产发生变动的，应当对该变动情况进行报告。

被执行人在报告财产期间履行全部债务的，人民法院应当裁定终结报告程序。

第三十三条　被执行人报告财产后，其财产情况发生变动，影响申请执行人债权实现的，应当自财产变动之日起十日内向人民法院补充报告。

第三十四条　对被执行人报告的财产情况，申请执行人请求查询的，人民法院应当准许。申请执行人对查询的被执行人财产情况，应当保密。

第三十五条　对被执行人报告的财产情况，执行法院可以依申请执行人的申请或者依职权调查核实。

第三十六条　依照民事诉讼法第二百三十一条规定对被执行人限制出境的，应当由申请执行人向执行法院提出书面申请；必要时，执行法院可以依职权决定。

第三十七条　被执行人为单位的，可以对其法定代表人、主要负责人或者影响债务履行的直接责任人员限制出境。

被执行人为无民事行为能力人或者限制民事行为能力人的，可以对其法定代理人限制出境。

第三十八条　在限制出境期间，被执行人履行法律文书确定的全部债务的，执行法院应当及时解除限制出境措施；被执行人提供充分、有效的担保或者申请执行人同意的，可以解除限制出境措施。

第三十九条　依照民事诉讼法第二百三十一条的规定，执行法院可以依职权或者依申请执行人的申请，将被执行人不履行法律文书确定义务的信息，通过报纸、广播、电视、互联网等媒体公布。

媒体公布的有关费用，由被执行人负担；申请执行人申请在媒体公布的，应当垫付有关费用。

第四十条　本解释施行前本院公布的司法解释与本解释不一致的，以本解释为准。

附3：

最高人民法院关于适用《中华人民共和国民事诉讼法》若干问题的意见（节录）

法发〔92〕22号

（1992年7月14日最高人民法院审判委员会第528次会议通过）

……

十七、执 行 程 序

254. 强制执行的标的应当是财物或者行为。当事人拒绝履行发生法律效力的判决、裁定、调解书、支付令的，人民法院应向当事人发出执行通知。在执行通知指定的期间被执行人仍不履行的，应当强制执行。

255. 发生法律效力的支付令，由制作支付令的人民法院负责执行。

256. 民事诉讼法第二百零七条第二款规定的由人民法院执行的其他法律文书，包括仲裁裁决书、公证债权文书。

其他法律文书由被执行人住所地或者被执行人的财产所在地人民法院执行；当事人分别向上述人民法院申请执行的，由最先接受申请的人民法院执行。

257. 民事诉讼法第二百零八条规定的中止执行，应当限于案外人依该条规定提出异议部分的财产范围。对被执行人的其他财产，不应中止执行。异议理由不成立的，通知驳回。

258. 执行员在执行本院的判决、裁定和调解书时，发现确有错误的，应当提出书面意见，报请院长审查处理。在执行上级人民法院的判决、裁定和调解书时，发现确有错误的，可提出书面意见，经院长批准，函请上级人民法院审查处理。

259. 被执行人、被执行的财产在外地的，负责执行的人民法院可以委托当地人民法院代为执行，也可以直接到当地执行。直接到当地执行的，负责执行的人民法院可以要求当地人民法院协助执行。当地人民法院应当根据要求协助执行。

260. 委托执行，委托人民法院应当出具委托函和生效的法律文书（副本）。委托函应当提出明确的执行要求。

261. 受委托人民法院在接到委托函后，无权对委托执行的生效的法律文书进行实体审查；执行中发现据以执行的法律文书有错误的，受委托人民法院应当及时向委托人民法院反映。

262. 受委托人民法院应当严格按照生效法律文书的规定和委托人民法院的要求执行。对债务人履行债务的时间、期限和方式需要变更的，应当征得申请执行人的同意，并将变更情况及时告知委托人民法院。

263. 受委托人民法院遇有需要中止或者终结执行的情形，应当及时函告委托人民法院，由委托人民法院作出裁定，在此期间，可以暂缓执行。受委托人民法院不得自行裁定中止或者终结执行。

264. 委托执行中，案外人对执行标的提出异议的，受委托人民法院应当函告委托人民法院，由委托人民法院通知驳回或者作出中止执行的裁定，在此期间，暂缓执行。

265. 依照民事诉讼法第二百一十条第二款的规定，受委托人民法院的上一级人民法院在接到委托人民法院指令执行的请求后，应当在五日内书面指令受委托人民法院执行，并将这一情况及时告知委托人民法院。

受委托人民法院在接到上一级人民法院的书面指令后，应当立即执行，将执行情况报告上一级人民法院，并告辞委托人民法院。

266. 一方当事人不履行或者不完全履行在执行中双方自愿达成的和解协议，对方当事人申请执行原生效法律文书的，人民法院应当恢复执行，但和解协议已履行的部分应当扣除。和解协议已经履行完毕的，人民法院不予恢复执行。

267. 申请恢复执行原法律文书，适用民事诉讼法第二百一十九条申请执行期限的规定。申请执行期限因达成执行中的和解协议而中止，其期限自和解协议所定履行期限的最后一日起连续计算。

268. 人民法院依照民事诉讼法第二百一十二条的规定决定暂缓执行的，如果担保是有期限的，暂缓执行的期限应与担保期限一致，但最长不得超过一年。被执行人或担保人对担保的财产在暂缓执行期间有转移、隐藏、变卖、毁损等行为的，人民法院可以恢复强制执行。

269. 民事诉讼法第二百一十二条规定的执行担保，可以由被执行人向人民法院提供财产作担保，也可以由第三人出面作担保。以财产作担保的，应提交保证书；由第三人担保的，应当提交担保书。担保人应当具有代为履行或者代为承担赔偿责任的能力。

270. 被执行人在人民法院决定暂缓执行的期限届满后仍不履行义务的，人民法院可以直接执行担保财产，或者裁定执行担保人的财产，但执行担保人的财产以担保人应当履行义务部分的财产为限。

271. 依照民事诉讼法第二百一十三条的规定，执行中作为被执行人的法人或者其他组织分立、合并的，其权利义务由变更后的法人或者其他组织承受；被撤销的，如果依有关实体法的规定有权利义务承受人的，可以裁定该权利义务承受人为被执行人。

272. 其他组织在执行中不能履行法律文书确定的义务的，人民法院可以裁定执行对该其他组织依法承担义务的法人或者公民个人的财产。

273. 在执行中，作为被执行人的法人或者其他组织名称变更的，人民法院可裁定变更后的法人或者其他组织为被执行人。

274. 作为被执行人的公民死亡，其遗产继承人没有放弃继承的，人民法院可以裁定变更被执行人，由该继承人在遗产的范围内偿还债务。继承人放弃继承的，人民法院可以直接执行被执行人的遗产。

275. 法律规定由人民法院执行的其他法律文书执行完毕后，该法律文书被有关机关依法撤销的，经当事人申请，适用民事诉讼法第二百一十四条的规定。

276. 执行中，具有企业法人资格的被执行人不能清偿到期债务，根据债权人或者债务人申请，人民法院可以依法宣告被执行人破产。

277. 仲裁机构裁决的事项部分属于仲裁协议的范围，部分超过仲裁协议范围的，对超过部分，人民法院应当裁定不予执行。

278. 依照民事诉讼法第二百一十七条第二款、第三款的规定，人民法院裁定不予执行仲裁裁决后，当事人可以重新达成书面仲裁协议申请仲裁，也可以向人民法院起诉。

279. 民事诉讼法第二百二十条规定的执行通知，人民法院应在收到申请执行书后的十日内发出。执行通知中除应责令被执行人履行法律文书确定的义务外，并应通知其承担民事诉讼法第二百三十二条规定的迟延履行利息或者迟延履行金。

280. 人民法院可以直接向银行及其营业所、储蓄所、信用合作社以及其他有储蓄业务的单位查询、冻结、划拨被执行人的存款。外地法院可以直接到被执行人住所地、被执行财产所在地银行及其营业所、储蓄所、信用合作社以及其他有储蓄业务的单位查询、冻结、划拨被执行人应当履行义务部分的存款，无需由当地人民法院出具手续。

281. 人民法院在执行中需要变卖被执行人财产的，可以交有关单位变卖，也可以由人民法院直接变卖。由人民法院直接变卖的，变卖前应就价格问题征求物价等有关部门的意见，作价应当公平合理。

对变卖的财产，人民法院或其工作人员不得买受。

282. 人民法院在执行中已依照民事诉讼法第二百二十一条、第二百二十三条的规定对被执行人的财产查封、冻结的，任何单位包括其他人民法院不得重复查封、冻结或者擅自解冻，违者按照民事诉讼法第一百零二条的规定处理。被执行人的财产不能满足所有申请执行人清偿要求的，执行时可以参照民事诉讼法第二百零四条的规定处理。

283. 依照民事诉讼法第二百三十一条规定，当事人不履行法律文书确定的行为义务，如果该项行为义务只能由被执行人完成的，人民法院可以依照民事诉讼法第一百零二条第一款第（六）项的规定处理。

284. 执行的标的物为特定物的，应执行原物。原物确已不存在的，可折价赔偿。

285. 执行中，被执行人隐匿财产的，人民法院除可依照民事诉讼法第一百零二条规定对其处理外，并应责令被执行人交出隐匿的财产或折价赔偿。被执行人拒不交出或赔偿的，人民法院可按被执行财产的价值强制执行被执行人的其他财产，也可以采取搜查措施，追回被隐匿的财产。

286. 人民法院依照民事诉讼法第二百二十七条规定对被执行人及其住所或者财产隐匿地进行搜查，必须符合以下条件：

（1）生效法律文书确定的履行期限已经届满；
（2）被执行人不履行法律文书确定的义务；
（3）认为有隐匿财产的行为。

搜查人员必须按规定着装并出示搜查令和身份证件。

287. 人民法院搜查时禁止无关人员进入搜查现场；搜查对象是公民的，应通知被执行人或者他的成年家属以及基层组织派员到场；搜查对象是法人或者其他组织的，应通知法定代表人或者主要负责人到场，有上级主管部门的，也应通知主管部门有关人员到场。拒不到场的，不影响搜查。

搜查妇女身体，应由女执行人员进行。

288. 搜查中发现应当依法扣押的财产，依照民事诉讼法第二百二十四条第二款和第二百二十六条的规定办理。

289. 搜查应制作搜查笔录，由搜查人员、被搜查人及其他在场人签名或盖章。拒绝签名或者盖章的，应在搜查笔录中写明。

290. 法人或其他组织持有法律文书指定交付的财物或者票证，在人民法院发出协助执行通知后，拒不转交的，强制执行，并可依照民事诉讼法第一百零三条的规定处理。

291. 有关单位和个人持有法律文书指定交付的财物或者票证，因其过失被毁损或灭失的，人民法院可责令持有人赔偿；拒不赔偿的，人民法院可按被执行的财物或者票证的价值强制执行。

292. 人民法院在执行中需要办理房产证、土地证、山林所有权证、专利证书、商标证书、车辆执照等有关财产权证照转移手续的，可以依照民事诉讼法第二百三十条规定办理。

293. 被执行人迟延履行的，迟延履行期间的利息或迟延履行金自判决、裁定和其他法律文书指定的履行期间届满的次日起计算。

294. 民事诉讼法第二百三十二条规定的加倍支付迟延履行期间的债务利息，是指在按银行同期贷款最高利率计付的债务利息上增加一倍。

295. 被执行人未按判决、裁定和其他法律文书指定的期间履行非金钱给付义务的，无论是否已给申请执行人造成损失，都应当支付迟延履行金。已经造成损失的，双倍补偿申请执行人已经受到的损失；没有造成损失的，迟延履行金可以由人民法院根据具体案件情况决定。

296. 债权人依照民事诉讼法第二百三十三条的规定请求人民法院继续执行的，不受民事诉讼法第二百一十九条所定期限的限制。

297. 被执行人为公民或者其他组织，在执行程序开始后，被执行人的其他已经取得执行依据的或者已经起诉的债权人发现被执行人的财产不能清偿所有债权的，可以向人民法院申请参与分配。

298. 申请参与分配，申请人应提交申请书，申请书应写明参与分配和被执行人不能清偿所有债权的事实和理由，并附有执行依据。

参与分配申请应当在执行程序开始后，被执行人的财产被清偿前提出。

299. 被执行人为公民或者其他组织，在有其他已经取得执行依据的债权人申请参与分配的执行中，被执行人的财产参照民事诉讼法第二百零四条规定的顺序清偿，不足清偿同一顺序的，按照比例分配。清偿后的剩余债务，被执行人应当继续清偿。债权人发现被执行人有其他财产的，可以随时请求人民法院执行。

300. 被执行人不能清偿债务，但对第三人享有到期债权的，人民法院可依申请执行人的申请，通知该第三人向申请执行人履行债务。该第三人对债务没有异议但又在通知指定的期限内不履行的，人民法院可以强制执行。

301. 经申请执行人和被执行人同意，可以不经拍卖、变卖，直接将被执行人的财产作价交申请执行人抵偿债务，对剩余债务，被执行人应当继续清偿。

302. 被执行人的财产无法拍卖或变卖的，经申请执行人同意，人民法院可以将该项财产作价后交付申请执行人抵偿债务，或者交付申请执行人管理；申请执行人拒绝接收或管理的，退回被执行人。

303. 在人民法院执行完毕后，被执行人或者其他人对已执行的标的有妨害行为的，人民法院应当采取措施，排除妨害，并可以依照民事诉讼法第一百零二条的规定处理。因妨害行为给申请执行人或者其他人造成损失的，受害人可以另行起诉。

……

（三）文书格式

1. 《申请执行书》

申请执行书

申请人：

被申请人：

上列当事人间，因＿＿＿＿＿＿＿＿＿＿一案，业经＿＿＿＿＿＿＿＿＿人民法院于＿＿＿＿＿年＿＿＿＿月＿＿＿＿日作出＿＿＿＿字第＿＿＿＿号一审（或终审）民事判决（或＿＿＿＿仲裁委员会于＿＿＿＿年＿＿＿＿月＿＿＿＿日作出（　）＿＿＿＿字第＿＿＿＿号裁决），被申请人拒不遵照判决（或裁决）履行。为此，特申请你院给予强制执行。现将事实、事由和具体请求目的分述如下：

如果是经公证处发给强制执行公证书的，其写法是：

上列当事人间，因＿＿＿＿事项，经＿＿＿＿公证处于＿＿＿＿年＿＿＿＿月＿＿＿＿日，发给（　）＿＿＿＿字第＿＿＿＿号强制执行公证书，据此，申请你院给予强制执行。现将事实、理由和具体请求目的分述如下：

事实和理由：

申请人　×××
××××年××月××日

2.《执行异议申请书》

执行异议申请书

申请人：（基本情况）

请求事项：

_____纠纷一案，业经人民法院两审终审判决，与_____年_____月_____日送达生效，进入执行程序。讼争标的_____，系_____，人民法院判决_____，剥夺了我的_____权利，特提出异议。请求人民法院处理好_____纠纷问题后再予执行。……

申请人 ×××
××××年××月××日

3.《民事裁定书》（采取强制执行措施用）

××××人民法院
民事裁定书

（××××）×执字第××号

申请执行人……（写明姓名或名称等基本情况）。

被执行人……（写明姓名或名称等基本情况）。

本院依据已经发生法律效力的……（写明生效法律文书的制作机关、日期、文书字号和名称），于××××年××月××日向被执行人发出执行通知，责令被执行人……（写明指定履行的义务和期间），但被执行人至今未按执行通知履行法律文书确定的义务。依照……（写明裁定所依据的法律条款项）的规定，裁定如下：……（具体写明采取冻结、划拨存款，扣留、提取收入，查封、扣押、拍卖、变卖财产等强制执行措施的内容）。

执行员 ×××
××××年××月××日
（院印）

本件与原本核对无异

书记员 ×××

4.《民事裁定书》（不予执行公证债权文书用）

××××人民法院
民事裁定书

（××××）×执字第××号

申请执行人……（写明姓名或名称等基本情况）。

被执行人……（写明姓名或名称等基本情况）。

申请执行人×××于××××年××月××日向本院申请强制执行××××公证处制发的（××××）××字第××号公证债权文书。本院审查认为，……（写明不予执行的理由）。依照《中华人民共和国民事诉讼法》第二百一十八条第二款的规定，裁定如下：

申请执行人×××申请强制执行的××××公证处（××××）××字第××号公证债权文书，本院不予执行。

申请执行费××元，由申请执行人×××交纳。

本裁定为终审裁定。

执行员　×××
××××年××月××日
（院印）

本件与原本核对无异

书记员　×××

5.《民事裁定书》（中止或终结执行裁判文书用）

××××人民法院
民事裁定书

（中止或终结执行裁判文书用）

（××××）×执字第××号

……（写明当事人的姓名或名称和案由）一案，××××人民法院（或本院）于××××年××月××日作出（××××）×××字第××号民事判决（或裁定、调解书），已经发生法律效力。权利人×××于××××年××月××日向本院申请执行（或由本院××审判庭移送执行）。

本案在执行过程中，……（写明应当中止执行或者终结执行的事实根据和理由）。依照……（写明裁定所依据的法律条款项）的规定，裁定如下：……

……（写明中止执行或终结执行的法律文书的制作机关、字号、名称）中止执行（或终结执行）。

本裁定送达后立即生效。

执行员　×××
××××年××月××日
（院印）

本件与原本核对无异

书记员　×××

6.《民事裁定书》（不予执行仲裁裁决用）

××××人民法院
民事裁定书

（不予执行仲裁裁决用）

（××××）×执字第××号

申请执行人……（写明姓名或名称等基本情况）。

被执行人……（写明姓名或名称等基本情况）。

……（写明申请执行人与被执行人的姓名或名称和案由）一案，××××年××月××日经××××仲裁委员会作出（××××）×××字第××号裁决，由于被执行人不履行，申请执行人于××××年××月××日向本院申请强制执行。现被执行人提出异议，并提供了证据予以证明。本院审查认为，……（写明不予执行的理由）。依照《中华人民共和国民事诉讼法》第二百一十七条第×款第×项的规定，裁定如下：……

申请执行人×××申请强制执行的××××仲裁委员会（××××）×××字第××号裁决本院不予执行。

申请执行费××元，由申请执行人×××交纳。

本裁定为终审裁定。

审判长　×××
审判员　×××
审判员　×××
××××年××月××日
（院印）

本件与原本核对无异

书记员　×××

四、实验步骤

（1）熟悉民事执行程序的法律规定；
（2）熟悉案件材料，了解和掌握执行程序的申请与受理的条件；
（3）根据案情撰写相应的诉讼文书；
（4）规范操作相应的法律程序。

五、自主设计

原告某银行诉某服务公司借款纠纷一案,某法院作出的民事调解书已经发生法律效力。根据调解书,被告某服务公司应于调解书生效之日起十日内偿还原告某银行借款本金 100 万元及相应利息。由于被告逾期未履行生效法律文书所确定的还款义务,某银行向作出调解书的人民法院申请强制执行。执行过程中,执行法院根据申请执行人某银行的申请依法查封了被执行人某服务公司的出租经营场所及相关经营设施的租金。此后,案外人某信托公司向执行法院提出异议,认为执行法院所查封的上述租金中,有部分租金是被执行人某服务公司因出租抵押给其的财产而产生的,并以此认为依照《担保法》第四十七条第一款的规定,某信托公司应对服务公司给其抵押的财产所产生的租金享有优先受偿权。

【问题】(1)抵押权的权力是否当然及于抵押物上所产生的孳息?
(2)如果案外人对执行提出异议人民法院应如何处理?
(3)请以案外人的身份撰写一份执行异议申请书。

六、拓展思考

(1)执行难问题的立法根源有哪些?
(2)试述执行回转的条件。
(3)执行异议的主体及内容有何特点?

参考文献

一、主要法律法规

1. 1991年4月9日《中华人民共和国民事诉讼法》
2. 1992年7月14日《最高人民法院关于适用〈中华人民共和国民事诉讼法〉若干问题的意见》
3. 1998年7月11日《最高人民法院关于民事经济审判方式改革的若干规定》
4. 1999年3月8日《最高人民法院关于严格执行公开审判制度的若干规定》
5. 2000年1月31日《最高人民法院关于审判人员严格执行回避制度的若干规定》
6. 2001年12月21日《最高人民法院关于民事诉讼证据的若干规定》
7. 1998年7月8日《最高人民法院执行工作若干问题的规定（试行）》
8. 1999年12月25日《中华人民共和国海事诉讼特别程序法》
9. 2002年2月25日《最高人民法院关于涉外民商事案件诉讼管辖若干问题的规定》
10. 2004年10月27日《中华人民共和国选举法》
11. 1986年4月12日《中华人民共和国民法通则》
12. 1988年1月26日《最高人民法院关于贯彻执行〈中华人民共和国民法通则〉若干问题的意见》

二、著作

1. 张晋红主编《民事诉讼法学》．吉林：吉林人民出版社，2003。
2. 江伟主编《民事诉讼法》．北京：中国人民大学出版社，2007。
3. 李卓编著《民事法务实训》．北京：中国人民公安大学出版社，2008。
4. 黄川《民事诉讼管辖研究》．北京：中国法制出版社，2001。
5. 张晋红《民事诉讼当事人研究》．西安：陕西人民出版社，1998。
6. 李浩《民事举证责任研究》．北京：中国政法大学出版社，1993。
7. 毕玉谦《民事证据法及其程序功能》．北京：法律出版社，1997。
8. 常怡主编《强制执行的理论与实践》．重庆：重庆出版社，1992。

三、主要网站

1. 中国法律信息网：http：//www.law-star.com/index.htm
2. 中国证据法网：http：//www.evidencelaw.net/index1.asp
3. 中国民商法网：http：//www.civillaw.com.cn/
4. 中国诉讼法律网：http：//www.procedurallaw.com.cn/
5. 最高人民法院：http：//www.court.gov.cn/index.htm
6. 法制日报：http：//www.legaldaily.com.cn/
7. 北大法律信息网：http：//vip.chinalawinfo.com